本书受到 2021 年浙江省高校重大人文社科攻关计划项目"应用型高校创新创业教育生态系统建设路径研究"（2021QN067）和杭州职业技术学院高层次人才科研启动项目（HZYGCC202116）资助。

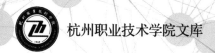

杭州职业技术学院文库

应用型高校创新创业教育
生态系统建设路径研究

沈陆娟 ◎著

Research on the Construction Path of
Innovation and Entrepreneurship
EDUCATIVON
Ecosystem in Applied Universities

中国财经出版传媒集团
经济科学出版社
Economic Science Press
·北京·

图书在版编目（CIP）数据

应用型高校创新创业教育生态系统建设路径研究／
沈陆娟著. ——北京：经济科学出版社，2024.7.
ISBN 978 - 7 - 5218 - 5993 - 5

Ⅰ. G640

中国国家版本馆 CIP 数据核字第 2024UB6378 号

责任编辑：宋艳波
责任校对：齐　杰
责任印制：邱　天

应用型高校创新创业教育生态系统建设路径研究

YINGYONGXING GAOXIAO CHUANGXIN CHUANGYE JIAOYU SHENGTAI
XITONG JIANSHE LUJING YANJIU

沈陆娟　著

经济科学出版社出版、发行　新华书店经销
社址：北京市海淀区阜成路甲 28 号　邮编：100142
编辑部电话：010 - 88191469　发行部电话：010 - 88191522
网址：www. esp. com. cn
电子邮箱：esp@ esp. com. cn
天猫网店：经济科学出版社旗舰店
网址：http：//jjkxcbs. tmall. com
固安华明印业有限公司印装
710 × 1000　16 开　21.25 印张　325000 字
2024 年 7 月第 1 版　2024 年 7 月第 1 次印刷
ISBN 978 - 7 - 5218 - 5993 - 5　定价：82.00 元
（图书出现印装问题，本社负责调换。电话：010 - 88191545）
（版权所有　侵权必究　打击盗版　举报热线：010 - 88191661
QQ：2242791300　营销中心电话：010 - 88191537
电子邮箱：dbts@ esp. com. cn）

前　言

　　数字经济时代全面来临，互联网深刻改变各行各业的发展，创新型企业正在异军突起，新技术、新工艺、新产品也在不断催生并壮大新产业，无论是党的十九大报告还是党的二十大报告都提出创新型国家建设的目标，创新创业成为国家实施创新发展驱动战略、促进经济提质增效升级的迫切需要。2024 年全国"两会"的政府工作报告中提出要大力推进现代化产业体系建设，加快发展新质生产力。由此创新引领发展，创业促进繁荣。强化创新创业型人才培养，推动产学研转化成为发展新质生产力的有力支撑。应用型高校作为服务区域经济发展的中坚力量，既要培养高素质应用型人才又要提升人才的创新创业意识、思维和能力。尤其是"融时代"的到来，产业学院、未来技术学院、交叉研究院、新兴领域专业学院、技术推广中心、创业学院等的发展，使应用型高校的产教融合、专创融合、企创融合、就创融合、科创融合更为迅速，也使基于官产校学共同体的创新创业教育生态系统建设发展成为可能。

　　创新创业生态系统包含了影响创业的多个环节要素，如创业融资、政府政策、研发转化、商业和法律基础、物理和服务类基础设施条件、文化和社会规范、校内创业教育和培训、离校创业教育和培训等。后三项与高校密切相关，由此探索高校创新创业教育生态系统尤为关键。研究型大学的双创教育生态体系是众多研究者追逐的热点，如创新创业教育组织管理体系、创新创业教育学位项目和课程体系、学生创新创业俱乐部体系、创新创业教育竞赛和奖项体系、创新创业教育法律服务体系和创新创业教育全球化体系等。应用型高校双创教育虽然根基日渐稳健，但相较于研究型大学，其创新创业教育发展存在更多困难。学生价值迷失首当其冲，实用主义与功利主义的冲突此消彼长，学生创业诉求与双创教育教学存在一定的割裂现象，体制机制建设存在短板，扁平化组织架构、双创师资队伍建设、项目孵化养成机制有所欠缺，亟待进一步研究改进路径与实施策略。

本书首先探讨应用型高校创新创业教育生态系统构建何以能为，其构建对大学生创新创业教育的影响和意义，并梳理其发展脉络。其次是运用生态系统理论、教育生态理论、三螺旋理论、协同理论等厘清应用型高校双创教育生态系统的内涵、要素、结构、功能，生态系统如何架构，如何体现生态系统理论中重要因素（无机环境、生产者、分解者、消费者和催化剂）的相互作用，尤其是不能忽略支持性机构组织和加快创意想法产生与转化的创业项目及活动。

通过问卷和实地调查，本书力图展现区域应用型高校创新创业教育生态系统建设现状和困境，无论是高校与政府、企业、行业组织或其他机构的合作、创业氛围的营造，抑或是双创教育管理组织架构、顶层设计和系统规划，还是运行保障机制、孵化器和创业基地的建设等都不断面临挑战。尤其是体现创新创业教育全员化、全程化实施的专创融合教育，是专业教育与创新创业教育的深度融合，更是应用型高校深化改革的切入点与突破口，符合社会经济发展对人才的需求和人才培养目标与质量的要求，在实施过程中一直面临着理念、制度、资源、合作、平台等困难。专业教育与创新创业教育如何从简单叠加的离散耦合，到系统深度的紧密耦合，乃至全新构建的完全耦合，是许多应用型高校双创教育正在尝试的改革方向。

杜威曾言"我们应能利用别人的经验，以弥补个人直接经验的狭隘性，这是教育的一个必要组成部分"。比较视野下，对创新创业教育开展时间较长且成效显现的美国和以色列的应用型高校双创生态系统构建案例进行剖析，总结工程教育与双创教育的融合培养、项目孵化培育的完整服务链、双创项目的多样化和融资渠道多元化以及创业型学院组织变革等经验举措，也显现了处于生态系统演变初级阶段的国外应用型高校的不足之处，从理论与实践双视角审视其中的关键性问题和解决策略，为我们应用型高校双创生态系统建设所借鉴。

　　了解应用型高校创新创业教育生态系统构建的重要性以及进行内涵界定后，重要的是对其建设路径进行深入探讨，从宏观、中观和微观三个层面对访谈高校的创新做法加以剖析，梳理了政企行校发展共同体和产研共同体建立的基本思路与实施策略、行业特色的创新创业教育平台构建和全程化能力体系培养更新的有效路径、创新型人才培养模式的革新和三螺旋理论指导下的双创项目实践的逻辑旨归与创新做法等。通过比较不同类型高校双创教育的实施方案，从中体会融合学校特色、类型定位和学生特点的行之有效的策略，感悟创新与创业迸发的蓬勃力量。

　　本书的内容即为课题的研究成果，其中借鉴了不少学者的观点，已在参考文献中一一列出，在此表示感谢！同时也非常感谢省内双创示范基地院校、地方本科院校和高职院校同仁的帮助，尤其是创业学院领导和教师的不吝赐教，在此一并感谢！杭州职业技术学院发展研究中心的徐榕霞老师参与了本书的撰写工作，为课题研究倾注心力，在此表示感谢！由于笔者自身时间精力和知识水平的局限，难免存在诸多疏漏与不足之处，恳请广大读者朋友不吝赐教、批评指正。

CONTENTS

目 录

第一章

绪论

　　创新驱动发展战略在党的二十大报告中尤为凸显。大力推进现代化产业体系建设，加快发展新质生产力是 2024 年政府工作报告的重要内容，强调科技创新带动产业创新。由此，在"大众创业，万众创新"的时代背景下，创新创业日益成为综合国力竞争的制高点。"创业带动就业"依然是关系国计民生、社会稳定的重要策略。从中央到地方的政策文件中始终关注创新型人才培养、双创教育和活动的开展。麦克斯研究院的就业蓝皮书分析显示，近年来大学生创业意愿依旧强烈，但高校毕业生自主创业率持续走低，应用型高校作为服务区域经济和社会发展的主力军，也是创新创业教育的生力军，仅发挥自己的主体优势已显不足，需要建立广泛的合作伙伴体系。同时，教育生态学、社会生态学的研究方法也普遍应用于高校创新创业教育研究中，生态学视域下对应用型高校创新创业教育路径进行深入探讨是本研究的思路和方法，以期能有所突破。

第一节　研究缘起与意义

一、研究缘起

（一）国家对高校创新创业教育的政策沿革

　　在新形势下，创业更多地依赖于高科技技术和创新的商业模式，是推动区域经济增长、提升产业竞争力的引擎。创业型企业核心技术来自高校和科研院所，创新科技成果的转化和延伸成为趋势，也体现了高校创新创业教育生态圈建立的重要性。近 10 年，我国高校创新创业教育逐渐从"做"向"好"转变，逐渐注重创新创业教育的质量提升和实效性，各高校推出了众多创新创业实践项目，倡导创新创业教育的理论与实践相结合，逐步形成了以学生为中心、导师辅导为抓手、多元化教学为特色的教育模式。

创新创业教育这一表述来自 2010 年教育部下发的《关于大力推进高等学校创新创业教育和大学生自主创业工作的意见》这一文件，创新教育与创业教育整合的趋势开始显现。2015 年 5 月，国务院办公厅印发的《关于深化高等学校创新创业教育改革的实施意见》指出：健全创新创业教育课程体系，强化创新创业实践，改进学生创业指导服务，完善创新创业资金支持和政策保障体系等①。

2017 年，国务院出台了《关于强化实施创新驱动发展战略进一步推进大众创业万众创新深入发展的意见》，提出进一步拓展创新创业的覆盖广度，着力推动创新创业群体更加多元，发挥大企业、科研院所和高等院校的领军作用，有效促进各类市场主体融通发展，加大对学生参与创新创业活动的鼓励、支持力度②。2017 年 9 月，中共中央办公厅、国务院办公厅印发的《关于深化教育体制机制改革的意见》指出，强调要创新人才培养机制，把创新创业教育贯穿人才培养全过程③。习近平总书记在党的十九大报告中也特别提到了鼓励创业带动就业，要"坚定实施科教兴国战略、人才强国战略、创新驱动发展战略"④，在"大众创业，万众创新"的时代背景下，高校创新创业教育作为人才培养的重要环节，正发挥着越来越关

---

① 国务院办公厅关于深化高等学校创新创业教育改革的实施意见［EB/OL］. (2015 – 05 – 13)［2023 – 04 – 14］. https://www.gov.cn/zhengce/content/2015 – 05/13/content_9740. htm.

② 国务院关于强化实施创新驱动发展战略进一步推进大众创业万众创新深入发展的意见［EB/OL］. (2017 – 07 – 21)［2023 – 04 – 14］. https://www.gov.cn/gongbao/content/2017/content_5217734. htm.

③ 中共中央办公厅 国务院办公厅印发《关于深化教育体制机制改革的意见》［EB/OL］. (2017 – 09 – 24)［2023 – 04 – 14］. https://www.gov.cn/zhengce/2017 – 09/24/content_5227267. htm.

④ 决胜全面建成小康社会夺取新时代中国特色社会主义伟大胜利——在中国共产党第十九次全国代表大会上的报告［EB/OL］. (2017 – 10 – 27)［2023 – 04 – 14］. https://www.gov.cn/zhuanti/2017 – 10/27/content_5234876. htm.

键的作用。2018 年 9 月，《国务院关于推动创新创业高质量发展打造"双创"升级版的意见》出台，指出我国经济由高速增长阶段转向高质量发展阶段，对双创提出了新的更高要求。大力推动教育机制与科技体制创新，协同各战略合作伙伴企业、大学、科研机构、投资机构等，积极搭建双创教育、创业孵化机制和众创平台，搭建城乡协同双创系统平台、产教融合双创系统平台等[①]。

2018 年，《乡村振兴战略规划（2018—2022 年）》发布，提出激发农村创新创业活力，推进产学研合作，建设星创天地[②]。由此可知，大学生创新创业已成为经济转型升级过程中的一种趋势，是社会各界广泛关注的热点问题。各级政府和部分高校为增加就业率以及增加对外人才吸引力提升自身竞争力，出台了一系列专项优惠政策以鼓励支持大学生创业。

2021 年 3 月 12 日，《中华人民共和国国民经济和社会发展第十四个五年规划和二〇三五年远景目标纲要》发布，提出坚持创新驱动发展，全面塑造发展新优势，深入实施人才强国战略、创新驱动发展战略，完善国家创新体系。同时，激发人才创新活力，加强创新创业型、应用型、技能型人才培养，造就高水平人才队伍，优化创新创业创造生态[③]。

2021 年 10 月，国务院办公厅印发《关于进一步支持大学生创新创业的指导意见》，其中表示要深化高校创新创业教育改革，将创新创业教育贯穿人才培养全过程[④]，人才培养模式体现创新创业导向，进一步将专创融合作为改革的重点内容。2022 年，国家提出聚焦"五育融合"的创新创业教育，激发大学生创新、创业、创造热情，推动专业教育、思想政治教育和创新创业教育深度融合，加强学生创新实践能力培养，打通创新创业人才培养各环节，国家发展改革委等联合印发《关于深入实施创业带动就

---

① 国务院印发《关于推动创新创业高质量发展打造"双创"升级版的意见》［EB/OL］.（2018 – 09 – 26）［2023 – 04 – 14］. https：//www. gov. cn/xinwen/2018 – 09/26/content_5325522. htm.

② 中共中央 国务院印发《乡村振兴战略规划（2018—2022 年）》［EB/OL］.（2018 – 09 – 26）［2023 – 05 – 15］. https：//www. gov. cn/zhengce/2018 – 09/26/content_5325534. htm.

③ 中华人民共和国国民经济和社会发展第十四个五年规划和 2035 年远景目标纲要［EB/OL］.（2021 – 03 – 13）［2023 – 05 – 15］. https：//www. gov. cn/xinwen/2021 – 03/13/content_5592681. htm? eqid = bb1334d5000a15c300000002646732f0.

④ 荆鹏飞，等. 地方应用型本科高校专业课程与创新创业教育融合探索［J］. 中国高等教育，2021（12）：47 – 49.

业示范行动力促高校毕业生创业就业的通知》，指出高校要提供优质双创教育、培训、服务等资源，帮助大学毕业生提升创业就业能力[①]；同年，全国职教大会提出，要瞄准技术变革和产业优化升级的方向，推进产教融合、校企合作，吸引更多青年接受职业技能教育，促进教育链、人才链与产业链、创新链有效衔接。党的二十大报告再次提出创新驱动发展战略，开辟发展新领域新赛道，不断塑造发展新动能新优势。加强企业主导的产学研深度融合，营造有利于科技型中小微企业成长的良好环境，推动创新链、产业链、资金链、人才链深度融合，为高校创新创业教育的持续开展注入源动力[②]。

（二）全国大学生就业创业概况

2023 年，全国普通高校毕业生人数为 1158 万人，同比增长 82 万人，毕业生规模持续增大，就业形势严峻，压力剧增。2021 届本科毕业生中，有四成以上（43%）表示疫情对求职就业产生了影响[③]；高职生比例更高，为 49%。主要是招聘岗位减少（本科为 72%，高职为 70%），求职进程受阻（本科为 71%，高职为 65%），薪资福利受影响（本科为 33%，高职为 38%）[④]。

在 2022 年全国大众创业万众创新活动周中，李克强总理发表了重要讲话，指出这些年双创蓬勃发展，创客们的创业创新精彩纷呈；双创是创业创新观念和模式的变革[⑤]。双创既创造新供给，也释放新型消费，正在深刻改变社会经济结构和生产生活方式。

三大矛盾制约大学生创业行为转变：就业压力日益严峻与大学生创业

---

① 国家发展改革委等部门关于深入实施创业带动就业示范行动　力促高校毕业生创业就业的通知［EB/OL］.（2022 − 02 − 11）［2023 − 05 − 15］. https：//www. gov. cn/zhengce/zhengceku/2022 − 02/11/content_5673073. htm.

② 高举中国特色社会主义伟大旗帜为全面建设社会主义现代化国家而团结奋斗——在中国共产党第二十次全国代表大会上的报告［EB/OL］.（2022 − 10 − 16）［2023 − 05 − 15］. https：//www. gov. cn/xinwen/2022 − 10/25/content_5721685. htm.

③ 麦可思研究院.2022 年中国本科生就业报告［M］. 北京：社会科学文献出版社，2022：14.

④ 麦可思研究院.2022 年中国高职生就业报告［M］. 北京：社会科学文献出版社，2022：12.

⑤ 新华社. 李克强出席全国大众创业万众创新活动周启动仪式［EB/OL］.（2023 − 04 − 06）［2022 − 09 − 15］. http：//www. gov. cn/premier/2022 − 09/15/content_5710124. htm.

意识薄弱的矛盾，创业机会大量涌现与大学生创业能力低下的矛盾，受教育程度越高与创业意愿越低的矛盾。高校创业教育尚未实现带动就业的"倍增效应"。

2022 年麦可思研究院指出，2021 届本科毕业生的自主创业比例是1.2%，近 5 年持续走低，5 年变化率为 -0.7%；高职生自主创业比例为3.1%，从 2017 届的 3.8% 一直下降至 2020 届的 2.8%，但 2021 届又出现了回升，自主创业率为 3.1%，5 年变化率也为 -0.7%[1]（见表 1 -1）。

表 1 -1　　　　　2017 ~ 2021 届高校毕业生自主创业率变化情况

类型	2021 届(%)	2020 届(%)	2019 届(%)	2018 届(%)	2017 届(%)	5 年变化率(%)
本科院校	1.2	1.3	1.6	1.8	1.9	-0.7
高职院校	3.1	2.8	3.4	3.6	3.8	-0.7

大学生毕业 3 年后本科生创业比例为 4.1%，高职生创业比例为8.1%。毕业 3 年内有半数以上自主创业人群退出创业市场，本科仍坚持创业的比例为 44.4%，高职生为 43.6%，与前两届相比创业存活率进一步下降。

本科毕业生最集中的前五位行业类是教育业（20.9%）、文化体育和娱乐业（11.0%）、零售业（7.3%）、建筑业（5.7%）、信息传输、软件和信息技术服务业（5.5%）[2]，高科技创业占创业总量比例低。零售业是高职毕业生自主创业的主要领域（9.1%），其他依次为教育业（9.1%）、建筑业（7.6%）、住宿餐饮业（6.3%）、文化体育和娱乐业（5.8%），无论是本科毕业生还是高职毕业生，从事建筑业的占比增加明显，其余前四位行业占比均有小幅下降。融资渠道单一、不畅是大学生创业普遍存在问题。除创业环境、行业竞争等外部因素外，大学生创业能力不足、水平不高，缺乏企业管理经验与市场推广经验是导致其创业成功率偏低的主要因素[3]。

---

① 麦可思研究院 . 2022 年中国高职生就业报告［M］. 北京：社会科学文献出版社，2022：10 -11.

② 麦可思研究院 . 2022 年中国本科生就业报告［M］. 北京：社会科学文献出版社，2022：138.

③ 麦可思研究院 . 2022 年中国高职生就业报告［M］. 北京：社会科学文献出版社，2022：121.

在自主创业人群的职业发展方面，随着毕业时间的延长，毕业生自主创业比例明显上升。2016届本科毕业生在毕业半年内的自主创业比例为2.1%，毕业3年后为3.6%，毕业5年后达到3.9%，但比2015届毕业5年内（4.3%）略微减少[①]。2018届高职毕业生在毕业半年后自主创业比例为3.6%，到毕业3年后近乎翻一番，达到6.9%。值得深思的是，自主创业群体5年生存期受到极大挑战，2018届本科毕业生在毕业3年内有超过半数退出创业，仍坚持创业的比例（41.5%）相比2017届（43.4%）进一步下降；而高职毕业生坚持创业的比例更低，为39.5%，也略低于2017届的41.0%[②]。

（三）高校创新创业教育生态系统研究初衷

麦可思研究院的调查（2019）显示，高校主要提供创业教学课程（占41%）、创业辅导活动（占38%），其有效性分别为57%、63%，还有创业实践和创业竞赛活动等。自主创业的资金来自政府资助（4%）、商业性风险投资（3%）的比例均较小。从调查数据可知，高校创业教育政策体系不完善，创业课程与专业课程、实践类课程等内容耦合度不高；创业教育的组织管理协调不够，高校内外部创新创业教育协同系统尚未形成。

高校创新创业是一个生态系统，它由相互关联、相互作用的多个因素组成，各个因素之间相互影响和相互支撑，生态系统功能大于各因素功能之和。在知识经济转型发展的契机下，培养具有创新精神和创业能力的高素质人才，需要创新创业教育主体和支撑体系（即系统的生态因子）等。因此，为了满足高校大学生进行创新创业活动的需要，生态系统的构建及优化势在必行。

以生态系统理论、三螺旋理论和创业理论等指导高校创新创业生态系统构建及评价，具有高度适切性和现实必要性，能体现高校、科研院所与

---

① 麦可思研究院．2022年中国本科生就业报告［M］．北京：社会科学文献出版社，2022：138－140.

② 麦可思研究院．2022年中国高职生就业报告［M］．北京：社会科学文献出版社，2022：118－121.

社会间的互动和联系。一方面,创新创业活动具有高度复杂性和系统性,不仅处于自身的内部生态系统之中,而且嵌构在整个社会的大生态系统之中,构建及优化高校创新创业生态系统不可脱离整体的社会生态而独立存在。创新创业研究不应停留在对创业个体和新创企业的运营战略与决策研究中,而应从整体视角考虑创业系统中各个主体、环境要素间的联系及内在运行规律,并提出对创业系统的评价指标和方法,形成了理论研究的新思路和新视角。另一方面,我国现阶段的创新创业活动存在诸多思维误区,缺乏有效的方法论指导,系统生态理论可为创新创业实施提供新的思维理念和方法,生态系统构建及运行评价机制便是生态理论思维和方法的具体化应用与彰显。

(四)应用型高校创新创业教育生态系统研究的旨归

2015年,教育部、国家发改委、财政部联合发布《关于引导部分地方普通本科高校向应用型转变的指导意见》,其目的为改革高等教育的结构性矛盾、同质化倾向严重、毕业生就业难等问题,改善人才培养结构,探索应用型、复合型、创新型人才培养模式,提升人才培养质量,可谓高等教育领域的供给侧改革[1]。在传统观念中,应用型人才培养往往只存在于职业院校和专科院校,而本科高校的教育应当是注重理论,强化科研功能,为了提升部分地方本科院校学生的核心竞争力,改革人才培养模式,建设应用型高校势在必行。

应用型高校是指以应用型本科院校为主的高等学校,其教学和研究方向以应用型学科和专业为主。与理论研究和基础学科为主的综合性大学不同,应用型高校更加注重将学生的专业知识与实践技能相结合,培养具备实践能力和创新精神的高素质应用型人才,以满足社会和经济发展的需求。应用型高校通常具有明确的专业定位和特色,通常开设与社会经济发展密切相关的专业课程,如工程、信息技术、商科、医学、农业、教育等,为社会提供各种实用型人才,与企业、政府和社会紧密合作,推动产

① 教育部 发展改革委 财政部关于引导部地方普通本科高校向应用型转变的指导意见[EB/OL].(2015-11-16)[2023-04-16].http://www.moe.gov.cn/jyb_xwfb/s271/201511/t20151115_219011.html.

学研深度融合，为社会提供高质量的服务和技术支持。

创业型大学或学院强调"软活动"形式的学术创业，重视应用性学术，也偏向技术创业，其在中国本土化的最佳实践形式便是建设应用型高校。"软活动"形式的学术创业是指以软件、咨询、培训等形式为主要业务的创业活动，增加诸如专利转让、技术入股、顾问咨询、社会培训等学术应用的新元素。这些活动通常是基于创业者的学术或专业背景，针对市场或社会需求进行的创新性尝试。这种形式的学术创业与传统的科技创业有所不同，它更注重解决实际问题和服务社会，而不是以研发科技产品为主要目标。"软活动"形式的学术创业不仅可以创造商业价值，还可以为社会带来积极的影响和价值，如推动科技进步、促进创新和改进管理等。同时，它也为具有学术或专业背景的创业者提供了一种更加灵活和多样化的创业选择。

技术创业是指基于创新性技术或知识，以创造新的商业模式、产品、服务或者流程为目标，通过创业的方式实现商业价值和社会价值的过程。技术创业通常涉及高科技领域，具有技术密集、风险大、回报周期长等特点，需要具备高度的技术能力、市场敏感度、商业洞察力和创新精神。技术创业的范畴不断扩大，除了传统的高科技领域，如信息技术、生物技术、能源技术等，还涉及新兴领域，如人工智能、机器人、区块链等，甚至包括传统领域的数字化转型和智能化改造。技术创业的外延还体现在应用领域的拓展，不仅局限于创新产品和技术的研发和推广，还包括了创新商业模式和服务，如共享经济、物联网等，以更好地满足市场需求。

学者们对研究型大学的研究偏多，缺乏对应用型高校创新创业教育生态系统构建的深入探讨，从高校顶层设计到创新链与人才链、产业链等有机衔接再到融入区域创新体系，资源整合与共享等都是亟待研究的方面。

二、研究意义

本书结合浙江省区域经济的特点、创业浓厚的氛围，分析浙江省内高校大学生创新创业能力培养的现状、问题与不足，试图借鉴国外的成功经验，构建政府指导下的产业/行业、高校、科研机构、中介机构等形成的宏观生态系统，以及以高校组织建设和内部运行为中心的中观生态系统等要素的实施策略，并反思。其中，宏观生态系统研究用于对区域政府、企业、高校等制定相关创业教育政策、管理制度、合作方式等的决策参考；中观生态系统内部的院校实践清晰路径可作为区域高校全面推进创新创业教育、活动及实践的指导，具有重要的理论意义和现实意义。

（一）理论价值

本书通过借鉴生态系统理论、三螺旋理论、协同理论等构建了应用型高校创新创业教育生态系统，从整体视角考虑系统中各个主体、客体、载体和环境要素间的联系，以及内在运行规律，形成了理论研究的新思路和新视角；对该类型生态系统的概念、结构、特征和要素间的作用机理进行了界定、比较和阐释，结合双螺旋模式、社会网络分析等，从中探寻系统的运行优化路径。我国现阶段的应用型高校创新创业活动存在诸多思维误区，缺乏有效的方法论指导，目标定位缺乏特色性和聚焦性，本书将应用型高校和研究型高校创新创业教育进行比较，为构建并优化独特的创新创业生态系统提供理论支持和实践指导。

（二）现实价值

本书构建政府指导下的产业/行业、高校、科研机构、中介机构等形成的宏观生态系统；以应用型高校组织建设和内部运行为中心的中观生态系统，基于双螺旋模式，倡导专创深度融合；以课堂教学为中心的微观生态系统优化路径。构建一体化融合发展网络平台和师生共创、学术创业等团队创业模式，打造基础性创业资源。其中，宏观生态系统研究用于对区域政府、企业、高校等制定相关创新创业教育项目和活动的培育政策、管理制度、合作方式等的决策参考；中观生态系统内部的院校实践清晰路径可作为各相关高校全面推进创新创业教育、活动、实践及产学研合作的指导；微观生态系统中的课程生态、课堂教学生态研究对专创融合开展、创业学科发展、创新创业课程体系建设也具有重要的现实意义。

第二节　概念界定和辨析

一、应用型高校

（一）应用型高校的概念

业界对应用型高校这一概念一直存在着争议和讨论。在探讨应用型高校概念本身之前，我们必须先区分应用型高校和学术型高校的概念。应用型高校旨在培养具备实践技能、职业素养和创新能力的人才，与产业和社会需求密切相关，与传统的学术型高校在办学目标、培养方式和课程设置等方面存在差异。

早在 1998 年，《江南论坛》上发表的《应用型本科应重视创造性培养》一文就全面提出了"应用型本科"概念①。随着我国高等教育大众化的发展，新建本科院校、独立学院以及一些老牌地方高校也开始探索如何培养具有自身特色的人才。因此，"应用型本科教育""应用型本科人才""应用型本科人才培养模式"等概念不仅成为这些院校探讨的重点问题，也成为高等教育主管部门高度关注的问题②。在这种背景下，应用型高校的地位和作用日益凸显。这些高校不仅要关注传授理论知识，更要注重学生实践能力和职业素养的培养。应用型高校注重与产业界、企业界紧密合作，开设实习、实训等课程，培养具有创新精神和实践能力的高素质应用型人才。在全面推进高等教育内涵式发展的今天，应用型高校的地位和作用将越加重要，与企业、政府和社会紧密合作，推动产学研深度融合，为社会提供高质量的服务和技术支持，为国家和地方的经济发展作出重要贡献。

应用型高校其内涵主要表现在以下几个方面：一是学科专业定位主

① 龚震伟. 应用型本科应重视创造性的培养［J］. 江南论坛，1998（3）：41.
② 秦一鸣. 我国应用型高校课程建设研究——教育改进学的视角［D］. 上海：华东师范大学，2021：51.

要以应用型学科和专业为主，涵盖工程、医学、农业、教育、商科等多个领域，其教学和研究方向更贴近实际应用需求；二是教育教学模式方面，应用型高校注重将学生的专业知识与实践技能相结合，实施"以工促学、以学促用、以用带学"的教育教学模式，培养具备实践能力和创新精神的高素质应用型人才；三是科技创新能力方面，应用型高校在科学技术研究与应用技术开发方面具有一定的实践经验和技术水平，可以为当地或全国的经济发展作出一定的贡献；四是产学研深度融合，应用型高校与企业、政府和社会紧密合作，推动产学研深度融合，为社会提供高质量的服务和技术支持，为国家和地方的经济发展作出了重要贡献。

总之，应用型高校是一类注重应用性、实践性、创新性和服务性的高等教育机构，以培养应用型人才、推动科技创新和促进产学研深度融合为主要目标。应用型高校人才培养的逻辑旨归是培养具备实践能力和创新精神的高素质应用型人才，以满足社会和经济发展的需求，通过学科专业的知识和技能培养，帮助学生掌握实践能力和创新精神，使他们能够适应现代化、信息化和全球化的发展要求。在培养过程中，应用型高校注重以理论为基础，以实践为中心，培养学生的动手能力、实践能力和创新精神，提高他们的实际工作能力和解决实际问题的能力。这种培养方式与传统的以理论为主、以考试为中心的教育模式有所不同，更贴近社会实际需求，更符合经济社会的发展方向。同时，应用型高校人才培养的逻辑旨归还包括了推动产学研深度融合和服务社会经济发展的目标。通过产学研深度融合，应用型高校与企业、政府和社会密切合作，将学术成果转化为实际应用，推动科技创新和经济社会发展。因此，应用型高校人才培养的目标是多方面的，既涵盖了培养学生的能力和素质，又包括了推动社会经济发展。

也有学者认为，应用型高校是指明确向应用型高校转型发展的地方普通高校，包括中国应用技术大学（学院）联盟单位和浙江省转型试点高校（见表1-2）。浙江省加入中国应用技术大学（学院）联盟会员单位的高校有宁波工程学院、宁波大红鹰学院、浙江工业大学之江学院、浙江科技学院。

表1-2　　　　　　　　　　浙江省转型试点高校名单一览

序号	转型高校名单	序号	转型高校名单
1	浙江师范大学	22	浙江工业大学之江学院
2	浙江中医药大学	23	浙江师范大学行知学院
3	浙江海洋学院	24	宁波大学科学技术学院
4	浙江科技学院	25	浙江理工大学科技与艺术学院
5	浙江传媒学院	26	杭州电子科技大学信息工程学院
6	嘉兴学院	27	浙江工商大学杭州商学院
7	浙江万里学院	28	中国计量学院现代科技学院
8	浙江树人学院	29	浙江中医药大学滨江学院
9	温州大学	30	浙江海洋学院东海科学技术学院（与浙江医药高等专科学校合并为浙江药科职业大学）
10	衢州学院	31	浙江农林大学暨阳学院
11	绍兴文理学院	32	温州医科大学仁济学院
12	湖州师范学院	33	浙江财经大学东方学院
13	台州学院	34	嘉兴学院南湖学院（现为嘉兴南湖学院）
14	丽水学院	35	杭州师范大学钱江学院
15	宁波工程学院	36	温州大学瓯江学院（现为温州理工学院）
16	浙江警察学院	37	温州大学城市学院
17	浙江越秀外国语学院	38	绍兴文理学院元培学院
18	宁波大红鹰学院	39	湖州师范学院求真学院（现为湖州学院）
19	浙江水利水电学院	40	同济大学浙江学院
20	浙江大学城市学院	41	上海财经大学浙江学院
21	浙江大学宁波理工学院		

（二）地方应用型高校的特征

　　地方应用型高校是指由地方政府主导建设和管理的以应用型教育为主导的高等教育机构。它们在培养应用型人才、推动地方经济和社会服务发展等方面具有以下特征：一是聚焦应用型教育。地方应用型高校的办学定位以培养应用型人才为主，强调将理论知识与实践技能相结合，培养具备实际操作能力和职业技能的毕业生。这些高校通常设立了丰富的实践教学环节，与当地企业和产业紧密合作，致力于培养适应地方经济发展需求的专业人才。二是地方经济发展导向。地方应用型高校在教育教学方面与地方经济发展密切相关。它们根据当地的产业结构和发展需求，设立了与地方经济相适应的专业和学科，注重产学研结合，提供实践性强的专业课程和实习机会。这种紧密的产业关联性有助于毕业生更好地就业和为地方经济发展作出贡献。三是地方政府支持。地方应用型高校往往得到地方政府的大力支持和投入。地方政府在高校的建设和发展中提供经费支持、基础设施建设和政策优惠等，以促进高校的健康发展。地方政府还与高校密切合作，共同推进产学研结合，鼓励高校为当地经济和社会发展提供技术支持与人才支持。四是社会服务与技术转化。地方应用型高校注重与地方社会的互动和服务。它们积极参与当地社会的发展需求，提供技术咨询、科技服务和创新创业支持等方面的服务。这些高校通过科研成果的转化和技术创新，为地方经济转型升级和社会进步作出积极贡献。五是地方文化和特色。地方应用型高校还注重传承和弘扬地方文化与特色。它们积极挖掘当地的历史、文化和传统产业，并将其融入教育和研究中。通过开设相关专业和课程，培养学生对地方文化的认知和传承意识，同时鼓励学生参与地方文化保护、创新和推广，促进地方文化的传承和发展。六是社会合作与创新创业。地方应用型高校鼓励学生参与社会合作和创新创业活动。它们与地方企业、政府和社会组织建立了紧密的合作关系，提供创新创业的平台和资源支持，激励学生创新精神和创业意识的培养。通过创新创业教育和实践，培养学生的创业能力和创新意识，为地方经济发展和社会进步注入新的活力。七是地方特色人才培养。地方应用型高校注重培养具备地方特色和优势的人才，除了传授专业知识和技能外，还注重培养学生的综合素质和地方意识。通过课程设置、实践教学和社会实践活动，培养学生的地方适应能力、创新能力和团队合作能力，使他们能够更好地适应和贡献于地方经济与社会的发展。

总之，地方应用型高校以应用型教育为特色，紧密与地方经济发展相结合，致力于培养适应地方需求的应用型人才，通过与地方经济、文化和社会的紧密结合，为地方发展提供了有力的技术、人才等支持，在培养应用型人才、推动地方经济发展、服务地方社会等方面发挥着重要的作用。

（三）发展地方应用型高校的战略意义

1. 促进地方经济发展，解决地方人才需求

地方应用型高校的发展可以为地方经济提供重要支持。这些高校注重

与地方产业和企业的合作，培养适应当地经济需求的应用型人才，为地方产业发展提供源源不断的人才支持。高校与企业的合作还可以促进科技创新和技术转化，推动地方经济的转型升级。其定位是培养应用型人才，这些人才具备实践能力和职业技能，能够迅速适应地方工作环境和就业市场需求。发展地方应用型高校可以解决地方的人才短缺问题，提供符合地方产业发展需求的专业人才，满足地方经济的人才需求。

2. 推动区域均衡发展，加强社会服务和创新创业支持

地方应用型高校的建设可以促进地方的区域均衡发展。在传统上，高等教育资源主要集中在大城市和发达地区，而地方应用型高校的建设可以为地方提供高等教育资源，吸引和培养更多的本地学生，减轻人口流失和人才外流的问题，促进地方的经济社会发展。地方应用型高校与地方社会的紧密合作可以提供丰富的社会服务和创新创业支持。通过科研成果的转化和技术创新，高校可以为地方企业提供技术支持和咨询服务，促进地方产业的创新发展。同时，高校也可以鼓励学生参与创新创业活动，培养创业精神和创新能力，促进地方创业环境的改善和创业文化的培育。

3. 弘扬地方文化和特色，提升地方形象和品牌价值

应用型高校注重传承和弘扬地方文化与特色，通过课程设置和实践教育，培养学生对地方文化的认知和传承意识。这有助于保护和传承地方的历史文化遗产，推动地方文化的发展和传播，提升地方的文化软实力。地方应用型高校可以培育本地的科技创新团队和创新企业，推动地方经济的结构优化和创新驱动发展，减少对外部技术的依赖，增强地方的自主发展能力，提升地方的形象和品牌价值。优秀的教学质量、科研成果和人才培养成果能够在国内外树立地方高等教育的良好形象，吸引更多学生、学者和投资者关注，促进区域的国际交流与合作。

二、创新、创业的概念

（一）创新

创新被视为创业的主要功能和创业过程的核心，因为创业突破的主要因素包括新产品、新技术的开发和新地点、新市场的创设。在经济学上，创新概念由熊彼特于 1912 年最早提出，其在著作《经济发展理论》中指出，创新是把一种新的生产要素和生产条件的"新结合"引入生产体系，既包含技术创新，也包含组织创新。博斯马和哈丁（Bosma & Harding，2007）认为，创新涉及将知识和想法转化为利益，因此它是企业家使用的工具[①]。拉森和刘易斯（Larsen & Lewis，2007）将创新描述为得出创新观点的意图和坚持并承诺在实施阶段前后一直秉持这一创新想法[②]。莫里斯等（Morris et al.，2005）认为，创新在将新产品引入相关市场中是显而易见的[③]。

根据拉森和刘易斯（2007）的说法，这一属性将创新与发明区别，因为发明增加了知识存量，但它不会立即作为新产品或新工艺的成品进入市场。因此，基于对创业教育的了解，学生可以参与应用现有知识和新知识而产生的创新活动。因为创新是基于意图的过程，所以有利于学生表达，这对大学背景下的创业教育非常重要。另外，还有颠覆性创新（disruptive innovation）通过专注于向被忽视的市场改进产品和服务来成功挑战既定机构的过程。巴林等（Baregheh et al.，2009）对组织层面的创新提出了以下明确的定义："创新是一个多阶段的过程，组织将想法转化为新的/改进的产品、服务或流程，以在其市场上成功地推进、竞争和区分自己。"[④] 创新是一个包含新想法的过程，必须是对制度或实践作出根本改变，目的是让组织变得更好。哈拉斯（Halász，2018）审视了创新活动的概念，在各种操作领域偏离常规操作以及存在、采用或共享新的解决方案[⑤]。定义体现了教育领导者采用、分享或实施新颖解决方案的方式，以满足学生或学校的需求。使用个人和组织的定义为研究提供了多视角，可以共同探索，也可以各自探索。

① Bosman N.，Harding R. Global Entrepreneurship Monitor：GEM 2006 Results M. A［R］. USA：Babson college and UK：London Business school，2007.

② Larsen P.，Lewis A. How Award – Winning SMEs' Manage the Barriers to Innovation［J］. Creativity and Innovation Management，2007，16（2）：142 – 151.

③ Morris M.，Schindehutte M. Entrepreneurial Values and Ethnic Enterprise：An Examination of Six Subcultures［J］. Small Business Management，2005，43（4）：453 – 479.

④ Baregheh A.，Rowley J.，Sambrook S. Towards a Multidisciplinary Definition of Innovation［J］. Management Decisions，2009，47（8）：1323 – 1339.

⑤ Halász G. Measuring Innovation in Education：The outcomes of a National Education Sector Innovation Survey［J］. European Journal of Education，2018，53（4）：557 – 573.

由此，本书的创新概念涵盖生产力和生产关系层面的突破，可以界定为具有一定经济或社会价值的新产品的理念、新思想和新事物提出、传播及实现的整个过程。

（二）创业

学者们已经从多个角度对创业进行了研究，但创业仍然难以捉摸，因为它是多方面的，这导致了创业定义的复杂性。由于缺乏一个普遍的定义导致对这一概念的含义缺乏共识。创业理论发展过程中由于受到各国国情、社会、文化、价值观、经济形态和相互冲突的思想流派的影响，对创业的理解和应用不尽相同。创业过程本身的复杂性也强化了创业精神。此外，其复杂性还在于跨学科的广泛性，包括教育学、心理学、管理学、经济学等，更需要研究政策和实践。

创业是一种多方面的现象，被分析为一种过程、一种资源或一种存在状态。创业概念在不断研究发展过程中演变为三大类：行为定义、职业定义、行为和职业的合成定义。劳滕施拉格尔和哈斯（Lautenschlager & Haase，2011）将创业概括为：对创造就业机会有强烈影响的新企业，这是宏观经济政策的基本目标；创造新的风险，确保经济效率和生产力，是促进创新、实现商业理念和改变经济结构的主要引擎[1]。奥德斯等（Audretsch et al.，2006）区分了创业的两个方面：需求方面，指的是创业的机会；而供给侧是指嵌入一个群体的个体中的相关偏好、技能和资源的集合。因此，这包括将创业教育视为技能发展和知识创造的资源[2]。佐木（Sagagi，2011）从六个方面来确定创业的概念：创建新的风险投资（初创企业和新项目）；小企业的创新增长和大公司的创造性发展（管理变革的新方法）；开发新产品，创新服务和管理组织的新方式；小企业与大型公司、非政府组织、政府部门和支持服务机构互动合作；社会变革，创造繁荣、健康与和平的社会；心态改变并获得个

---

① Lautenschlager A., Haase H. The Teachability Dilemma of Entrepreneurship [J]. International Entrepreneurship and Management Journal, 2011, 7（2）: 145 – 162.

② Audretsch D. B., Keilbach M. C., Lehman E. E. Entrepreneurship and Economic Growth [M]. Oxford: Oxford University Press, 2006.

人发展①。

阿福拉比（Afolabi，2015）指出，创业可视为发展创业心态的过程②。芭巴（Baba，2013）认为它是发起商业风险投资、组织商业风险投资并盈利，组织商业交易并盈利和基于先前获得的经验承担风险的过程③。尤林和布朗（Ulijn & Brown，2014）将创业定义为利用环境中存在的机会或通过创新创造的机会来创造价值的过程④。全球创业观察将创业定义为"任何创造新业务或新举措、拥有工作、新商业组织或扩大现有业务的尝试"⑤。拉波索和帕科（Raposo & Paco，2011）将创业定义为一个充满活力的愿景、变革和创造过程，需要能量激情、新想法和创造性解决方案⑥。沙佩尔和佛勒瑞（Schaper & Volery，2004）认为，创业是创造新商业机会的结果，这些商业机会可以转化为可销售的产品和服务⑦。莫卡亚等（Mokaya et al.，2012）将创业定义为"承担风险、创建和维持一个以增长为导向的盈利企业的个人动机和意愿"⑧。

近年来，研究人员和政策制定者更多地关注创业，能提高个人技能、态度和能力，将其作为发展与经济增长直接相关的人力资本的重要来源。创业是推动创新、就业和经济增长的引擎，创业也被确立为一门学术学

① Mopelola Omotayo Ayo—sobowale. Effect of Entrepreneurship Education on Entrepreneurial Intentions of Undergraduate Students in Selected Universities in South – west of Nigeria [D]. Nigeria：Kwara State University，2021 (11)：35.

② Afolabi A. The Effect of Entrepreneurship on Economic Growth and Development in Nigeria [J]. International Journal of Development and Economic Sustainability，2015，3 (2)：49 –65.

③ Baba G. K. The Challenges of Entrepreneurship Development in Nigeria and Way Forward [J]. Journal of Business and Organizational Development，2013，5 (1)：54 –64.

④ Ulijn J.，Brown T. Innovation，Entrepreneurship and Culture，a Matter of Interaction Between Technology & Progress and Economic Growth? An Introduction [M]. Cheltenham Edward Elgar Publishing Limited，2014.

⑤ GEM. Global Report Fifteen Years of Assessing Entrepreneurship Across The Globe [R]. Global Entrepreneurship Monitor，2013.

⑥ Raposo M.，Paco A. Entrepreneurship Education Relationship Between Education and Entrepreneurial Activities [J]. Psicothama，2011，23 (3)：453 –457.

⑦ Schaper M.，Volery T. Entrepreneurship and Small Business：A Pacific Rim Perspective [M]. John Wiley and Sons Australia Ltd，Milton，Queesland，2004.

⑧ Mokaya S. O.，Namusonge M.，Sikalieh D. The Concept of Entrepreneurship：In Pursuit of a Universally Acceptable Definition [J]. International Journal of Arts and Commerce，2012，18 (6)：128 –135.

科，在这门学科中，可以在各级教育中找到学习计划和课程（Handscombe & Rodriquez - Falcon，2008）①，在这种多方面的复杂性中，讲授该学科存在着挑战性。创业既是一种经济现象，也是一种社会现象，更是一种高度复杂的、社会创造的、程序性的和流动性的现象，需要在其特定的文化和社会背景下加以考虑（Anderson，2011）②。在宏观背景下，人们认为创业是经济增长和其他经济指标的推动者，除了对经济增长的影响外，创业活动还与创造就业机会有关（Engle et al.，2010）③。创业不能只关注其具有的经济价值，而忽略其不可估量的社会价值和对人全面发展的影响。由此，本书认为创业是一种识别机会、发现商机，突出整合资源，并将创意付诸实践，从而创造经济社会价值的行为。

（三）数字创业

来自创业、战略和信息系统的学者将通过数字媒体工具、信息技术、平台技术和其他信息通信设备创造的创业机会的过程称为数字创业（Sussan & Acs，2017）④。这一新生现象是在大约 10 年前创业和数字化的结合下发展起来的。从根本上说，数字创业现象是基于商业流程和功能的数字化赋能，如营销、运营、销售和金融，这些都转化为数字环境或彻底的技术颠覆。关于数字创业的讨论集中在通过数字技术创建新企业和改造现有企业上（Von Briel et al.，2018）⑤。学术界对数字创业的兴趣日渐强烈，由于其新颖性，学者对该领域的范围和性质缺乏明确性。技术进步的动态和快速演变性质最终会对企业的运营方式产生新的影响，创业过程中自然也涉及技术快速进步，数字创业是一种通过互联网和信息通信技术等

---

① Handscombe R. D.，Rodriquez - Falcon E.，Patterson E. A. Embedding Enterprise in Science and Engineering Departments [J]. Education and Training，2008，50（7）：615 - 625.

② Andersson M.，Noseleit F. Start - ups and Employment Dynamics Within and Across Sectors [J]. Small Business Economics，2011，36（4）：461 - 483.

③ Engle R.，Dimitriadi N.，Garidia J.，Schlaegel C.，Delanoe S.，Alvarado I.，He X.，Baume S.，Wolff B. Entrepreneurial Intent：A 12 - Country Evaluation of Alzens Model of Planned Behavior [J]. International Journal of Entrepreneurial Behavior and Research，2010，16（1）：35 - 57.

④ Sussan F.，Acs Z. J. The Digital Entrepreneurial Ecosystem [J]. Small Business Economics，2017，49（1）：55 - 73.

⑤ Von Briel F.，Davidsson P.，Recker J. Digital Technologies as External Enablers of New Venture Creation in the IT Hardware Sector [J]. Entrepreneurship Theory and Practice，2018，42（1）：47 - 69.

产生资产的现象（Kraus et al.，2019）①。

由于数字创业这个词是多方面的，范围广泛，因此文献中的定义多种多样。已使用的术语包括但不限于数字创新、数字冒险、数字转型、数字生态系统等。克劳斯（Kraus，2019）研究了 35 篇文章，其中使用的术语包括数字风险、数字创新、数字企业或数字业务。事实上，数字创业中对一系列多样化但相关的数字平台、参与者、机构等的研究，指导了数字创业未来研究的方向和内容。尽管这些术语之间存在相关性，但深入研究的学者们迄今为止在定义数字创业现象时缺乏一致性。

"数字创业"之所以被定义为创业，是因为其中部分或全部创业活动以数字化方式进行，而不是以更传统的形式进行（Hair et al.，2006）②，数字创业是创业的子类别，传统组织中的部分或全部实体已经数字化（Hull et al.，2007）③。数字创业是在利用数字媒体、通信技术的基础上寻求机会，可理解为传统创业与数字时代的创业方式的协调一致。"数字创业"被广泛定义为通过开发新型数字化来创建新的企业和改造现有的企业，或"通过使用和推动各种数字技术来支持数字信息的有效获取、处理、分发和消费，从而创造数字价值的创业过程"（Sahut et al.，2019）④，或"通过使用技术平台与其他信息通信设备创造和追求创业机会"，数字创业是追求新媒体和互联网技术带来的新创业机会（Kraus et al.，2019）⑤。

数字创业的特征方面，学者们考虑了其与数字转型的相互关系，认为数字创业是多方面的，包括商业创业、知识创业和机构创业。商业创业指寻求或确定可利用的商业机会的做法；知识创业是指识别和寻求信息或知

---

① ⑤ Kraus S. , Palmer C. , Kailer N. , Kallinger F. L. , Spitzer J. Digital Entrepreneurship [J]. International Journal of Entrepreneurial Behavior & Research, 2019 (5): 6 - 28.

② Hair J. F. , Black W. C. , Babin B. J. , Anderson R. E. , Tatham R. L. Humans: Critique and Reformulation [J]. Journal of Abnormal Psychology, 2006, 38 (7): 49 - 74.

③ Hull C. E. , Caisy Hung Y. T. , Hair N. , Perotti V. , DeMartino R. Taking Advantage of Digital Opportunities: A Typology of Digital Entrepreneurship [J]. International Journal of Networking and Virtual Organisations, 2007, 4 (3): 290 - 303.

④ Sahut J. M. , Iandoli L. , Teulon F. The Age of Digital Entrepreneurship [J]. Small Business Economics, 2019 (1): 1 - 11.

识前景，包括扩大现有知识库和开发新知识库；机构创业是指企业家在创造时利用资源形成新组织或升级旧组织（Antonizzi & Smuts，2020）①。这些特征共同构成了数字创业的基础。数字平台的使用被确定为创业工具，数字平台是一组共享的、通用的服务和架构，其好处之一是拥有"在抵消生产、营销和分销能力的同时深化专业化"的潜力，解释了数字平台作为创业场所的吸引力（Nambisan，2017）②。

综上可知，数字创业是传统创业的革新，给予创业者运用新媒体和互联网技术等创造新市场的机会，并与任何使用数字技术的机构或企业进行战略合作，从而创造价值的过程。这一定义包含了战略、创业和数字转型，揭示了在媒介、形式和用途上与传统创业所显现的差异。

三、创新创业教育的概念

（一）创业教育

美国考夫曼基金会提出，创业教育的目的在于向个体传授创新理念，培养创造力，使其能拥有被他人所忽略的机会识别能力、决断力和勇气的教育。日本政府提出了"寻找日本的比尔·盖茨"的创业行动和计划，并将创业教育定位于培养企业家精神，认为创业教育应当是置于广阔的社会发展背景下，对个体培养企业家精神的创造性活动。

学者们对创业教育的定义也莫衷一是，有的认为是通过正规教育获得有关创业的知识、技能和理论，鼓励学生利用新的商业机会创造价值（Jones & English，2004）③。有的认为是通过成功教育举措使新企业成立以及它们在多大程度上促进了初创企业的成功，创业教育可以分为三个阶段：模拟阶段，在此期间的活动侧重于培养学生创业意识；教育阶段，学

① Antonizzi J., Smuts H. The Characteristics of Digital Entrepreneurship and Digital Transformation: A Systematic Literature Review [R]. Paper Presented at the Conference on e-Business, e-Services and e-Society, 2020 (4).

② Nambisan S. Digital Entrepreneurship: Toward a Digital Technology Perspective of Entrepreneurship [J]. Entrepreneurship Theory and Practice, 2017, 41 (6): 1029 – 1055.

③ Jones C., English J. A Contemporary Approach to Entrepreneurship Education [J]. Education + Training, 2004 (46): 416 – 423.

生学习成为企业家和管理企业所需的知识；孵化阶段，包括直接支持实际创业的活动，如办公空间、辅导和网络。研究结果表明，大学的创业活动确实会带来创业成功（Van de Zande，2012）①。

赛尔瓦和梅耶（Selvaraja & Meyer，2011）认为，创业教育是通过讲座研讨或课程讲授为学生提供创业能力、技能和知识，以追求创业生涯，在提升年轻人选择创业作为职业的倾向方面发挥重要作用②。高等教育机构也证明了创业是可以教授的。德雷科特（Draycott，2011）指出创业教育不同于企业教育。首先，通过培养使学生具备创新想法和技能，从而积极主动地成立实体生产性企业，使学生将所学技能应用于新企业创建的特定环境中。因此，创业教育为学生讲授建立新企业所需的知识能力。其次，企业教育可以作为任何学科的教学方法，但创业教育只能专注于提供启动、管理和发展新企业的模块、项目或课程③。学者法约勒和加伊（Fayolle & Gailly，2015）认为，创业教育是为学生提供知识和技能的教育，以培养积极的态度，创建自己的新企业，并将自我雇佣作为一种可行的职业④。

（二）创新创业教育

我国的创新教育是在全面实施素质教育的大背景下提出的，是以培养人们的创新精神和创新能力为基本价值取向的教育，着重研究和解决如何培养学生的创新精神、创新能力和创新人格的问题⑤。从广义上讲，凡是以培养人的创新能力、创新精神为价值取向，提高人的创新能力为主要目的的教育都可以称为创新教育。

---

① Van de Zande T. J. M. Fostering Entrepreneurship at Universities: Lessons from MIT, IIIT, and Utrecht University [M]. Utrecht, the Netherlands: Utrecht University, 2012.

② Selvarajah C., Keat O. y., Meyer D. Inclination Towards Entrepreneurship Among University Students [J]. International Journal of Business and Social Sciences, 2011, 2 (4): 206 – 220.

③ Draycott M., Rae D. Enterprise Education in Schools and the Role of Competency Frameworks [J]. International Journal of Entrepreneurial Behaviorand Research, 2011, 17 (2): 127 – 145.

④ Fayolle A. Gailly B. C. The Impact of Entrepreneurship Education on Entrepreneurial Attitudes and Intentions: Hysteries and Persistence [J]. Journal of Small Business Management, 2015, 53 (1): 75 – 93.

⑤ 国务院关于大力推进大众创业万众创新若干政策措施的意见 [EB/OL]. (2015 – 06 – 16) [2023 – 04 – 20]. http://www. gov. cn/zhengce/content/2015 – 06/16/content_9855. html.

一以贯之，创新创业教育是一种以培养学生的创新创业精神，塑造学生的创新创业人格，提升学生的创新创业综合素质，提高学生的创新创业能力为基本价值取向的教育活动。创新创业教育要面向全社会，对拥有创业意识、创业需求、处于创业起步阶段甚至在创业领域已经取得阶段性成果的各类对象和群体，分阶段、分层次地进行创新思维培养和创业能力锻炼的教育。

创新创业教育是对创新教育和创业教育的继承与发展。创新创业教育既内在包含了"创新教育""创业教育"的科学内涵，又不与二者简单等同，是综合性、系统性的教育，既扩大了创新教育的受众范围，由学校扩大到整个社会，又改变了过去创业教育重理论轻实践的弊端，通过创新创业教育的实施与发展，院校与企业、社会形成一个生态体系，增强了社会整体的创新能力，也拓展了高校服务社会职能的空间。

（三）高校创新创业教育

在创新创业理念指导下，在高等院校范围内面向全体学生实施以培养学生的创新思维和创业精神为核心，以形成学生开创性个性、提高学生的实践能力为重点的教育。而高校实施创新创业教育的难点在于如何使创新创业教育回归育人的本质、如何将创新创业教育融入人才培养的全过程，重点在于与专业教育深度结合，落实的关键在于建立合理完善的创新创业教育课程体系。

四、高校创新创业教育生态系统的概念

（一）创新创业生态系统

创新创业生态系统是一个动态的、互动的组织网络，旨在促进创新、创业和创造价值的活动。它由多个参与者和资源组成，包括创业者、初创企业、投资者、孵化器、加速器、大学、研究机构、政府机构和社会组织等。学者们尝试对创新创业生态系统进行科学定义，但因研究侧重点不同，无法涵盖各个方面。

创新创业生态系统中，科恩（Cohen，2006）指出，当地地理社区中

相互关联的行动者群体致力于通过支持和促进新的可持续企业，实现可持续发展①。钱等（Qian et al.，2013）关注那些相互影响创设、发现和利用创业机会的涉及经济、社会、制度和所有其他的重要因素②。克莱恩等（Kline et al.，2014）认为，创业生态系统为社区内一系列相互依存的物质、法律、文化、金融、人力和组织元素，这些元素有可能支持或阻碍创业者的活动③。梅森和布朗（Mason & Brown，2014）认为，双创生态系统为一组相互关联（潜在的和现有的）创业行动者、创业组织（如公司、风险投资家、天使投资、银行）、机构（大学、公共部门机构、金融机构）和创业过程（如企业创设率、高增长公司的数量、"重磅创业"的水平、连续创业者的数量、抛售公司的心态和创业雄心），结合当地创业环境，非正式地联合起来进行联系、协调和管理并收获成果④。奥尔斯瓦尔德（Auerswald，2015）认为，国家创业生态系统是指"以创业态度、能力和愿望为特征的个人之间动态的制度嵌入互动，通过创建和运营新的企业来推动资源分配。创业生态系统意味着不同组织间的生产关系和合作。在许多国家，这些关系是初创公司、老牌公司、大学和研究机构之间的，在一个充满活力的生态系统中，人们的思想在这些组织之间流动，创办新企业、加入现有企业，并将创新联系在一起"⑤。斯皮格尔（Spigel，2017）界定创业生态系统是区域内社会、政治、经济和文化元素的组合，支持创新创业公司的发展和增长，并鼓励新创业者和其他行动者承担创办、资助和以其他方式协助高风险企业的风险⑥。斯塔姆和斯皮格尔（Stam & Spigel，2017）

① Cohen B. Sustainable Valley Entrepreneurial Ecosystems [J]. Business Strategy and the Environment, 2006, 15 (1): 1–14.

② Qian H., Acs Z. J., Stough R. R. Regional Systems of Entrepreneurship: The Nexus of Human Capital, Knowledge and New Firm Formation [J]. Economic Geography, 2013, 13 (4): 559–587.

③ Kline C. et al. A Spatial Analysis of Tourism, Entrepreneurship and the Entrepreneurial Ecosystem in North Carolina, USA [J]. Tourism Planning and Development, 2014, 11 (3): 305–316.

④ Mason C., Brown R. Entrepreneurial Ecosystems and Growth Oriented Entrepreneurship [J/OL]. Hague: OECD. 2014. Available at: https://www.oecd.org/cfe/leed/Entrepreneurial–ecosystems.pdf.

⑤ Auerswald P. E. Enabling Entrepreneurial Ecosystems, in Audretsch D., Link A., Walshok M. (eds) The Oxford Handbook of Local Competitiveness [M]. Oxford: Oxford University Press, 2015.

⑥ Spigel B. The Relational Organization of Entrepreneurial Ecosystems [J]. Entrepreneurship Theory and Practice, 2017, 41 (1): 49–72.

认为创业生态系统是一组相互依存的行动者和因素，以一种能够在特定领域内实现生产性创业的方式进行协调合作①。奥德斯和别利茨基（Audretsch & Belitski，2017）指出，系统集合相互作用并影响创业机会识别和商业化的制度、组织及其他的系统性因素，有效的创业生态系统是各种社会经济、制度和信息背景下机构间的复杂互动系统，可产生更多的新企业并获得成长②。创业生态系统被克鲁泽等（Kreuzer et al.，2018）定义为三种元素的产物：一是周边环境，更确切地说是商业环境和投资环境；二是互动参与者；三是不断演变的创业文化和创业态度③。罗迪等（Roundy et al.，2018）认为，创业生态系统是一个自组织、适应性强、地理上有界限的复杂主体社区，在多个聚合平台上运作，其非线性互动导致新企业随着时间的推移形成和解散④。赫切诺瓦等（Hechavarría et al.，2019）界定双创生态系统是由许多独立参与者（如政府、高校、投资者、导师、服务提供商、媒体和大公司）组成的社区，这些参与者可以在特定地理区域的创业活动发展水平中发挥关键作用⑤。

　　创业生态系统的概念都与研究人员的研究目标息息相关。科恩（Cohen，2006）的研究侧重于可持续创业，因此他的定义强调了创业生态系统的可持续性。梅森和布朗（Mason & Brown，2014）的研究主要关注创业的增长方向，因此他们的定义明确强调了高增长企业。斯塔姆和斯皮格尔（Stam & Spigel，2017）的工作突出了创业者所在社区的创业活动发生，其定义强调了不同利益相关者和因素的结合及互动协调。奥德斯和伯利兹（Audretsch & Belitski，2017）则更重视创业机会，强调创业机会识别对新

　　① Stam E.，Spigel B. Entrepreneurial Ecosystem，in Blackburn R.，De Clercq D.，Heinonen J. (eds)，The SAGE Handbook of Small Business and Entrepreneurship [M]．London：SAGE Publications，2017：407 - 422.

　　② Audretsch D. B.，Belitski M. Entrepreneurial Ecosystems in Cities：Establishing the Framework Conditions [J]．Technology Transfer，2017，42 (5)：1030 - 1051.

　　③ Kreuzer A. et al. Guide for Mapping the Entrepreneurial Ecosystem [M]．GIZ：Bonn and Eschborn，2018：8.

　　④ Roundy P. T.，Bradshaw M.，Brockman B. K. The Emergence of Entrepreneurial Ecosystems：A Complex Adaptive Systems Approach [J]．Business Research，2018 (86)：1 - 10.

　　⑤ Hechavarría D. M.，Ingram A. E. Entrepreneurial Ecosystem Conditions and Gendered National - Level Entrepreneurial Activity：A 14 - Year Panel Study of GEM [J]．Small Business Economics，2019，53 (2)：431 - 458.

创企业的至关重要性。这些描述都强调了创新创业生态系统的复杂性和多样性，以及其中各种参与者之间的互动、合作和影响。这些观点共同强调了创新创业生态系统作为一个有机整体的重要性，它不仅促进了创新和创业的发展，还对经济和社会产生了积极影响。近期学者的研究突出双创生态系统的主要特征为共享因素的独特配置，包含情境因素和个体因素，以及各因素间的相互作用、地理上的有界性。

"地域化"观点强调了地域因素在创新创业生态系统中的重要性，认为地理上的密集聚集有利于促进创新和创业的发展。它描述了一个创新创业生态系统应该包括地方企业家、风险投资家、创新型大学和研究机构、支持性政府机构以及各种社区组织，它们在一个地理区域内相互合作，形成一个有机的生态系统。同时，学者们还提到了"创业者的学习生态系统"的概念，强调了创新创业生态系统中的学习和实验的重要性，认为创业者应该以迭代的方式进行实验和学习，通过不断调整和改进来推动创新。他的观点强调了创新创业生态系统中的试错文化和学习机制的建立。

由此，创新创业生态系统的概念强调了各种参与者之间的相互关系和相互依赖性。它提供了一个支持创新和创业的环境，使创业者能够获得必要的资源、知识、资金和支持，从而发展和推动他们的创业项目。其关键要素包括：创业者——具有创新意识和创业精神的个人或团队，致力于开发新的商业模式、产品或服务，并创造经济价值；孵化器和加速器——这些机构提供创业支持和资源，如办公空间、导师指导、市场准入、投资机会等，帮助初创企业从概念到市场阶段的发展；投资者——包括天使投资人、风险投资基金、私募股权投资等，提供资金和资源支持，帮助初创企业扩大规模和实现增长；大学和研究机构——作为知识和创新的源泉，大学和研究机构提供研究资源、技术转移和知识产权支持，培养创新创业人才；政府机构——通过政策和法规的制定，提供资金和支持，创造有利于创新创业的法律和经营环境；企业合作伙伴——大型企业可以提供市场机会、合作关系和资源支持，促进初创企业的商业化和市场拓展。

（二）创新创业教育生态系统

创新创业教育生态系统与创新创业生态系统是两个不同的概念，可以理解成前者属于后者，而后者是社会创新创业生态系统的子系统。如前所述，创新创业生态系统以企业为主体，关注经济效益的实现、创新精神培养和专利知识的保护，高校属于从属地位，为企业服务。而创新创业教育生态系统是一个由高校、创新创业者、投资者、企业、政府等多个参与者组成的互动网络，旨在促进高校创新创业活动的发展。这个生态系统的核心是高校，作为知识和人才的源泉，高校提供教育和培训资源，培养学生的创新思维和创业能力。高校还可以提供研究平台和实验室设施，支持学生与教职员工进行科研和创新项目开发。创新创业者是生态系统中的另一个重要组成部分。他们是具有创新思维和创业意愿的人士，他们可以是学生、教职员工或校友。创新创业者可以通过高校提供的资源和支持，将他们的创意和想法转化为实际的创业项目。投资者是生态系统中的关键角色，他们提供资金和资源支持，帮助创新创业者实现其商业目标。投资者可以是天使投资人、风险投资基金、创业加速器等。他们通过投资和合作，推动创新创业项目的成长和发展。企业和政府机构也在创新创业生态系统中发挥重要作用。企业可以提供实践机会、导师支持和市场资源，与高校和创新创业者建立合作关系，促进技术转移和商业化发展。政府机构则提供政策支持、资金和创新创业环境的建设，推动整个生态系统的发展。高校创新创业生态系统的目标是建立一个互动、协作和可持续的创新创业环境，促进创新创业文化的培育和创新创业项目的孵化。通过整合资源、搭建平台、提供培训和支持，这个生态系统可以帮助创新创业者实现其创业梦想，推动经济增长和社会发展。

五、创业型大学

（一）创业型大学的概念

1. 创业型大学的概念界定

知识型社会的出现改变了大学在整个社会和经济中的角色。在教学和研究任务之外高校还注重经济发展这第三个使命，为研究和教学活动增加了创业作用，创业型大学模式开始凸显。创业型大学是创新创业教育生态系统发展的重要贡献者，通过提供知识和人力资本的研究促进创业文化，并为初创企业及其衍生产品发挥催化剂作用。关于创业型大学的概念，国内外学者理解并不趋同，随着研究的深入呈现明显的多样性和不同的侧重点。

埃茨科瓦茨（Etzkowitz，1983）指出，大学正在考虑新的资金来源，如专利、合同研究以及与私营企业建立合作关系，显现创业型大学的萌芽状态；2000 年，他又提出任何以提高地区和国家经济绩效以及大学及其教职员工的收入优势为目标开展创业活动的大学即创业型大学；2003 年，进一步更新创业型大学的概念是一个为教师和学生创设新企业提供智力、商业和合作的支持机构，是天然的孵化器①。克里斯曼等（Chrisman et al.，1995）认为，创业型大学涵盖由大学教授、技术人员或学生创建的新商业企业②。克拉克（Clark，1998）指出，考虑新资金来源的大学，如专利、合同研究以及与私营企业建立合作关系等，可认为是创业型大学。在学术创业的道路上区分了以下高校转型路径，从而给予了创业型大学的发展途径：通过对不断变化的需求作出快速反应来"加强转向核心"的途径；通过发展跨学科项目导向的研究中心来扩大"发展边缘"的途径；通过刺激"学术中心地带"，接受面向创业的"改良的信用体系"的途径；扩大利润率的"资金基础"多样化的途径，以及将"创业文化"融入大学日常运营的途径③。

苏柏兹基（Subotzky，1999）认为，创业型大学是指学术界和企业之间建立更紧密伙伴关系，在机构治理、领导和规划方面具有管理精神的大学，学院在获得外部资金方面负有更大的责任④，与克拉克的观点有一定的相通性。雅克布等（Jacob et al.，2003）认为，创业型大学既基于商业化（定制教育课程、咨询服务和推广活动），也基于商品化（专利、许可

① Etzkowitz H. Research Groups as "Quasi – firms"：The Invention of the Entrepreneurial University [J]. Research Policy，2003，32（1）：109 – 121.

② Chrisman J. J.，Hynes T.，Fraser S. Faculty Entrepreneurship and Economic Development：The Case of the University of Calgary [J]. Business Venturing，1995，10（4）：267 – 281.

③ Clark B. R. Creating Entrepreneurial Universities：Organizational Pathways of Transformation [M]. Bradford：Emerald，1998.

④ Subotzky G. Alternatives to the Entrepreneurial University：New Modes of Knowledge Production in Community Service Programs [J]. Higher Education，1999，38（4）：401 – 440.

或学生自主创业)①。科比（Kirby，2006）则强调创业型大学是高等教育竞争环境中的幸存者，具有在所有活动中都做到最好的共同战略（如拥有良好的财务状况、选择优秀的学生和教师、进行高质量的研究），并试图在建立教育和研究之间的联系方面更具生产力和创造性②。梅尔斯和莎莉嘉（Meyers & Sarika，2011）提出，当大学试图最大限度地发挥其研究的商业化潜力并在社会中创造价值，而不将其视为对学术价值的威胁时，它们被认为是创业型的③。温正胞（2011）认为，创业型大学的内在动力是学术资本主义的产生，市场化生存是其生存方式，学术、市场、政府形成新的协调三角关系，创业型大学亟须组织变革和内部文化冲突与融合④。马斯卡伦哈斯等（Mascarenhas et al.，2017）将创业型大学定义为积极鼓励和接受在校学生和毕业生创业，并为他们提供创业机会、实践、文化和支持环境的实体⑤。

　　创业型大学是旨在培养和支持学生创新创业精神以及创业能力的教育机构，它们致力于将学术教育与实际创业经验相结合，为学生提供创新创业的知识、技能和资源，故是一种把创新、创业和风险承担融入其教育使命及日常运作中的大学，在教学、研究及社会服务方面都具备创新和创业的特质，同时提供实践导向的课程和实践机会，培养学生的实际技能和创业能力。吉布等（Gibb et al.，2012）提出"当大学不惧最大限度地发挥其想法、商业化的潜力并在社会中创造价值，且不认为这是对学术价值的重大威胁时，它们就是创业型大学"⑥。人们认为，如果为了社会的共同利

①　Jacob M., Lundqvist M., Hellsmark H. Entrepreneurial Transformations in the Swedish University System: The Case of Chalmers University of Technology [J]. Research Policy, 2003, 32 (9): 1555 – 1568.

②　Kirby D. A. Creating Entrepreneurial Universities in the UK: Applying Entrepreneurship Theory to Practice [J]. The Journal of Technology Transfer, 2006, 31 (5): 599 – 603.

③　Meyers A. D., Sarika P. Academic Entrepreneurship, Entrepreneurial Universities and Biotechnology [J]. Commercial Biotechnology, 2011, 17 (4): 349 – 357.

④　温正胞. 大学创业与创业型大学的兴起 [M]. 杭州：浙江大学出版社，2011：12 – 17.

⑤　Mascarenhas C., Marques C. S., Galvão A. R., Santos G. Entrepreneurial University: Towards a Better Understanding of Past Trends and Future Directions [J]. Enterprising Communities: People and Places in the Global Economy, 2017, 11 (3): 316 – 338.

⑥　Gibb A., Haskins G., Hannon P., Robertson I. Leading the Entrepreneurial University: Meeting the Entrepreneurial Development Needs of Higher Education (2009, updated 2012) in Universities in Change [M]. New York: Springer Publications, 2012: 9 – 45.

益，大学产生的想法被行业采纳，那么它们就具有潜在的商业价值。

由此，创业型大学是创新和创业生态系统的一部分，将学生、教职员工、企业和社区联系在一起，为学生提供资源和支持，帮助他们在创新和创业领域实现成功，是一所拥有创业教育项目和创业中心的大学，通过课程、导师、实习和孵化器等方式，培养学生的创业技能和创新能力。学者们强调了创业型大学在培养学生创新创业能力、提供实践机会、建立创新创业生态系统等方面的重要性。他们认为，创业型大学应该将创业融入教育和学校的整体使命中，并为学生提供资源和支持，帮助他们在创新创业领域取得成功。

2. 创业型大学的理论框架

柯比（Kirby，2011）提出了一个理论框架，指出制度因素（正式和非正式）如何促进和支持创业型大学的发展。其中，正式因素包括为师生开设的创业课程、技术转移支持、初创者的支持措施、与产业界联系、孵化器和科技园、灵活的机构和管理结构等；非正式因素包括积极的学生态度、积极的学术态度、创业榜样、适当的文化价值、适当的奖励制度、教学方式。创业型大学的发展成果体现在三个方面：一是教学方面，培养求职者和创业者；二是研究方面，发表科研论文、知识转移（涵盖专利、许可和合同）；三是创业活动，包括促进创业文化（衍生产品，衡量创业选修课对学生态度的影响）和对区域发展的贡献（创造就业和经济贡献），制度因素对成果产出有显著正向影响①。

衡量这些大学的成果和产出的标准是基于学术界参与创业活动，并得到政策和实践的支持，其目标不是创造求职者，而是创造未来的就业创造者，即不仅具有理论知识，而且具有探索利用创业机会和实践能力的毕业生。通过社会或经济利益研究以及研究成果的商业化应用来解决社会或经济挑战问题，从而实现有效的产学关系，这些挑战是衍生公司的催化剂。

吉布的概念模型如图 1-1 所示，包括使命、治理和战略，利益相关者的参与，知识转移、转化和支持，国际化活动和创业教育。各种行为者对

---

① Kirby D. A., Guerrero M., Urbano D. Making Universities More Entrepreneurial：Development of a Model [J]. Canadian Journal of Administrative Sciences, 2011, 28 (3)：302 -316.

创业活动的承诺、资源和机制、创新的教学方法以及在创业型大学结构中创造或存在一些机构或角色都是该模式所解决的问题，目标是加强创新，建立利益相关者关系，提高学生就业能力，提高教学质量，通过与企业家更紧密地接触，建立更多创收的项目并提高学校的竞争力。

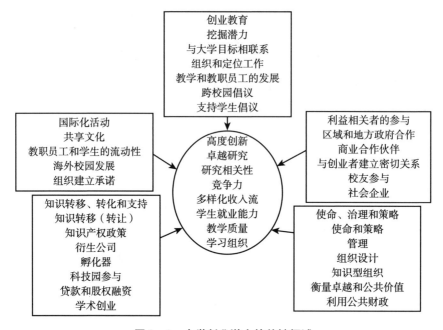

图1-1　大学创业潜力的关键领域

埃茨科瓦茨（Etzkowitz，2013）提出，传统大学成为创业型大学的必经三阶段：首先，大学需要找到多样化的资金来源，减少对政府、研究合同、校园服务、学费等传统资金来源的依赖，从而成为拥有自己财政资本的独立实体；其次，大学需要将他们的研究商业化；最后，大学需要更多地让社区参与进来，以弥合学术界和实践界之间的差距①。许多高校将自己的定位从"象牙塔"和知识库的传统概念转变为以创业为重点的高等教育机构，其中教学和培训的重点是帮助学生发展有用的技能和获得创新创业知识，通过宣传大学研究成果和建立新的知识型企业，在国家创业和知识型经济发展中发挥着关键作用。

---

① Etzkowitz H. Anatomy of the Entrepreneurial University [J]. Social Science Information Sur Les Sciences Sociales, 2013, 52 (3): 486-511.

为了实现其创业目标，大学需要引入旨在提高学生技能、属性和行为的教育战略，以发展和增强创造性和批判性思维，并创造一个促进此类活动的有利环境。阿布瑞尤等（Abreu et al.，2016）证明了大学在价值创造过程中促进知识传播和行业联系的作用，共同创造促进了产业集群和区域建设，使用各种正式和非正式机制来增加大学的经济和社会影响力①。比兹里等（Bizri et al.，2014）在对创业型大学的理论和实证研究进行定性回顾以及对各种框架和模型的分析的基础上，使用柯比模型开发了一个综合模型。该模型确定了 7 个因素，如图 1 - 2 所示。这 7 个因素证明大学在经济发展背景下对激发创新创业能力有重要贡献，这些因素以向行业和政府转移知识的资源和能力为基础，包括战略重点、管理和组织设计、利益相关者参与、知识转移、国际化、创业教育以及资源和能力。该模型将用于产生知识的"资源和能力"以及有效的"知识转移和支持"确定为政府、行业和高校三重螺旋中最关键的因素②。

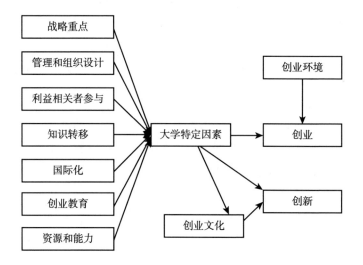

图 1 - 2　创业型大学概念框架

———————

　　① Abreu M.，Demirel P.，Grinevich V.，Karataş – Özkan M. Entrepreneurial Practices in Research – intensive and Teaching – led Universities ［J］. Small Business Economics，2016，47（3）：695 – 717.

　　② Bizri R.，Hammoud J.，Stouhi M.，Hammoud M. The Entrepreneurial University：A Proposed Model for Developing Nations ［J］. Management Development，2019，38（5）：383 – 404.

（二）创业型大学的主要特征和关键绩效指标

1. 创业型大学的主要特征

克拉克（Clark，1998）最早提出创业型大学的特征。一是强有力的驾驭核心：大学不能依赖传统的控制或指导，他们需要变得更快、更灵活、更专注于对环境需求的反应。二是拓宽的发展外围：大学需要有与外部世界联系的机制，他们必须跨越传统的界限，建立专门的组织单位。三是多样化的资金基础：大学需要拥有多样化的资金资源，他们必须扩大财政基础，减少对政府的依赖。四是激活的学术心脏地带：大学需要发挥创业单位作用的学术单位，必须刺激这些单位对变化作出积极反应。五是一体化的创业文化：大学需要一种包容变革的文化[①]。比兹里等（Bizri et al.，2019）提出创业型大学的主要特征可分为以下几类：治理和组织结构、战略伙伴关系和合作、资源和能力、金融资本、文化、知识交流和转移机制、创业和国际化的支持措施[②]。埃茨科瓦茨（Etzkowitz，2013）提出创业型大学特征包括创业型大学与行业和政府密切互动；创业型大学是一个相对独立的机构；解决互动和独立原则之间的紧张关系是创建混合组织形式的动力；随着大学与行业、政府的关系发生变化，大学的内部结构正在不断更新，与行业和政府的关系不断调整[③]。

基于以上对创业型大学特征的剖析，其关键要点如下：一是创业型大学将创新创业教育作为其核心使命。它们通过课程设置、实践项目、导师指导等方式，帮助学生了解创业过程、开发富有创意的商业计划，并培养他们的创新思维和解决问题的能力。二是实践导向方面，创业型大学注重将理论知识应用于实际。它们鼓励学生积极参与创业活动，提供实践机会，如创业实习、创业竞赛和孵化器等，以便学生能够在真实的商业环境中学习和实践。三是创业型大学鼓励学生跨学科合作，将不同专业背景的

---

① ［美］伯顿·克拉克. 建立创业型大学：组织上转型的途径［M］. 王承绪，译. 北京：人民教育出版社，2003：4–6.

② Bizri R.，Hammoud J.，Stouhi M.，Hammoud M. The Entrepreneurial University：A Proposed Model for Developing Nations［J］. Management Development，2019，38（5）：383–404.

③ Etzkowitz H. Anatomy of the Entrepreneurial University［J］. Social Science Information Sur Les Sciences Sociales，2013，52（3）：486–511.

学生组成团队，共同解决复杂的问题和迎接创新的挑战。这种跨学科的合作有助于培养学生的团队合作和沟通能力。四是创业型大学提供各种支持和资源，帮助学生在创业过程中实现他们的想法和梦想。这包括导师指导、创业课程、创业资金、办公场地、网络和行业联系等。五是创业型大学致力于营造创业文化和创业生态系统，鼓励学生创新思维、冒险精神和创业精神。它们与企业、政府和社区建立紧密的合作关系，促进创新和创业的交流与合作。六是创业型大学的目标是培养具有创新思维、创造力和实践能力的创业人才，为他们提供创业成功所需的知识、技能和资源。这些学校的教育模式注重学生的全面发展，并鼓励他们积极参与社会经济活动，推动创新和创业的发展。

2. 创业型大学关键绩效指标

经济合作与发展组织（OECD，2012）倡导了一项行动方案，引导欧洲大学走向新思维，提出创业型大学框架，聚焦关键维度：领导力和治理，组织能力、人员和激励措施，创业教与学的发展，创业者的途径，大学—用于知识交流的商业/外部关系，作为内化机构的创业大学，衡量创业型大学的影响[1]，具体见表1–3。

表1–3 创业型大学特征框架（OECD）

维度	关键绩效指标
领导力和治理	在大学的各个方面将创业心态制度化 领导者对实施创业战略的承诺 在大学的各个层面创建和使用创业模式 院系以最佳方式行使自主权 将大学视为更广泛的地区、社会和社区环境创业发展的驱动力
组织能力、人员和激励措施	大量资金来源（包括外部利益相关者的投资）去开展创业活动 支持创业发展的可持续金融战略 为与新使命同步重建既有的和适用的机制 大学积极招聘/聘请具有创业精神的个人去创业 大学投入助力教职员工发展项目以支持创业倡议 为参与大学创业倡议的教职员工提供明确的激励和奖励 承认利益相关者在创业倡议中的贡献

① OECD. A Guiding Framework for Entrepreneurial Universities. T. O. f. E. C. – o. a. Development [R/OL]. https：//www.oecd.org/site/cfecpr/EC – OECD%20Entrepreneurial%20Universities%20 Framework. pdf. 2012：1 – 17.

续表

维度	关键绩效指标
创业教与学的发展	教与学的重点是关注教师和学生创业心态的发展 教职员工采取多样性激励和创新的教学策略 创业行为在整个大学经历中都得到支持，通过提高认识和激发想法发展和实施创业计划 大学验证创业学习成果 强调利益相关者在教学中的合作 将研究结果纳入创业教育和培训
创业者的路径	大学提高了教职员工和学生对发展创业技能重要性的认识 大学鼓励教职员工和学生创业，为所有人创造了体验创业的机会 为个人/团体实施创业理念提供支持，提供学术和行业专家的辅导、商业孵化设施 为潜在的创业者提供获得私人融资的便利
大学—用于知识交流的商业/外部关系	承诺以知识交换的形式与产业界、社会和公共部门合作 与广泛的利益相关者积极合作 与孵化器、科技园区和其他外部机构建立强有力的联系，创建动态知识交流平台 为教职员工和学生在外部环境中参与企业活动创造机会 支持教职员工、学生在学术界和外部环境之间的流动 为了更广泛的知识生态系统的利益，在研究、教育和产业界之间有意建立联系
作为内化机构的创业大学	将内部化作为大学创业战略的关键部分 明确支持其教职员工和学生的国际流动 寻求并吸引留学人员和创业者（包括研究型、教学型教师和博士） 在教学方法中表现出知识内化 院系和其他单位参与国际网络
衡量创业型大学的影响	评估大学的创业战略及其对变化的反应 不断开展对创业教学投入程度的评估 创业教学影响的评估 监测和评估大学的知识交流活动 通过监测和评估的支持，最终评价对初创企业的影响

资料来源：OECD. A Guiding Framework for Entrepreneurial Universities. T. O. f. E. C. – o. a. Development [R/OL]. https：//www. oecd. org/site/cfecpr/EC – OECD% 20Entrepreneurial% 20Universities %20Framework. pdf. 2012：1 –17.

创业型大学的特点是制订前瞻性战略计划。欧盟更加重视产生有商业动机的有价值的研究成果。同样，欧盟的教学和学习也被重新规划，重点是技能培训和发展。经合组织框架的另一个重要方面是维持"企业家之

路"。强调内外部利益相关者在年轻人创业经历中的作用，刻画了创业者
从孵化器环境到现实商业环境的实践之旅。

第三节 研究思路和方法

一、研究方法

本书主要基于教育生态理论、三螺旋理论、协同理论研究应用型高校
创新创业教育生态系统，从宏观、中观和微观各个层面展开全面深入的分
析。在此过程中主要采用以下研究方法。

1. 文献分析法

通过中国知网、EBSCO、Web of Science 等文献数据库，检索创新创业
生态系统、创新创业教育生态系统等相关文献，通过认真研读文献，学习
研究所涉及的基本理论，包括教育生态理论、生态系统理论、三螺旋理
论、协同理论，梳理高校创新创业教育生态系统的现有文献（具体见第二
章)，掌握国内外研究现状，从而提出本书具体的研究问题，文献分析为
整个研究提供理论依据、方法指导和材料支撑。

2. PEST 分析法

对影响区域应用型高校创新创业教育生态系统构建的政治、经济、社
会文化、技术等环境因素进行分析，尤其是整个高校双创教育生态系统的
发展历程的梳理，以及知识经济发展背景下国家政策的出台和沿革等（具
体见第三章)。

3. 案例研究法

对国内外应用型高校的创新创业教育生态系统构建现状进行详细案例
分析。国外以创新创业生态系统构建久负盛名的美国和以色列应用型高校
为主，国内则以省内典型应用型高校、创业型大学示范高校为案例进行各
层面多视角的梳理，并对应用型本科院校和高职院校进行访谈，从宏观创
业环境营造、专创融合教学模式、师资建设、双创课程体系架构等多维度
进行比较分析。

4. 问卷调查法

本书对应用型本科院校和高职院校的大学生、从事双创教育的教师、管理人员等进行调研，提取数据作实证分析和比较分析。运用描述性统计、信效度分析、验证性因子分析、因素分析、回归分析等探索生态化视角下创新创业教育各要素的实施现状、存在的主要问题和障碍及成因分析，为应用型高校创新创业教育生态系统建设优化提供现实数据支撑。

5. 比较借鉴法

秉持"他山之石，可以攻玉"的理念，通过选取国外代表性应用型高校进行分析，梳理和总结创新创业教育生态系统的构建机制和运行模式，从宏观的政策环境到中观的组织架构和管理，再到微观的创新创业教育展开比较，借鉴经验，为我国应用型高校双创教育生态系统的构建提供有益参考。

二、研究思路

本书从构建应用型高校创新创业教育生态系统的原因，系统的内涵、要素、结构与功能，最后明确从环境生态、组织生态和教育生态各个层面构建展开分析，由此，从理论到实证，再到实践，展开递进式研究。

一是应用型高校创新创业教育生态系统构建的理论分析。从概念界定和内涵分析，到相关理论和研究成果梳理总结，再到生态系统的要素、结构、功能和系统架构，从理论视角明晰系统构建的重要意义和价值，验证生态分析视角的合理性，给出研究的方法论依据。二是应用型高校创新创业教育生态系统现状调研，了解结构功能和现实困境，尤其是实施主体所面临的问题，以及生态失衡的现状发生与否，若发生则探讨失衡的真实原因。三是对国外应用型高校双创教育生态系统构建的研究和比较梳理分析，成为生态系统构建的依据。四是生态系统构建的策略分析，从宏观、中观和微观多视域分析系统优化路径，具体面向政校行企合作和环境营造、高校组织建设和内部运行、双创课堂教学和实践活动探讨构建实施对策。本书的技术路线如图1-3所示。

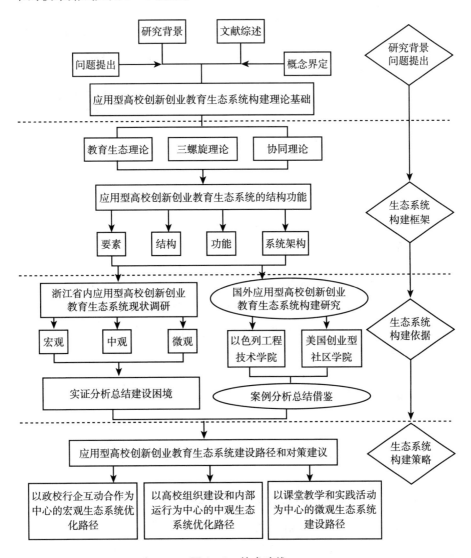

图 1-3　技术路线

第二章

文献综述

本书应用空间计量工具 CiteSpace，试图绘制"创新创业教育"和"创新创业教育生态系统"相关研究的知识图谱，从众多学者的研究经验中发掘研究动态和发展规律，精炼研究热点和基本特征，综合应用聚类分析和凸显阶段研究分析，探索"创新创业教育"及其生态系统构建理论研究与实践的特征，以此进行未来发展策略及实施路径的思考。

第一节　相关文献的计量分析

一、基于知识图谱 CiteSpace 工具的创新创业教育计量分析

为保证研究数据的完整性和价值性，截至 2023 年 4 月 17 日，在中国知网（CNKI）以"创新创业教育"为主题词进行高级检索，时间跨度为默认，检索的文献来自期刊（期刊级别确定为 CSSCI 和核心期刊）和硕博士论文，共检索出文献 3197 篇（期刊：2841 篇；硕博士论文：356 篇），根据所得文献篇名、关键词以及摘要等内容对初步检索结果进行筛选，人工阅读筛查，剔除会议通知、新闻稿、书评等无效结果后，最终获得有效文献 2457 篇（期刊：2110 篇；硕博士论文：347 篇）。本书针对以上有效文献题录进行计量可视化分析，探索该研究主题研究热点及特征。

（一）"创新创业教育"的文献统计分析

与"创新创业教育"相关的文献最早出现在 1999 年"开展创业教育的理性思考"，来源于《教育发展研究》。由图 2-1 可知，研究成果自 2006 年起总体呈现上升趋势，在"创新创业教育"这一表述于 2010 年教育部下发的《关于大力推进高等学校创新创业教育和大学生自主创业工作的意见》文件中提出后，创新教育与创业教育整合的趋势开始显现，以 2011 年为时间拐点，"创新创业教育"发文量呈现明显增长趋势，并在 2017 年达到研究顶峰，发文量达到 354 篇。随后，关于"创新创业教育"的发文量开始断崖式减少，近两年一直处于较为平衡的状态。

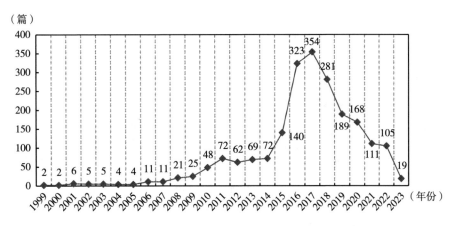

图 2-1　1999~2023 年关于"创新创业教育"文献研究的发文量趋势

（二）"创新创业教育"的发文作者分析

对作者的分析能够识别出某一研究领域的核心作者及彼此之间的合作关系与强度。对文献进行作者合作网络图谱分析，得到"创新创业教育"研究作者合作网络图谱（如图 2-2 所示），网络节点数 N = 308，即提取到 308 位作者，连线数 E = 113，即 308 位作者相互有 113 条连线，密度值仅为 0.0024，这表明"创新创业教育"研究学者分布较分散，作者间合作程度较低。从图 2-2 中可以看出发文量领先的研究作者分别为王占仁、王洪才、卓泽林、徐小洲、王志强、张育广等。其中，东北师范大学以王占仁教授为核心的研究团队主要研究方向是广谱式创业教育；浙江大学以徐小洲教授为核心的研究团队主要研究方向是宏观创业教育观念和比较研究；温州大学（杭州师范大学）以黄兆信教授为核心的研究团队主要研究地方高校创业教育的转型发展和岗位创业。各节点之间的连线表示作者之间存在合作关系。可以看到一些独立且小型的网络，表明一些作者有固定的合作团体，但也可以看出各团体之间的合作程度偏低，尚未形成研究的"核心作者群"，总体的研究呈现出"少且分散"的态势。

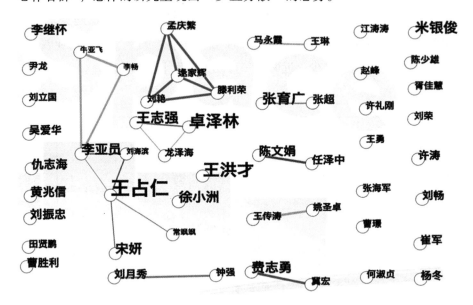

图 2-2　国内关于"创新创业教育"研究的作者合作网络图谱

（三）"创新创业教育"的研究主题分析

利用 CiteSpace 的关键词共现分析功能，得到关键词共现网络，可用于反映某一领域当前研究热点及过去产生过哪些热点研究[①]。本书将 2457 篇文献检索数据输入 CiteSpace 软件，选择"Keyword"进行分析，调整参数，精简网络，对较低频次关键词进行手动删除后，得到剩余文献的关键词图谱分析（如图 2-3 所示）。

---

① 陈悦，陈超美，胡志刚，等. 引文空间分析原理与应用 [M]. 北京：科学出版社，2014：43，65.

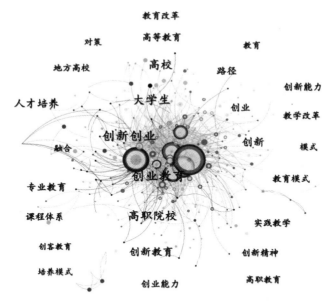

图 2 - 3　"创新创业教育"研究领域关键词共现知识图谱

关键词的中心度越高，那么其与文献中其他关键词共现的频率就越高，就可以被认为是一个"热点"。具体到本书，共发现 450 个关键词，形成了 1538 条连线。在图 2 - 3 中，文本的大小反映了关键词出现的频率，节点之间的链接实际上是不同时间建立的链接，连接线的粗细反映了关键词同时出现的强度。同时，通过对筛选的文献的后台数据导出，总结了入选文献出现频次排名前 12 的高频关键词（见表 2 - 1）。综合图表可以看出，关键词的出现频次和中心性之间不存在严格的正相关，"创业教育"是最大的节点，"创新创业""大学生""高职院校""高校""人才培养""创新教育""创新""专业教育""创业计划""课程体系""路径"次之，意味着上述方面为该领域的研究热点。

表 2 - 1　　"创新创业教育"研究领域关键词统计（按中心性排序）

序号	关键词	频次	中心性	序号	关键词	频次	中心性
1	创业教育	279	0.48	7	创新教育	63	0.11
2	创新创业	430	0.39	8	创新	83	0.09
3	大学生	220	0.21	9	专业教育	72	0.05
4	高职院校	198	0.17	10	创业计划	4	0.05
5	高校	192	0.13	11	课程体系	48	0.04
6	人才培养	133	0.11	12	路径	40	0.04

再次运行 CiteSpace 进行关键词聚类分析，图 2 - 4 展示了"创新创业教育"相关研究的关键词聚类图谱，色块代表聚类的区域。模块值 Q 大小与节点的疏密情况相关，模块值 Q 大于 0.3 意味着划分出来的聚类结构是显著的，越大聚类效果越好，可以用来进行科学的聚类结构分析；平均轮廓值 S 可以用来衡量聚类的同质性，大于 0.5 说明聚类是合理的，S 值越大说明同质性越高。图 2 - 4 选择了 10 大聚类进行分析，图谱聚类模块值 Q = 0.3968（大于 0.3 意味着聚类结构显著），聚类平均轮廓值 S = 0.7365（大于 0.5 表明聚类是合理的、大于 0.7 表明聚类可信）。关键词聚类知识图谱折射出"创新创业教育"研究领域的热点问题现状，共形成了"创业教育""创新创业""高职院校""创新""融合""大学生""大众创业""人才培养""创客""创业计划"这 10 个聚类。

图 2 - 4　"创新创业教育"研究领域关键词聚类图谱

表 2 - 2 展现了前 10 大聚类的主要关键词和平均年份。前 10 大聚类的平均年份集中在 2007 ~ 2016 年，代表着这 9 年间该领域的主要研究主题。

表 2 - 2 　　 "创新创业教育" 研究领域前 10 大聚类的主要关键词和平均年份

名次	聚类名	主要关键词	平均年份	关键词数量（个）
1	创业教育	高职学生；实践教育；课程设置；学生社团；能力培养	2014	79
2	创新创业	就业教育；意识；创业意愿；中介效应；创业意向	2009	60
3	高职院校	民办高校；教学改革；实践教学；探索；农业院校	2012	47
4	创新	问卷调查；创新创业素质；创新驱动；调查；影响因素	2014	46
5	融合	科技创新；大数据；双创教育；协同育人；运行机制	2016	44
6	大学生	创客；创客教育；创客空间；劳动教育；生态系统	2016	42
7	大众创业	大众创业；万众创新；创新精神；核心素养；保障机制	2013	41
8	人才培养	第二课堂；创业大赛；创业课程；创业实践；创业成功	2010	24
9	创客	中职学校；内涵；研究展望；中职；特征	2014	20
10	创业计划	创业计划；职业生涯规划；学生创新能力；本科生研究计划；野外考察	2007	7

（四）"创新创业教育" 的研究发展阶段分析

知识演进分析是 CiteSpace 可视化工具重要功能之一。关键词共现时区视图可以直观地展示不同时间段研究演变的情况。在时区视图中，节点被放置在不同的时区中，从而得到一个从左到右、自下而上的图表。通过关键词时区图，不仅可以了解节点之间的共现关系，还可以了解研究节点的时间，从而帮助研究者发现特定研究的演化过程。

　　时间线图谱将文献关键词聚类展现在二维时间轴上，为研究者探寻某项聚类的演变过程和前沿趋势。图 2-5 为"创新创业教育"相关研究的关键词时间图谱，由图可知，最早出现的聚类是"创业教育"，其中包含的关键词有在 1999 年左右提出的"创业大赛"等。随着时间的推进，关键词有"创业课程""创业人才"等，这一聚类的研究时间较长；到 2020 年后，聚类如"创新""大学生""人才培养""创客"研究则逐渐减少。

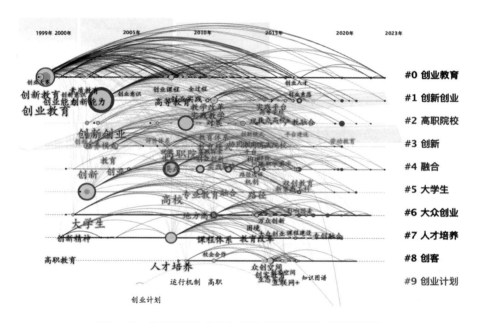

图 2-5　"创新创业教育"研究领域关键词时间线图谱

（五）"创新创业教育"的研究趋势分析

　　时间线图谱可以呈现研究演进过程，但受出现频次的影响，一些出现频次不高但突现性很强的热点难以体现出来。突现词、热点词突现是指在一段时间内，某一关键术语突增的现象，它直观反映了该领域某一时间段讨论的热点话题。通常来说，可以从开始时间、出现强度以及持续时间来对该领域的研究进行趋势分析。

图2-6、图2-7、图2-8分别以突现开始时间、突现持续时间和突现强度展示了"创新创业教育"相关研究的关键词突现情况。图中"年份"表示该关键词第一次出现的年份,"开始"和"结束"表示该关键词作为前沿的起始和终止年份,"强度"表示突现强度。粗线条表示该关键词成为学术研究热点的具体历史阶段,浅色表示节点还未出现,深色表示节点开始出现。

从时间序列来看(如图2-6所示),"创业教育"的突现开始时间最早,持续时间长,但在2016年之后逐渐减少;"互联网+""新时代""影响因素""协同育人"突现开始时间都较晚,且一直持续到最近几年;"产教融合""新工科""劳动教育""专创融合""生态系统""课程建设"都是最近出现的,且持续至今,是后续值得关注的研究方向。

具有最强突现情况的关键词

关键词	年份	强度	开始	结束	1999~2023年
创业教育	1999	35.22	1999	2016	
创新教育	1999	9.42	1999	2013	
创业能力	2000	4.66	2000	2016	
创新	2002	13.63	2002	2013	
创业	2004	8.48	2004	2013	
创新能力	2002	4.88	2002	2016	
素质教育	2002	4.40	2002	2016	
协同创新	2013	4.54	2013	2016	
互联网+	2016	4.66	2016	2019	
对策	2011	3.65	2014	2019	
产教融合	2017	8.07	2017	2023	
高职院校	2009	6.53	2017	2019	
融合	2012	5.90	2017	2023	
新时代	2018	4.75	2018	2022	
新工科	2017	3.77	2017	2023	
影响因素	2017	3.60	2017	2022	
协同育人	2014	3.34	2017	2022	
劳动教育	2020	7.61	2020	2023	
专创融合	2019	7.24	2020	2023	
生态系统	2015	5.02	2020	2023	
课程建设	2017	3.90	2020	2023	

图2-6 按突现开始时间统计的关键词情况

从突现持续时间来看(如图2-7所示),"创业教育"突现持续时间最长（1999～2016 年）；"创业能力""创新教育""素质教育""创新能力"等突现时间也很长，说明其在相当长的一段时间内是该研究领域被长期关注的研究方向；"协同创新""高职院校""互联网＋"等突现时间仅有 3～4 年，但突现时间短不一定代表其不重要，也有可能是目前长期没有突破和解决的问题。

具有最强突现情况的关键词

关键词	年份	强度	开始	结束	1999~2023年
创业教育	1999	35.22	1999	2016	
创业能力	2000	4.66	2000	2016	
创新教育	1999	9.42	1999	2013	
素质教育	2002	4.40	2002	2016	
创新能力	2002	4.88	2002	2016	
创新	2002	13.63	2002	2013	
创业	2004	8.48	2004	2013	
融合	2012	5.90	2017	2023	
新工科	2017	3.77	2017	2023	
产教融合	2017	8.07	2017	2023	
劳动教育	2020	7.61	2020	2023	
专创融合	2019	7.24	2020	2023	
生态系统	2015	5.02	2020	2023	
新时代	2018	4.75	2018	2022	
协同创新	2013	4.54	2013	2016	
课程建设	2017	3.90	2020	2023	
影响因素	2017	3.60	2017	2022	
协同育人	2014	3.34	2017	2022	
高职院校	2009	6.53	2017	2019	
互联网+	2016	4.66	2016	2019	
对策	2011	3.65	2014	2019	

图 2 - 7　按突现持续时间统计的关键词情况

根据突现词的突现强度可以发现（如图 2 - 8 所示），"创业教育"（Strength = 35.22）、"创新"（Strength = 13.63）、"创新教育"（Strength = 9.42）、"创业"（Strength = 8.48）、"产教融合"（Strength = 8.07）等突现强度高，说明其多次出现频次大幅变动的情况。

根据软件生成的突现强度高且最核心的词，进行相关文献述评，了解创新创业教育研究的发展脉络和前沿趋势。

具有最强突现情况的关键词

关键词	年份	强度	开始	结束	1999~2023年
创业教育	1999	35.22	1999	2016	
创新	2002	13.63	2002	2013	
创新教育	1999	9.42	1999	2013	
创业	2004	8.48	2004	2013	
产教融合	2017	8.07	2017	2023	
劳动教育	2020	7.61	2020	2023	
专创融合	2019	7.24	2020	2023	
高职院校	2009	6.53	2017	2019	
融合	2012	5.90	2017	2023	
生态系统	2015	5.02	2020	2023	
创新能力	2002	4.88	2002	2016	
新时代	2018	4.75	2018	2022	
创业能力	2000	4.66	2000	2016	
互联网+	2016	4.66	2016	2019	
协同创新	2013	4.54	2013	2016	
素质教育	2002	4.40	2002	2016	
课程建设	2017	3.90	2020	2023	
新工科	2017	3.77	2017	2023	
对策	2011	3.65	2014	2019	
影响因素	2017	3.60	2017	2022	
协同育人	2014	3.34	2017	2022	

图2-8　按突现强度统计的关键词情况

二、基于知识图谱 CiteSpace 工具的创新创业教育生态系统计量分析

为保证研究数据的完整性和价值性，截至 2023 年 5 月 8 日，在中国知网（CNKI）以"创新创业教育生态系统"为主题词进行高级检索，时间跨度为默认，检索的文献来自期刊（期刊级别确定为 CSSCI 和核心期刊）和硕博士论文，共检索出文献 80 篇（期刊：76 篇；硕博士论文：4 篇），根据所得文献篇名、关键词以及摘要等内容对初步检索结果进行筛选，人工阅读筛查，剔除会议通知、新闻稿、书评等无效结果后，最终获得有效文献 74 篇（期刊：70 篇；硕博士论文：4 篇）。本书

将针对以上有效文献题录进行计量可视化分析，探索该研究主题研究热点及特征。

（一）创新创业教育生态系统研究领域关键词共现分析

本书将74篇文献检索数据输入 CiteSpace 软件，选择"Keyword"进行分析，调整参数，精简网络，对较低频次关键词进行手动删除后，得到剩余文献的关键词图谱分析（如图2-9所示）。

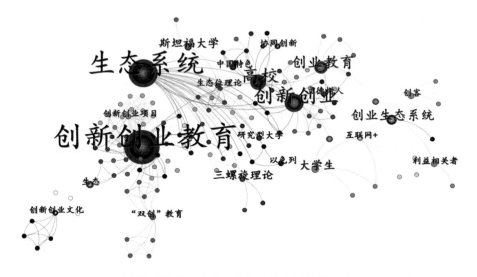

图2-9　"创新创业教育生态系统"研究领域关键词共现知识图谱

具体到本书，共发现关键词156个，形成了327条连线。在图2-9中，文本的大小反映了关键词出现的频率，节点之间的链接实际是不同时间建立的链接，连接线的粗细反映了关键词同时出现的强度。同时，通过对筛选文献的后台数据导出，总结了入选文献出现频次排名前12的高频关键词（见表2-3）。综合图表可以看出，关键词的出现频次和中心性之间不存在严格的正相关，"创新创业教育"是最大的节点，"生态系统""创新创业""高校""创业教育""众创空间""生态""创新创业系统""嵌入式""大学生""创新创业文化""'双创'教育"次之，意味着上述方面为该领域研究热点。

表2-3　"创新创业教育生态系统"研究领域关键词统计（按中心性排序）

序号	关键词	频次	中心性	序号	关键词	频次	中心性
1	创新创业教育	40	1.01	7	生态	2	0.18
2	生态系统	32	0.75	8	创新创业系统	4	0.12
3	创新创业	11	0.48	9	嵌入式	1	0.11
4	高校	8	0.48	10	大学生	3	0.09
5	创业教育	5	0.28	11	创新创业文化	2	0.09
6	众创空间	1	0.19	12	"双创"教育	2	0.09

（二）创新创业教育生态系统研究领域关键词聚类分析

再次运行 CiteSpace 进行关键词聚类分析，图2-10展示了"创新创业教育生态系统"相关研究的关键词聚类图谱，色块代表聚类的区域。图谱聚类模块值 Q = 0.75（大于0.3意味着聚类结构显著），聚类平均轮廓值 S = 0.9624（大于0.5表明聚类是合理的、大于0.7表明聚类可信）。关键词聚类知识图谱折射出"创新创业教育生态系统"研究领域的热点问题现状，共形成7种聚类，依频次由高到低主要集中在"生态系统""创新创业""创新创业教育""互联网+""创新实践""体系""'双创'教育"。

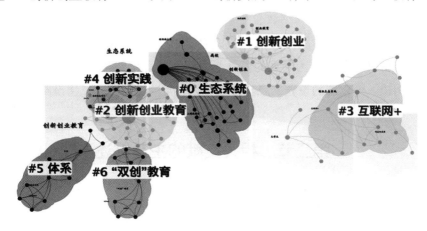

图2-10　"创新创业教育生态系统"研究领域关键词聚类图谱

表2-4展现了筛选后的主要聚类的主要关键词和平均年份。从中可以发现，平均年份集中在2016~2018年，代表着这3年该领域的主要研究主题。

表 2 - 4 　　　　"创新创业教育生态系统"研究领域主要聚类的
主要关键词和平均年份

名次	聚类名	主要关键词	平均年份	关键词数量（个）
0	生态系统	创设；创业激励；生态位理论；指标构建；生态位扩充	2018	33
1	创新创业	数字经济；研究现状；立德树人；创新人才；中国特色	2018	33
2	创新创业教育	组织要素；创新创业生态系统；大学；美国；佐治亚理工学院	2018	25
3	互联网 +	中关村；21 岁现象；"90 后"创业者；创客教育；麻省理工	2016	16
4	创新实践	创新实践；创业实践；科技型；创业班；创新创业项目	2016	14
5	体系	创新创业教育；体系；高校创业教育；创新创业文化；策略	2017	11
6	"双创"教育	创新创业教育；"双创"教育；差距与启示；"双创"人才；培养路径	2018	9

2015 年主要是对双创教育生态系统的体系研究；2016 年侧重实践探索，包括创业竞赛的组织开展；2017 年则是对国内外创客教育的集中研究；2018 年开始从更为宏观的视角考虑利益相关者多方合作、高校生态系统的构建、孵化器的设立，思考组织要素和互动机理，研究建设路径。

第二节　相关文献的主题综述

一、创业教育与创新创业教育研究

（一）创业教育研究

1. 创业教育的内涵和概念研究

贝沙尔和图卢兹（Bechard & Toulouse, 1998）认为，创业教育是一种以创业或中小企业发展为目标的教学模式和教学过程①。另外，科林和杰克（Colin & Jack，2004）认为，创业教育是一种学习机会，通过培养个人对商业机会的认知能力，以及提供观察、理论知识和实践能力来帮助个人进行创业活动②。在与创造教育、就业教育、创新教育和学科教育的区别分析基础上，张德江（2006）指出，创业教育应成为素质教育的重要内容③。赵志军（2006）则认为，创业教育的核心是培养具有开创精神和开拓能力的人，而不仅仅是培养创办企业的能力④。梅伟惠（2009）提出了立体创业教育观的概念，该观点在战略性、系统性、联动性和创新性四个方面反映出立体创业教育的特点⑤。冯霞（2016）指出，创业教育的价值体现在它是一种价值观教育，培养企业家精神至关重要⑥。苏克治等（2022）指出，大学创新创业教育的逻辑体系包括教育愿景中"生产—应用"的知识物化逻辑、教育过程中"内生—外生"的精准供给逻辑、教育质量中"阶段—动态"的价值递进逻辑、教育模式中"认知—行动"的系统形成逻辑⑦。纵观国内近年来的创业教育内涵、理念和逻辑研究，尽管各位学者的表述略有不同，但核心内容基本一致，即培养大学生良好的创新精神、创业意识和创业能力。联合国教科文组织认为创新创业教育包括"求职"与"创造新的就业岗位"两个方面的内容，即就业教育的横向扩展⑧。以百森商学院为代表的学者提出，创新创业教育是对学生综合素质进行全面培养的教育，双创教育更注重对个体创新能力的培育，是更广义的范畴⑨。贾建锋等（2021）提出了四种对创新创业教育内容的资源支

① Bechard J. P. , Toulouse J. M. Validation of A Didactic Model for the Analysis of Training Objectives Enentrepreneurship [J]. Business Venturing, 1998, 13 (4): 317 –332.

② Colin J, Jack E. A. Contemporary Approach Toentrepreneurship Education [J]. Education & Training, 2004, 46 (8): 416.

③ 张德江. 对创业教育的认识与实践 [J]. 中国高教研究, 2006 (5): 10 –14.

④ 赵志军. 关于推进创业教育的若干思考 [J]. 教育研究, 2006 (4): 71 –75.

⑤ 梅伟惠. 中国高校创业教育的发展难题与策略 [J]. 教育研究, 2009 (4): 67 –72.

⑥ 冯霞. 厘清对当前高校创业教育认识的三种误区 [J]. 思想理论教育, 2016 (8): 95 –98.

⑦ 苏克治, 宋丹, 赵哲. 大学创新创业教育的逻辑构成、现实困阻与长效机制 [J]. 现代教育管理, 2022 (3): 40 –47.

⑧ Azimi M A, Kirby D A. Social Entrepreneurship Education in Higher Education: Insights from a Developing Country [J]. Social Science Electronic Publishing, 2017, 20 (1): 17 –34.

⑨ 黄兆信, 王志强. 论高校创业教育与专业教育的融合 [J]. 教育研究, 2013, 34 (12): 59 –67.

持，分别是学术创业计划、基于文本的创业教学资源、基于网络的创业教学资源、创业研究资源①。林文伟（2011）对创新创业教育的价值基础、意蕴、体系和实现进行深入研究，明确其价值对从个人自由全面发展，到高校双创人才培养，再到社会经济发展、文化进步都有促进作用②。

2. 创业教育的本质与价值

国内外学者普遍认同创业教育对国家和个人发展的重要价值。库拉特科（Kuratko，2004）认为，创业教育在市场经济中作出了巨大贡献，它不仅改变了市场结构，还在促进创新方面发挥了关键作用。创业教育的目标是获得与创业密切相关的知识，获得技术使用、商业形势分析和行动计划综合方面的技能，识别和激发创业动力、人才及技能，消除许多分析技术的风险和不利偏见，培养对创业独特的同理心和支持，扭转对变革的态度，鼓励新的初创企业和其他创业企业，激发"情感社会化元素"③。从学生的角度来看，理查德·兰伯特（Richard Lambert，2003）认为，创业教育有助于培养学生的创新能力和创业技能，确保他们具备强大的就业能力④。罗志敏（2011）指出，高校创业教育的本质是培养具备创业素质的人才，其实施的教育活动旨在培养大学生现在或将来发展事业所需的必备素质⑤。高校创业教育从起点"现实的人"向终点"发展的人"转变，这意味着创业教育应该注重培养学生实践能力、创新思维和创业精神，使他们能够在不断变化的社会和市场环境中获得成功，了解创业过程中的风险和机遇，同时有助于个人的成长和职业发展，也对社会经济的繁荣和创新产生积极影响。因此，创业教育的本质与价值得到了广泛的认可和重视。

3. 创业教育的目标和模式

在高等教育中，创业项目通常设在商学院内，这是该领域另外一个具

---

① 贾建锋，赵若男，朱珠. 高校创新创业教育生态系统的构建——基于美国、英国、日本高校的多案例研究 [J]. 管理案例研究与评论，2021（3）：309 – 324.

② 林文伟. 大学创业教育价值研究 [D]. 上海：华东师范大学，2011：8.

③ Kuratko D., Hodgetts R. Entrepreneurship: Theory, Process, Practice [M]. Mason, OH: South – Western, 2004.

④ Richard Lambert. The Lambert Review of Business University Collaboration [EB/OL]. (2003 – 12 – 04) [2023 – 05 – 03]. http://www. hm – treasury. gov. uk/d/lambert_review_final_450. pdf.

⑤ 罗志敏. 高校创业教育的本质与逻辑 [J]. 教育发展研究，2011（1）：29 – 33.

有争论的话题，这可以带来对课程和结构的期望，使该项目与其他传统商科专业保持一致。该领域提出了许多模式，并提出了一些通用框架来指导教学和课程，创业教育都强烈融入了体验式学习。巴兰和梅特卡夫（Balan & Metcalfe，2012）关注创业教育的两个独立领域，即创业过程和作为创业者的学生发展[1]。德利维亚（Dhliwayo，2008）简洁地指出"学习成为创业者"与"学习商业"是不同的[2]。帕尔多（Pardo，2013）在一项关于创业教育教学的研究中发现：创设新企业和发展学生个人技能为最主要的培养目标[3]。拉森（Larsen，2022）认为，虽然新企业的创设完全符合典型的管理课程，但创业教育已经开始强调创业心态的发展，这两个要素在教授创业精神的许多方法中仍然占主导地位[4]。吴晓波（2022）从学生赋能、生态塑造、动态演进3个方面，阐述了基于创新的创业教育（IBE）模式，聚集于激发学生潜能的核心内涵特征，打破专业边界，坚持"问题导向"，上接各学科系所的技术创新，下接重大市场需求和国家产业发展战略布局，培养以技术创新为基础的高端创业人才[5]。马永霞等（2022）提出，高校创新创业活跃度的驱动机制有3条路径，包括全面推进型提升路径、文化激励型提升路径与教学驱动型提升路径，明确在加强顶层设计、调整资源配置、坚持共生原则、避免悬浮治理等方面选择创新创业教育质量提升路径[6]。

以创新创业能力培养和创业实践为基础是国内外双创教育的典型做法。美国创业教育之父蒂蒙斯（Timmons）在他的专著《创业学》中提出，

① Balan P., Metcalfe M. Identifying Teaching Methods that Engage Entrepreneurship Students [J]. Education + Training, 2012, 54 (5): 368 – 384.

② Dhliwayo S. Experiential Learning in Entrepreneurship Education: A Prospective Model for South African Tertiary Institutions [J]. Education + Training, 2008, 50 (4): 329 – 340.

③ Pardo C. A. Is Business Creation the Mean or the End of Entrepreneurship Education?: A Multiple Case Study Exploring Teaching Goals in Entrepreneurship Education [J]. Technology Management and Innovation, 2013, 8 (1): 1 – 10.

④ Larsen I. B. Fostering an Entrepreneurial Mindset: A Typology for Aligning Instructional Strategies with Three Dominant Entrepreneurial Mindset Conceptualizations [J]. Industry and Higher Education, 2022, 36 (3): 236 – 251.

⑤ 吴晓波. 以"基于创新的创业"为核心理念的创新创业教育模式探索 [J]. 中国大学教学, 2022 (12): 10 – 14.

⑥ 马永霞, 孟尚尚. 高质量发展背景下创新创业教育质量提升路径研究——基于50所高校的模糊集定性比较分析 [J]. 高教探索, 2022 (2): 13 – 21.

创业教育的模式主要有一体式和复合式两种①。梅伟惠（2016）详细介绍了美国高校聚焦创业教育模式和全校性创业教育模式，后者涵盖磁石模式和辐射模式两种②。许进（2008）通过中央财经大学案例研究，探讨大众化创业教育时代，以创业先锋班为龙头的系统创业教育和培训，在教育模式中添加创业实战③。曹明（2011）提出，从创业教育实践了解大致三种双创模式：一是强调创业意识培养，将第一和第二课堂结合开展创业教育的模式；二是以提高学生创业知识和技能为重点，商业化运营，建立创业园模式；三是以创新为核心的创业教育，知识传授与素养培养同步，同时提供技术咨询和资金资助④。张冰（2014）认为，高校双创教育模式大致有两大类型，一种是基于让学生积累更多创业实践经验来构建模式；另一种是基于学生基本创业素养提升来构建模式⑤。王焰新（2015）认为，当前主流的创新创业教育模式有聚焦式（包括政产学研用合作模式、科研项目孵化模式）和发散式（包括综合模式、专业实践模式)⑥。胡超（2016）通过分析和借鉴美国大学创新创业教育模式，探讨各模式的优势与不足，基于此，提出构建符合我国国情和高校发展的创新创业教育的"创业中心模式"⑦。

（二）创新创业教育课程研究

1. 创新创业教育课程价值选择

创新创业教育课程包含关于学生如何识别和塑造机会、评估商业概念、制订运营计划、资助和启动企业、发展新企业以及案例研究的信息，这些信息应在课堂上进行讨论，为学生提供一个研究创业战略和了解新企

---

① [美] 杰弗里·蒂蒙斯，小斯蒂芬·斯皮内利. 创业学 [M]. 周伟民，译. 北京：人民邮电出版社，2009：10.

② 梅伟惠. 我国高校创业教育组织模式：趋同成因与现实消解 [J]. 教育发展研究，2016 (13－14)：29－34.

③ 许进. 高校创业教育模式：基于案例的研究 [J]. 教育研究，2008 (4)：99－102.

④ 曹明. 应用型本科高校创新创业人才培养模式初探 [J]. 中国大学教学，2011 (11)：35－36.

⑤ 张冰，白华. 高校创新创业教育之辩 [J]. 高教探索，2014 (3)：48－52.

⑥ 王焰新. 高校创新创业教育的反思与模式构建 [J]. 中国大学教学，2015 (4)：6－9, 26.

⑦ 胡超. 高校创业教育组织新模式的构建设想 [J]. 高校教育管理，2016 (1)：80－85.

业成功与失败的场所。利维（Levie，1999）将创业课程定义为一系列专注于创业、启动新项目（企业）或管理项目（企业）的课程，这里所指的项目不是现有项目而是新项目。当时设立了创业课程和创业技能培训课程①，后者旨在提供真正的创业活动试点项目：为学生提供启动新项目所需的技能课程，培养学生识别机会和利用机会的技能，以及提高学生的动机和创业意识。布伦科等（Blenker et al.，2011）发现，现代教育趋势侧重于集体教育，而不是个人教育，因为团队合作是项目管理的一部分，这有助于将创业精神进一步融入课程②。法约勒（Fayolle，2013）创业课程的教学目标可分为3类：提高认识，教学技术、工具，以及如何处理情况和支持项目承担者③。

2. 创业教育课程的教学

双创课程是一系列动态的、不断变化的、有计划的学习体验，与学习者的创业发展有关。值得注意的是，大学的双创课程已被证明是为大学生提供知识、技能、培训和最佳学习模式的关键因素，课程设计较重要的要素之一是教学方法，是一种系统、有组织、有逻辑的授课方式，应该与创业目标和内容相一致，也应该根据学习者的需要。如果学习方法是利用企业家的真实经验，那么双创教育将更有效。

吉布（Gibb，2012）认为"在所有大学中，都存在与创业相关的活动"④，揭示了创业技能发展教育可以分为3个基本部分：作为学术专业的理论教育、创业技能教学、基于实践的培训和模拟。贝沙尔和格雷瓜尔（Béchard & Grégoire，2005）发现双创教育中的4个基本问题：教育内容的发展、教学内容的重要性、通过制定课程来协调创业教育、技术的使用和

① Levie J. Entrepreneurship Education in Higher Education in England: A Survey [M]. London: London Business School Publications, 1999.

② Blenker P., Korsgaard S., Neergaard H., Thrane C. The Questions We Care About: Paradigms and Progression in Entrepreneurship Education [J]. Industry and Higher Education, 2011, 25 (6): 417 –427.

③ Fayolle A. Personal Views on the Future of Entrepreneurship [J]. Entrepreneurship Regional Development, 2013, 25 (7): 692 –701.

④ Gibb A., Haskins G., Hannon P., Robertson I. Leading the Entrepreneurial University: Meeting the Entrepreneurial Development Needs of Higher Education (2009, updated 2012). In Universities in Change [M]. New York: Springer Publications, 2012: 9 –45.

教育过程的设计，将学生的需求纳入教育干预，向社区和个人传授创业精神①。

自信心低下加上缺乏创业经验是阻碍毕业生参与新创业项目的主要原因。大学应该努力通过它们的课程来解决这些问题。目前许多关于创业教学的文献都特别关注合作教育，将具有不同文化背景的学生分组在一起工作，为他们创造了一个分享知识和相互依赖的平台，以建立全面的专业伙伴关系，学生可以利用他们不同的社交技能来促进富有成效的工作。布塞尼茨等（Busenitz et al.，2003）指出，创业教育需要灵感、创造力、可预测性和批判性思维，因此团队合作式学习是实现这些目标的最有效策略，学生通过分享创意灵感、以合作分析和解决问题的方式进行学习②。范德·赛德等（Vander Sijde et al.，2008）通过应用适用于创业教学的 Kolb 学习周期来解释内容开发的基础。根据 Kolb 学习周期，有 4 个维度是相互关联的，包括具体经验（"做"和"经历"）、对经验的反思、概念化（从经验中学习）、实验（将所学付诸实践）。学生可以在任何时候被引导进入循环③。荆鹏飞等（2021）提出"理论学习、实践训练、强化提升、成果转化"教学模式④，达到创新创业课程教学的多层次和个性化。

皮达维和爱德华兹（Pittaway & Edwards，2012）通过批评学生的商业计划与反思，以客观或主观的方式评估学生的表现。劳伦科等（Laurenco et al.，2013）基于认知，通过课堂活动的海报展示和制订商业计划，采用作业的方式改变学生的态度。测试和考试是常规的客观评估方法，而创业教育可能通过主观方法实现，如对已有作品、商业计划进行批评；根据对海报展示的思考，制订一个可行的商业计划，当然也可以实施客观和主观

① Béchard J. P., Grégoire D. Entrepreneurship Education Research Revisited：The Case of Higher Education ［J］. Academy of Management Learning & Education，2005，4（1）：22 – 43.

② Busenitz L. W., West III G. P., Shepherd D., Nelson T., Chandler G. N., Zacharakis A. Entrepreneurship Research in Emergence：Past Trends and Future Directions ［J］. Journal of Management，2003，29（3）：285 – 308.

③ Van den Hoonaard W. C. Walking the Tightrope：Ethical Issues for Qualitative Researchers ［M］. Canada：University of Toronto Press Publications，2002：12.

④ 荆鹏飞，何丽娜，宋瑞波，等. 地方应用型本科高校专业课程与创新创业教育融合探索 ［J］. 中国高等教育，2021，682（24）：47 – 49.

相结合的评估方法①。

（三）地方应用型高校创新创业教育研究

通过在中国知网以"应用型高校创新创业教育""地方高校创新创业教育"进行文献检索，共有 39 篇北大核心期刊、CSSCI 期刊相关文献，剔除书评等质量一般的文献，剩余 25 篇论文。可见，研究应用型高校创新创业教育方面的文献很少，亟待深入探讨。

白静（2019）基于对应用型高校双创教育现状调研，提出以机制体制建设为抓手，服务地方搭建双创平台，以优秀创业者为引领，树立标杆，激发双创活力，构建创新创业教育体系②。郭涛（2017）在对应用型本科高校创新创业教育模式研究中提到，要构建突破常规的管理运行体系、构建纵横双向人才培养体系、构建创新创业教育实践平台和孵化基地③。王红霞等（2021）基于 OBE 教育理念，提出创新创业教育应完善双创组织机制，秉持应用性与创新性，健全提升学生双创能力的人才培养体系，加强质量监控和评估反馈，注重积累双创成功经验④。宣晓、段文奇（2019）面对应用型高校创新创业教学模式的同质化、导师的实战经验明显不足、创意成果不符合企业需求、创新创业技能教学内容单一，构筑包含政府（government）、高校（university）、企业（enterprise）及大学生（student）在内的创新创业教育生态系统，从"学校—学生""企业—学生""高校—企业""政府—高校—企业—学生"切入，提出生态化的培养模式，旨在减少供需错位⑤。

---

① Laurenco F，Taylor A and Taylor D．Integrating Education for Entrepreneurship Multiple Faculties in "half the time" to enhance Graduate Entrepreneurship [J]．Journal of Small Business and Enterprise Development，2013，20（3）：24．

② 白静．新时代应用型高校创新创业教育刍议 [J]．学校党建与思想教育，2019，613（22）：78 - 80．

③ 郭涛．应用型本科高校创新创业教育模式的探索 [J]．学校党建与思想教育，2017，554（11）：78 - 80．

④ 王红霞，徐兴林，汤冬冬．OBE 理念视角下民办应用型高校创新创业教育探索 [J]．教育与职业，2021，980（4）：69 - 73．

⑤ 宣晓，段文奇．供给侧改革背景下应用型高校创新创业教育人才生态化培养模式 [J]．教育与职业，2019，943（15）：84 - 90．

国内外学者对创新创业教育研究的重视程度与日俱增，从发文量和研究领域就能管窥一二。内容一般围绕以下几个方面：一是对创新创业教育的内涵和本质、价值和目标等进行探讨，思辨逻辑旨归；二是围绕创新创业教育的相关要素进行研究，如课程教学、师资、评价、组织管理等；三是围绕高校创新创业教育开展过程中的瓶颈及解决策略进行研究。从学理层面，国内外学者对创新创业教育的概念阐述难以统一，对创新教育、创业教育、创新创业教育的关联与区别，互动机制没有进行深入探讨。国内学者对高校创新创业教育的理论研究颇多，对政策建议的研究偏少，尤其是针对不同研究对象特征和实际情况的对策建议，导致研究的可行性和有效性大打折扣。另外研究方法单一，主要是案例研究、比较研究等，较少从方法论视角深入审视双创教育问题，应用型高校双创教育研究偏少且多为描述性和理论性研究，缺乏大规模调查和定量分析，实证研究方法较缺乏。

二、关于创新创业人才培养研究

(一) 创新创业人才与能力的内涵

王洪才 (2022) 的系列论文对创新创业人才与能力作了明确阐述。创新创业能力实质上是人的自我发展能力的展现，是一种有效的行动能力，在创新创业过程中遇到 7 个关口并能突破的能力，从定位、谋划、抉择到合作、机遇，再到风险、挫折，反映了人才成长的基本规律[①]。创新创业人才普遍具有创造性人格特质，形成了以自信心、责任心、冒险意识、合作意识、市场意识、风险意识和抗挫折性为核心的心理素质，且具备以目标确定、行动谋划、把握机遇、防范风险和抗挫折等为关键的 7 种能力，构成了由内而外的完整的"人格—素质—能力"结构图式[②]。通过对高校大学生创新创业能力现状进行调研发现：学校层次类型对学生双创能力的

---

① 王洪才. 创新创业能力的科学内涵及其意义 [J]. 教育发展研究, 2022 (1)：53－59.

② 王洪才. 论创新创业人才的人格特质、核心素质与关键能力 [J]. 江苏高教, 2020 (12)：44－51.

影响不显著；社团经历对创新创业能力增长存在边际递减效应；创新创业能力并未随年级升高而提升。由此提出在双创能力培养方面应重视科类和性别对大学生创新创业能力发展的影响，以及社团经历所发挥的增值效应等①。袁旦（2019）认为，创业创新人才不仅具备研究、开发等创新能力，同时具有市场、经营等创业意识和相应的企业家特质，以及创新知识、创新能力、创新精神、创新人格、创新动机等创新素质和创新意向，开展指向创业的创新活动，推动创新成果的商业化价值实现②。

（二）创新创业人才培养模式和路径

创新创业人才的培养是激励学生形成基于兴趣的学习体验，学生必须拥有真实且贴近现实的专业领域实践及学习经历（Rena，2006）③。将课堂教育、实践实习及科研锻炼三者有机结合，使创新创业人才培养优势进一步集聚（Volery Thierry et al.，2015）④。应用型本科高校双创人才培养要极力争取地方政府支持，校政企通力合作、合理分工，打造良性互动的双创教育机制，利用自身产业优势，搭建双创教育"大课堂"，服务区域经济和社会发展，打造双创平台（曹明，2011）⑤。地方高校实施创业创新人才培养，应加快理念转变、加强课程建设、重视师资培养、完善资源保障（袁旦，2019）⑥。行业特色高校应用型人才双创能力培养存在双创教育模式调动创业热情不高、理论与实践结合不够、双创教育方案促进项目转化不足等问题，对此，有学者提出"一二三三四"培养路径，具体如下：一个平台即校友信息交互平台；二个载体即"国家级众创空间""国家科技企业孵化器"两大国家级应用型创新创业人才培育平台；三个课堂；三项

① 王洪才，郑雅倩. 大学生创新创业能力测量及发展特征研究［J］. 华中师范大学学报（人文社会科学版），2022（3）：155－165.

②⑥ 袁旦. 地方高校创业型创新人才培养研究［J］. 中国高等教育，2019（11）：39－41.

③ Rena F. Subotink. Longgitudinal Studies：Answering Our Most Important Questions of Prediction and Effectiveness［J］. Journal for the Education of the Gifted，2006（29）：379－383.

④ Volery Thierry，Mazzarol Tim. The Evolution of the Small Business and Entreporeneurship Field：A Bibliometric Investigation of Articles Published in the International Small Business Journal［J］. International Small Business Journal，2015，33（4）：374－396.

⑤ 曹明. 应用型本科高校创新创业人才培养模式初探［J］. 中国大学教学，2011，255（11）：35－36.

计划；四项机制，即评估筛选机制、毕业退出机制、商业联络机制、信息披露机制（田玉鹏，2021）[①]，创建协同创新合作伙伴，推进"需求导向、校企合作"双创人才协同培养路径（柳长安等，2016[②]；刘亮军，2018[③]）。展开团队模式下大学生创业能力培养的探索，采取"参与赛事、承接项目、校企合作、阶段考核"等方法（朱昌平等，2015）[④]。加强对大学生创业能力的分类培养，重视企业实习实践、创业园实训、KAB 教学等实践性教育（李亚员等，2021）[⑤]。

"专创融合"是培养创新创业人才的重要途径，是双创教育创新和专业教育创新的有机结合，有助于推动学生创新精神、创业能力的培养，创业知识的获得和创业意愿的形成。要构建知识生产与专创教育的理论联系，运用系统思维作好理念、结构、能力、感知和机制的融合（戴栗军等，2018）[⑥]，大学生创新创业能力培养中应链接创新创业精神、素质、理论构成的知识链和科技创新活动、创客社团活动、创新创业模拟实训及实战体验形成的实践链（尹国俊等，2019）[⑦]，运用双螺旋结构模式，通过重构人才培养体系、深化教育教学方式改革和创新创业教育工作机制等途径构建高校创业型人才培养模式（徐志强，2015）[⑧]。结合教育管理的三大关键利益相关者——学生、教师、机构，构建专创融合对创新创业教育绩效影响机制的要素框架。要将创新创业教育深度融入专业人才培养需进一步完善组织领导和机制保障策略；以创新创业通识教育体系构建为载体，依

① 田玉鹏.基于行业特色高校应用型人才双创能力培养体系研究［J］.科学管理研究，2021，39（3）：138-142.

② 柳长安，白逸仙，杨凯.构建"需求导向、校企合作"行业特色型大学人才培养模式［J］.中国大学教学，2016（1）：36-41.

③ 刘亮军.新工科：地方本科院校人才培养的新路径［J］.黑龙江高教研究，2018（9）：32-35.

④ 朱昌平，谢秀坤，赵超慧，等.团队模式下大学生创业能力培养的探索［J］.高等工程教育研究，2015（3）：33-37.

⑤ 李亚员，李畅，牛亚飞.高校创新创业教育生态系统建设的中国特色探析［J］.思想教育研究，2021（4）：129-134.

⑥ 戴栗军，颜建勇，洪晓畅.知识生产视阈下高校专业教育与创业教育融合路径研究［J］.高等工程教育研究，2018（3）：147-152.

⑦ 尹国俊，都红雯，朱玉红.基于师生共创的创新创业教育双螺旋模式构建——以浙江大学为例［J］.高等教育研究，2019（8）：77-87.

⑧ 徐志强.高校创业型人才培养的双螺旋模式［J］.教育发展研究，2015（5）：30-34.

据专业学习需求,将创新创业教育分层、分类融入学生专业发展;以创新创业师资队伍建设为抓手,补齐专创融合的最大短板(赵国靖等,2022)①。应用型本科高校"专创融合"的阻滞因素主要包括创新创业教育观念、教师知识能力结构、专业课程教材建设、综合政策支持体系等,高校要基于培养高质量双创人才的理念和价值导向,重构创新创业教育观念、提升专业教师的创新创业能力、注重专业课程教材的二次开发以及构建内外结合的政策支持体系等(胡天佑和李晓,2022)②。

创新创业教育与专业教育融合的两种主流机制分别是王占仁教授提出的广谱式创新创业教育和创新创业嵌入专业教育,实现了两者的融合。各类各层次高校创新创业教育与专业教育在实践层面的融合程度不一。创新创业示范院校的融合情况要好于普通院校和一般高职院校(王秀芝等,2023)③。韩笑等(2023)围绕人才培养的知识、能力和素质3个维度,构建了"一轴二动力三螺旋"动态人才培养模型④。

技术创业是国家创新驱动战略大力实施的新方向,是深化产教融合、服务区域发展的新举措,与学术创业中科研人员(教师)和外部其他主体联合研究、委托开发、许可、授权、衍生企业等方式不尽相同(刘逶迤等,2022)⑤,以学生为主体的技术创业教育、以教师为主体的技术研发创新为创新型人才培养提供了新方案,有师导生研、师创生学、师导生用、师导生创、师生共创、师生企协创等模式(邹良影等,2021)⑥。

师生共创模式强调的是教师、学生作为双主体的创新创业活动,以教师的科研项目为载体,强调师生共同参与创造性活动,从"教"的制度性

① 赵国靖,龙泽海,黄兆信.专创融合对高校创新创业教育绩效的影响研究——基于12596份教师样本的实证分析[J].浙江社会科学,2022(7):142-151.
② 胡天佑,李晓.应用型本科高校"专创融合"的价值导向、阻滞因素及推进策略[J].黑龙江高教研究,2022,40(12):127-131.
③ 王秀芝,刘志强,吴祝武.创新创业与专业教育融合的国内外研究进展[J].中国高校科技,2019(4):92-96.
④ 韩笑,胡奕璇,王超.面向人工智能的高校创新创业教育生态系统建设研究[J].高等工程教育研究,2023(3):161-167.
⑤ 刘逶迤,鞠伟,樊宇宁.基于文献计量分析的国外学术创业研究评析[J].江苏高教,2022(11):47-53.
⑥ 邹良影,曲小远,邵敏,等.技术创业:高职院校转型发展新突破[J].教育发展研究,2021(5):61-68.

层面和"学"的能动性层面入手，共同实现创新创业教育功能性价值（黄兆信，2022）①。聚焦于构建创新创业教育知识学习与实践教学相融合的机制，有别于要素式思维割裂教育内在逻辑的局限性，生态式思维需考量"知识链"与"实践链"演变规律，构建良性互动的微生态循环系统（尹国俊等，2019）②，将课堂知识传授、实习实践及科研项目锻炼三者有机结合，凸显创新创业人才培养的优势（Volery et al.，2015）③。师生共创是专创融合的重要模式，强调专业教育和创业教育的融合创新，打造多层次双创教育体系（卓泽林等，2016）④，成为社会创业生态系统的一个有机组成部分，寻求主动突围（严毛新，2015）⑤。

有众多学者对高职院校专创融合的教育模式、课程体系等进行了思辨分析和案例研究，但未对基于实证分析的专创融合教育对高职生双创知识和能力的提升有无显著影响、不同学科专业专创融合度的差异、各实施路径对学生双创能力提升的有效性分析等进行深入探讨。

（三）创新创业教育的评价研究

高校创新创业教育质量评价要以质性评价与量化评价相结合、结果评价与过程评价相结合、综合评价与增值评价相结合为基本原则，凸显价值理性，实施多元主体考核、分层分类评价，彰显显性成果与隐性成果并重⑥。徐小洲（2019）提出 VPR 三维三级创新创业教育评价的理论结构模型。VPR 评价体系由 3 个一级维度、8 个二级维度和 29 个三级维度构

① 黄兆信. 师生共创：教师认知差异与行动取向的实证研究 [J]. 南京师大学报（社会科学版），2022（3）：27 - 38.

② 尹国俊，都红雯，朱玉红. 基于师生共创的创新创业教育双螺旋模式构建——以浙江大学为例 [J]. 高等教育研究，2019（8）：77 - 87.

③ Volery Thierry，Mazzarol Tim. The Evolution of the Small Business and Entrepreneurship Field：A Bibliometric Investigation of Articles [J]. International Small Business Journal，2015，33（4）：374 - 396.

④ 卓泽林，赵中建. 高水平大学创新创业教育生态系统建设及启示 [J]. 教育发展研究，2016（3）：64 - 71.

⑤ 严毛新. 从社会创业生态系统角度看高校创业教育的发展 [J]. 教育研究，2015（5）：48 - 55.

⑥ 陈林辉. 新时代高校创新创业教育质量评价的优化路径 [J]. 学校党建与思想教育，2022（22）：75 - 77.

成。3个一级维度是价值评价（value）、过程评价（process）和结果评价（result），8个二级维度是精神价值、现实价值、政策投入、教育投入、学生发展、企业发展、创业者绩效、产品与成果①。法约勒（Fayolle，2006）从开设的课程数量、任职教师的论文发表数量、对所在社区的影响力、在校学生及毕业生创建的企业、创业导致的创新5个方面来进行评价②。

创新创业人才的培养研究还是弱于创新型人才培养研究，后者从管理学、教育学等交叉学科跨领域着手，从研究方法、研究视角、研究深度都展开探讨。创新型人才的概念界定、内涵、模式等已比较明确，但对于创新创业人才培养的概念、目标、模式等国内外学者莫衷一是；从方法论视角看，创新创业人才培养多从课程论、学习论视角来阐述，将其作为一个系统整体研究的偏少，亟须从统一的甚至是生态系统的视域进行进一步探讨。

三、创新创业教育生态系统研究

（一）创新创业教育生态系统的内涵和特征研究

1. 创业生态系统内涵和特征研究

创业生态系统研究是自然生态系统研究和创业学研究的交叉整合。汉南和弗里曼（Hannan & Freeman，1977）提出了组织生态和企业种群等概念，尝试运用生态学相关理论来研究创业活动③。施皮林（Spilling，1996）基于英国生态学家提出的"生态系统"概念，提出"创业生态系统"的概念，以此描述市场中的创业活动④。人们认识到创业活动深受创业环境及其相关主体的互动作用的影响，创业生态系统逐渐成为研究热点。

---

① 徐小洲. 创新创业教育评价的 VPR 结构模型 [J]. 教育研究，2019（7）：83 - 90.

② Fayolle A，Gailly B，Lassas - Clerc N. Assessing the Impact of Entrepreneurship Education Programmes：A New Methodology [J]. Journal of European Industrial Training，2006，30（9）：701 - 720.

③ Spilling O. R. Entrepreneurship in A Cultural Perspective [J]. Entrepreneurship and Regional Development，1991，3（1）：33 - 48.

④ Spilling R. The Entrepreneurial System：On Entrepreneurship in the Context of A Mega - event [J]. Business Research，1996，36（1）：91 - 103.

从管理学视角看，有学者对创业生态系统进行了一系列研究。詹姆斯·摩尔（James Moore，1993）在经济分析中引入了"生态系统"一词，提出企业不是在"真空"中发展的，而是被嵌入了供应商、客户和金融家相连的系统中①。同样地，创业成功也不是在真空中发生的。科恩（Cohen，2006）似乎是第一个提出创业生态系统概念的人，将其定义为"……当地地理社区中致力于通过支持和促进新的可持续企业实现可持续发展的相互关联的行动者群体"②。梅森等（Mason et al.，2014）提出创业生态系统是相互关联的创业主体、组织、机构以及创新创业过程中通过正式和非正式的联合从而连接、管理区域创业环境绩效的集合③。

学者们从宏观、中观和微观等不同视角阐述双创生态系统的特征与影响。从宏观层面分析了创业成长环境中各类组织以及相应的社会人群对创业过程的影响；从中观层面发现了新创企业能够通过创业网络获取多元化的竞争性资源，提升创业能力；从微观层面探讨了投资机构、孵化器、竞争者、供应商等外部组织机构对创业活动的支持和促进。由百森商学院所发起的全球创业观察研究将创业环境分为金融支持、政府政策、政府项目支持等9个方面。从物质形态出发，创业生态系统主要包括一系列具有相互依存关系的有形与无形资源。艾克斯等（Acs et al.，2014）指出，企业家存在于其特定地理环境中——无论是当地、地区还是国家经济和社会。个体企业家在创业生态系统中至关重要，个人决策与企业家经营企业的当地环境有关④，主张创业生态系统的图景、激情和创新联结性。伊森伯格（Isenberg，2010）将前人研究进行整合，认为创业生态系统通过一系列复杂图景将一组独立元素进行组合，将系统构成要素归类为6个创业领域，即创业政策、创业人才、创业制度、基础设施、创业融资以及创业文化。

① Moore J. F. Predators and Prey：A New Ecology of Competition ［J］. Harvard Business Review，1993，71（3）：75–86.

② Cohen B. Sustainable Valley Entrepreneurial Ecosystems ［J］. Business Strategy and the Environment，2006，15（1）：1–14.

③ Mason P C，Brown D R. Entrepreneurial Ecosystems and Growth Oriented Entrepreneurship Background ［C］. the OECD LEED Programme and the Dutch Ministry of Economic Affairs on Entrepreneurial Ecosystems and Growth Oriented Entrepreneurship，2014.

④ Ács Z. J.，Autio E.，Szerb L. National Systems of Entrepreneurship：Measurement Issues and Policy Implications ［J］. Research Policy，2014，43（3）：476–494.

至此，创业生态系统发展成一个有机整体，相关研究逐渐动态化、系统化①。科尔泰（Koltai，2013）指出，创业生态系统是围绕创业者的网络组织，由6个关键要素和6个活跃的"参与者"互动组成。世界经济论坛和以后多位学者开始提出了创业生态系统结构模型，如八支柱模型、六领域模型、6+6模型等②。

国内关于创业生态系统的理论研究起步较晚。林嵩（2011）对创业活动进行了全新解读，建立了创业生态系统，探讨其内部运作机制③。白峰等（2015）提出不同的生命周期内，系统具有不同的发展特征，运用生命周期理论研究创业生态系统④。段琪等（2015）聚焦于高校科技创业生态系统研究，运用扎根理论探讨科研人员创业的研究范围⑤。蔡莉等（2016）基于生态视角提出创业生态系统的多样性、网络性、共生性、竞争性、自我维持性和区域性6大特征，并提出从政府参与和企业网络两个维度将创业生态系统分成4个类型⑥。

2. 创新创业教育生态系统的内涵和特征研究

从教育学视角看，生态系统研究明显不足。20世纪70年代，美国学者克雷明（Gremin，1976）在《公共教育》一书中正式提出了"教育生态学"的概念，主张将生态学理论应用到教育研究中，探究教育在物质和精神环境中的规律⑦。英国学者埃格尔斯顿（Eggleston）出版了著作《学校生态学》，标志着教育生态理论的系统形成，从教育生态环境、教育个体生态、教育群体生态与教育生态系统的相互影响和制约机理入手分析解决教育问题。华盛顿大学学者古德莱德（Goodlad，1987）提出，高校是

---

① Isenberg D. J. How to Start An Entrepreneurial Revolution [J]. Harvard Business Review, 2010, 88 (6): 40-50.

② Koltai R. Ghana Entrepreneurial Ecosystem Analysis [R]. London: Prepared for the United Kingdom's Department for International Development, 2013.

③ 林嵩. 创业生态系统: 概念发展与运行机制 [J]. 中央财经大学学报, 2011 (4): 58-62.

④ 白峰. 基于生命周期理论视角的创业生态系统研究 [J]. 现代管理科学, 2015 (12): 52-54.

⑤ 段琪, 麦晴峰, 汪波, 等. 基于扎根理论的高校科技创业生态系统研究 [J]. 科学学与科学技术管理, 2015, 36 (11): 159-168.

⑥ 蔡莉, 彭秀青, Satish Nambisan, 等. 创业生态系统研究回顾与展望 [J]. 吉林大学社会科学学报, 2016, 56 (1): 5-16, 187.

⑦ Cremin L A. Public Education [M]. New York: Basic Books Inc Publishers, 1976: 24.

"文化生态系统"，侧重于中微观的学校生态学研究①。凯瑟琳·邓恩（Katharine Dunn，2005）认为，MIT 的创业教育和培训早已不再集中于斯隆管理学院，而是形成了数十个项目组织和中心共同在校园内培养创业精神的"创业生态系统"②，学者目光集中于研究型大学的创业生态系统构建。创业教育生态系统是创业生态系统的重要分支，麦肯（McKeon，2013）指出，高校作为促使系统各关键成分交流的"召集人"，是创新创业教育系统的核心，并协同社区各要素凝聚合力③。

徐小洲（2016）认为，创新创业教育生态系统作为目标功能单元，创新创业型人才是系统中的核心物种，高校、政府、企业、其他社会机构等群落占据相应的生态位④。徐志怀（2016）提出，构建创新创业教育生态系统以培养创新型人才为目标，首先要营造支持学生创新创业的软硬件环境；其次要发挥高校的主体主导功能；最后需汇聚其他主体广泛参与⑤。将高等教育系统的特征与教育生态特征相结合，衍生创新创业教育生态系统的特征，陈静（2017）主张高校创业教育生态具有开放性和非线性、实践性两大特征⑥。宋之帅等（2020）认为，创新创业教育生态系统将教育生态学理论应用到创新创业教育领域，以培养创新创业人才为目标，着眼于将创新创业教育理念融入高等教育人才培养的全过程，实现各要素之间融合互动，协同推进创新创业教育⑦。

（二）创新创业教育生态系统的要素研究

要素构成是学者们率先探讨的内容。卡瓦略等（Carvalho et al.，

① Goodlad J. I. （ed.）. The Ecology of School Renewal ［M］. Eighty – sixth Yearbook of the National Society for the Study of Education, Part I, 1987.

② Dunn k. The Entrepreneurship Ecosystem ［J］. Technology Review, 2005 （9）.

③ McKeon T K. A College's Role in Developing and Supporting an Entrepreneurship Ecosystem ［J］. Higher Education Outreach and Engagement, 2013, 17 （3）: 85 – 90.

④ 徐小洲. GALCHS 视野下的创业教育生态发展观 ［J］. 华东师范大学学报（教育科学版），2016 （2）: 16 – 23.

⑤ 徐志怀. 高校构建大学生创新创业教育生态模式的机理及运行方式 ［J］. 教育评论，2016 （6）: 83 – 87.

⑥ 陈静. 构建高校创业教育生态系统的若干思考 ［J］. 思想理论教育，2017 （6）: 87 – 93.

⑦ 宋之帅，王章豹. 我国创新创业教育生态系统演进历程与发展趋势 ［J］. 中国高教研究，2020 （2）: 38 – 39, 54.

2010）认为，创业教育生态系统应涵盖创业课程、课外创业项目和辅助性基础设施3个方面[①]。多德等（Dodd et al.，2012）指出，高校创新创业教育生态系统区域化，应明确4个方面：创业教育目标、创业教育成本、资源与机会差异、创业文化建设[②]。布拉什（Brush，2014）认为，区域创新创业生态系统中高校至关重要，而高校中创业课程、创业实践、创业研究相互关联，创业教育实践对提升创新创业技能尤为关键[③]。卡亚萨等（Caiazza et al.，2016）提出高校创业教育生态系统4大支柱：所有利益相关者、大学创业文化、基础设施和网络建设、科技成果转化办公室和创业中心[④]。马小辉（2013）提出，创业教育生态转型受内部创业教育顶层设计、组织体系等生态因子及外部政策资金扶持体系和保障体系等生态因子的相互作用、协同发展。陈静（2017）对高校创业教育生态系统在操作实践、组织管理、战略调控等不同功能层次的结构要素逐个分析，涵盖宏观、中观和微观各个层次[⑤]。黄兆信（2017）则认为，高校创新创业教育生态系统中的3个重要因素是关键主体、支持群体和关键要素，并对这些要素进行了详细说明[⑥]。李琳璐（2020）研究了斯坦福大学创新创业教育生态系统，总结其要素包括无机环境——创新创业精神和文化、生产者——课程体系和师资力量、分解者——创新创业教育支持性机构组织、消费者——企业[⑦]。

（三）创新创业教育生态系统构建研究

创业教育中的大学支持系统演变成双创教育的生态系统。格耶瓦里和福格尔（Gnyawali & Fogel，1994）将创业教育背景下的大学支持系统描述

① Carvalho L，Costa T，Dominguinhos P. Creating An Entrepreneurship Ecosystem in Higher Education［M］. New York：In Tech，2010：2 – 19.
② Dodd S D，Hynes B C. The Impact of Regional Entrepreneurial Contexts Upon Enterprise Education［J］. Entrepreneurship & Regional Development，2012，24（9）：741 –766.
③ Brush C G. Exploring the Concept of An Entrepreneurship Education Ecosystem［M］. Bingley，UK：Emerald Group Publishing Limited，2014：25 – 39.
④ Caiazza R，Volpe T. Innovation and Its Diffusion：Process，Actors and Actions［J］. Technology Analysis & Strategic Management，2016，29（2）：181 – 189.
⑤ 陈静. 构建高校创业教育生态系统的若干思考［J］. 思想理论教育，2017（6）：87 – 93.
⑥ 黄兆信. 高校创业教育生态系统构建路径研究［J］. 教育研究，2017（4）：37 – 43.
⑦ 李琳璐. 斯坦福大学的创新创业教育：系统审视与经验启示［J］. 高教探索，2020（3）：56 – 65.

为创业环境，包括支持基础设施和举措①。考虑到大学教学环境是影响学生对创业职业发展的看法和考虑的最具影响力的因素，他们最有可能创业。赛义德等（Saeed et al.，2013）在他们的研究中，使用 805 个样本，研究了大学支持对学生的影响，使用结构方程模型对数据进行了分析②。他们的研究结果表明，感知到的大学支持对创业自我效能感的影响最大，其次是商业支持发展和机构支持。此外，还需要有受过良好培训并有动力从事创业的教职员工。梅森和布朗（Mason & Brown，2014）指出，百森商学院创业生态系统项目很大程度促进了创业成功和增加就业③。田贤鹏（2016）则提出构建创新创业共同体，并从教学、校内协同、校企合作、校地联动等不同层面展开④。黄兆信（2017）指出，创业教育生态系统须闭环演进，以实现知识生产—知识扩散—价值创造的完整价值链⑤。杨晓慧（2018）对我国创业教育的独特路径、文化和境遇及创业教育生态系统建设方存在的特殊问题进行阐释。徐小洲（2019）提出应完善以创新创业学院为平台的高校创新创业教育管理体制，优化创新创业教育激励机制等，建立政企校三方协作共赢机制⑥。刘文杰（2020）从环境、结构、功能、演化 4 个维度阐述高校创业生态系统现实困境并提出完善策略。赵荣生（2020）提出，高校双创教育生态系统优化从以下 3 个方面开展。宏观系统：制定双创教育国家标准，加强政策引导；中观系统：强化双创合作共建共享机制，规范管理、注重服务；微观系统：构建双创教育闭环，夯实基础、实体推进⑦。杜函芮（2023）分析了高校创新创业教育生态系统

---

① Gnyawali D. R. , Fogel D. S. Environments for Entrepreneurship Development: Key Dimensions and Research Implications [J]. Entrepreneurship Theory and Practice, 1994, 18 (4): 4362.

② Saeed S. , Yousafzani S. Y. , Yani – De – Soriano M. , Muffatto M. The Role of Perceived University Support in the Formation of Student's Entrepreneurial Intention [J]. Small Business Management, 2013: 1 – 27.

③ Mason C, Brown R. Entrepreneurial Ecosystems and Growth – Oriented Entrepreneurship [R]. Paris: Final Report to OECD, 2014.

④ 田贤鹏. 教育生态理论视域下创新创业教育共同体构建 [J]. 教育发展研究, 2016 (7): 66 – 72.

⑤ 黄兆信. 高校创业教育生态系统构建路径研究 [J]. 教育研究, 2017 (4): 37 – 42.

⑥ 徐小洲. 转型升级期高校创新创业教育生态系统建构策略 [J]. 教育发展研究, 2019 (13 – 14): 102 – 108.

⑦ 赵荣生. 基于价值共创视角的高校双创教育生态系统优化研究 [J]. 学校党建与思想教育, 2020 (12): 61 – 63.

构建思路，基于主体互动与要素流动模型，分析了系统中作为内部制度资源与外部比较优势整合者的高校、以国家战略为指引的政府，以及以互利为基本行动逻辑的企业、研究机构、投资机构、中介组织、联盟协会等的功能与合作机制，并逐一探讨人才、技术、资金、政策、服务、信息等要素的流动方向与动力机制，凸显政府与市场的再平衡①。韩笑等（2023）从政府、高校、企业三方阐述建设面向人工智能的高校创新创业教育生态系统的举措：以政府为引领，开展相关政策设计与资源调控；以高校为主线，构建数字孪生双创教学平台，实行"人工智能＋X"的复合培养模式；以企业为副线，为平台提供数据，丰富双创教育教学案例库等②。

（四）国外高校创新创业教育生态系统建设经验

刘林青等（2009）、张森（2011）、张昊民（2012）、郑娟等（2017）介绍了MIT的创业教育生态系统，从高校定位、学位与课程、师资队伍、校内组织、社会支撑及生态环境等方面探讨要素和系统模型③④。殷朝晖等（2012）则对加州大学洛杉矶分校的创业生态系统进行研究，强调其由与创业生态系统相关的行政管理机构、创业基础性资源、校友网络和学生社团等诸多要素组成⑤。张小刚（2012）、何郁冰（2015）、郑刚（2016）、姚小玲等（2018）基于对斯坦福大学创业生态系统及其各要素相互关系的分析，提出我国高校要不断完善创业制度、营造创业生态环境、深化创业教育活动、增强创业生态系统的支撑等建议⑥。卓泽林（2016）深入剖析了伍斯特理工学院、伦敦大学国王学院的创业教育生态系统，对跨学科创

———————————

① 杜函芮．高校创新创业教育生态系统构建［J］．教育学术月刊，2023（2）：43－52.
② 韩笑，胡奕璇，王超．面向人工智能的高校创新创业教育生态系统建设研究［J］．高等工程教育研究，2023（3）：161－167.
③ 刘林青，夏清华，周潞．创业型大学的创业生态系统初探——以麻省理工学院为例［J］．高等教育研究，2009（3）：19－26.
④ 郑娟，孔钢城．利益相关者视角下的MIT创业生态系统研究［J］．高等工程教育研究，2017（5）：163－168.
⑤ 殷朝晖，龚娅玲．美国加州大学洛杉矶分校构建创业生态系统的探索［J］．高教探索，2012（5）：67－70，112.
⑥ 姚小玲，张雅婷．美国斯坦福大学创新创业教育生态系统探究［J］．山西大学学报（哲学社会科学版），2018（9）：122－127.

业课程体系、师资力量、全面的创业教育支持性机构、组织消费者、行业与企业进行介绍①。苗青（2018）通过介绍英国剑桥大学创新创业教育生态系统的构建，阐述对大学生创业型人才培养的影响和对大学衍生公司的影响等②。贾建锋等（2021）通过对美国、英国、日本 3 个国家中 5 所高校的创新创业教育生态系统的编码分析，得出了高校创新创业教育生态系统的 5 个主要参与主体（学生、高校、政府、企业和校友）、4 个主要组成部分（创新创业氛围、知识平台、实践平台和创新创业网络平台）、9 个关键构成因素（创新创业思想因素、创新创业支持因素、课程因素、师资因素、社团因素、实践活动因素、政府因素、企业因素和校友因素)③。郄海霞等（2022）以以色列特拉维夫大学为例，介绍了其双创教育生态系统的构成和运行，依托社会创新创业文化，以课程和师资作为内部支撑，设置了支持性机构组织和创业活动，同时整合来自企业和政府的外部优势资源，积极构建了多层次、多主体、非静态的创新创业教育生态系统，形成主体间互动且主体与外部环境共生强化的运行机制④。

（五）国内高校创新创业教育生态系统建设实践经验

周勇（2013）以江苏省为例，剖析构建区域创新创业教育生态系统的策略，从顶层设计到区域创新创业文化调研，提出实现创新创业教育生态系统的和谐可持续发展的策略，包括理念转换、顶层设计、系统重构、分类指导等⑤。马永斌等（2016）通过清华大学创业教育案例分析创新创业教育课程生态系统的构建途径⑥。郑刚等（2017）基于对浙江大学国家大

---

① 卓泽林. 高水平大学创新创业教育生态系统建设及启示 [J]. 教育发展研究，2016（3）：64 – 72.

② 苗青. 剑桥大学创新创业教育对我国的启发 [J]. 河北师范大学学报（教育科学版），2018（2）：48 – 52.

③ 贾建锋，赵若男，朱珠. 高校创新创业教育生态系统的构建——基于美国、英国、日本高校的多案例研究 [J]. 管理案例研究与评论，2021（6）：309 – 324.

④ 郄海霞，赵蓓. 以色列特拉维夫大学创新创业教育生态系统的构成及运行 [J]. 现代教育管理，2022（3）：30 – 39.

⑤ 周勇. 基于创新文化的高校创业教育生态系统建构 [J]. 高校教育管理，2013（3）：119 – 125.

⑥ 马永斌，柏喆. 创新创业教育课程生态系统的构建途径——基于清华大学创业教育的案例分析 [J]. 高等工程教育研究，2016（5）：137 – 140.

学科技园创业企业的实证调查探讨生态系统建设[①]。陈少雄（2014）基于对广东省高校的调查分析，阐述高校创业教育应从生态系统的视角出发，优化资源配置和信息通畅渠道，实现生态系统的开放性、循环性、永续性、整体性特征[②]。李厚锐等（2023）对清华大学、上海交通大学等 8 所典型高校创新创业生态系统进行案例分析，指出高校在适应、选择与发展 3 个阶段分别实施能力适配策略、行动引导策略、环境触发策略，推动高校创新创业生态系统构建发展。基于双创能力成熟度分析开发动态教学方案，以行动学习为导向开展沉浸式创新创业实践，构筑共生、互生、再生的创新创业教育共同体[③]。叶正飞（2019）提出基于产教融合构建地方高校创新创业教育共同体，从教学共同体、研—训—创共同体、发展共同体 3 个层面整体、联合推进创新创业教育发展，通过完善产教融合的执行机制、创新科研与人才培养有效互动的评价机制、建立兼顾共同体各方利益的共享机制、设计面向市场的进退机制打造双创教育生态体系[④]。

（六）高校创新创业教育生态子系统研究

众多学者的研究具体涉及创业课程、专创融合、创业型大学建设、创客空间、创业孵化等主题。尹国俊等（2019）以浙江大学为例阐述基于师生共创的创新创业教育模式构建，强调"知识链"和"实践链"相辅相成，搭建四大平台[⑤]。臧玲玲、梅伟惠（2019）提出，建设高校创业教育课程生态系统需要在微观层次提升课程质量、中观层次实现各主体协同发展、宏观层次营造支持性氛围。在评价方面，梅森和布朗（Mason & Brown，2014）提出，应建立有效的评价体系来评估创业生态系统每一部分的优势和劣势，持续监测各要素互动的有效性，构建递进的健康评估模

①　郑刚，梅景瑶，何晓斌. 创业教育对大学生创业实践究竟有多大影响——基于浙江大学国家大学科技园创业企业的实证调查［J］. 中国高教研究，2017（10）：72－77.
②　陈少雄. 大学创业教育生态系统培育策略研究［J］. 教育发展研究，2014（11）：64－70.
③　李厚锐，于晓宇. 创新创业教育生态系统协同发展策略研究：组织变革的视角［J］. 教育发展研究，2023（7）：78－84.
④　叶正飞. 基于产教融合的地方高校创新创业教育共同体构建研究［J］. 高等工程教育研究，2019，176（3）：150－155.
⑤　臧玲玲，梅伟惠. 高校创业教育课程生态系统的生成逻辑与建设路径［J］. 华东师范大学学报（教育科学版），2019（1）：23－29.

型，包括决定因素、直接效应、社会效应①。沃格尔（Vogel，2013）不同于前者在创业过程中确定评价指标体系，而是根据不同规模层次来考察评价，指出根据微观创业者、中观组织机构和宏观社区3个层次来分析创业生态系统的有效性②。

在创新创业生态系统评价方面，主要是国家创业生态系统、区域创业生态系统和社会创业生态系统。潘剑英（2014）认为，评价应从基础支持性、网络互动性、知识密集性、生态多样性、系统多样性5个维度展开③；庞静静（2016）认为应从群落结构、创业环境、群落与环境的协同性、系统的稳定性4个维度出发评价，或从群落结构、运行机制、系统绩效和风险4个方面进行④；张秀娥等（2016）的评价更贴近高校创业生态系统评价，包括政府政策、创业融资、创业教育、研发转化、文化和社会规范等⑤。周倩（2021）针对目前创客空间建设不完善、创客导师力量不足、创客教学内容重理论轻实践、课程体系与创客教育要求匹配性不足、大学生创新意识和创新能力较为薄弱等问题，提出搭建功能完备的优质创客空间、强化创客导师培训与引进、打造与创客教育相适应的课程体系、开展个性化辅导，多维度培养学生的双创能力⑥。

在创业生态系统发展水平评价方面，高校对创新创业教育日益重视，但缺少具体的信息和工具去评价大学整体的创业绩效。一些学者从输入指标、过程指标、输出指标角度出发，建立评价指标体系，但并未进行应用；强调高校的创新创业生态系统评价指标体系应该超越经济利益，而考虑更广泛的社会经济效益，例如，知识传播，带动就业，促进社会、文化

---

① Mason C，Brown R. Entrepreneurial Ecosystems and Growth Oriented Entrepreneurship［C］. Final Report to OECD，Paris，2014.

② Vogel P. The Employment Outlook for Youth：Building Entrepreneurship Ecosystems as A Way Forward［C］. St. etersburg Conference Paper for the G20 Youth Forum，2013.

③ 潘剑英. 科技园区创业生态系统特征与企业行动调节机制研究［D］. 杭州：浙江大学，2014.

④ 庞静静. 创业生态系统研究进展与展望［J］. 四川理工学院学报（社会科学版），2016，31（2）：53 - 64.

⑤ 张秀娥，祁伟宏，方卓. 美国硅谷创业生态系统环境研究［J］. 科技进步与对策，2016，33（18）：59 - 64.

⑥ 周倩. 应用型高校开展创客教育的价值、问题与对策［J］. 教育与职业，2021，996（20）：72 - 77.

和经济发展等。由此可知，学者对高校创新创业生态系统的一级指标分类尚无明确统一的方式，往往从评价对象的生态构成、内外部环境来考量。

第三节 本章小结

在现有研究中，关注高校创新创业教育生态的文献明显增加，借用生态学来分析双创教育的开展，具有一定的创新性和系统性，且对创业学科的发展具有一定的前瞻性，研究成果也颇丰，但仍存在发人深省的问题。严毛新（2017）提出，目前研究过于关注国外成功的经验，忽视本土化存在的问题；多偏于宏观系统的研究，而对系统中的关键要素，如政策生态、课程生态、课堂教学生态等研究偏少；对创业教育中学校与社会互动之间的联系和关注不足，从而作用机理研究不够深入；偏向于研究型大学研究，针对不同办学定位类型的高校如何构建特色的创新创业教育生态系统的研究很少[①]。可见，整个研究还处于初级阶段，需要对包括应用型高校创新创业教育生态系统在内的研究进行深入探讨。

创业教育生态研究在方法论上多运用生态学术语和概念，缺少系统思维方式，将高校创新创业教育作为一个动态有机体，研究生命主体与环境间的相互作用及关系；对双创教育生态研究的理念认识不足，聚焦于其要素、内容和系统构建，但对各要素间如何通过物质流、信息流、能量流、技术流等进行交换、协调、进化的研究偏少；同时，对学科交叉研究的前提性条件尚未清晰，简单将生态学思维引入创新创业教育，两者未真正融合相嵌，未思考学科交叉的条件、原则、限制和有效场域，明晰如专创融合教育的方式方法，避免造成学科交叉的盲目和不规范。因此，加强对创新创业教育生态的可操作机制研究，遵循"立足特色""符合实际""面向未来"的原则来探索应用型高校创新创业教育发展的生态路径成为必要。

---

① 严毛新. 创业教育研究的"他国话语"倾向偏失及匡正——基于近十年国内研究文献的计量分析 [J]. 教育发展研究，2017（11）：69–77.

第三章

应用型高校创新创业教育生态系统构建的理论分析

近年来，创新创业生态系统构建驱动区域经济发展已成为学术界、产业界和政府的热门话题。学术界的一个关键论点指向关于创新创业生态系统本质的根本性辩论：系统是主体设计的抑或是自身进化的？由此，本章先探索高校创新创业教育生态系统的发展脉络，了解其基本理论基础，在对其要素、结构、功能、架构等深入剖析后，再审视其本质。

第一节　我国高校创新创业教育生态系统的发展脉络

一、创业型大学所处双创生态系统的进化阶段

创新创业生态系统经历 4 个不同进化阶段：胚胎阶段、破坏阶段、形成阶段和能力建设阶段，高校在创新创业生态系统的进化过程中发挥着重要作用。

第一阶段是胚胎阶段，即萌芽阶段。这一阶段的特点是创新创业生态系统的核心组成部分不发达，包括创业文化、人力资本和初创企业偏少以

及金融资本缺乏（Cohen，2006①；Mack & Mayer，2016②）。本质上，生态系统的创业支持网络是不发达和脆弱的，因为它们正处于发展的初级阶段。创业生态系统发展的早期阶段体现在三螺旋理论中政府的控制（Sarpong et al.，2017）③，由于体制因素和资源限制，大学的作用仅表现为教学和研究。作为大学教学，利用大学产生的知识，其研究潜力有限，往往远离行业需求，创业架构不足（Cunningham et al.，2021）④。在这个阶段，大学本身几乎没有或根本没有动力参与生态系统的构建，由于非正规部门的企业高度集中，它们的研究商业化，缺乏与大学联系的能力和自身科研实力（Etzkowitz et al.，2000）⑤。在创业生态系统发展的萌芽阶段，创业型大学倾向于重建基础设施，主要关注机构的传统角色（教学和研究），而不是投入创业活动，因为这些活动的推广和增强能力和与利益相关者的互动均有限。随着创业生态系统的进一步发展，创业型大学应运而生，培养其教育研究、社会服务能力、扩展其研究和技术转让任务，以满足区域需求（Ikebuaku & Dinbabo，2018）⑥。

第二阶段是破坏阶段。不同国家和地区双创生态系统的演变不一定都有该阶段，但一旦存在即说明创业生态系统进一步发展受到破坏，这取决于人对社会、政治和经济结构的破坏程度。研究表明，这一阶段的创业生态系统的特点是经济活动中断、人力资本损失（人才外流）、不

---

① Cohen B. Sustainable Valley Entrepreneurial Ecosystems［J］. Business Strategy and the Environment，2006，15（1）：1-14.

② Mack E.，Mayer H. The Evolutionary Dynamics of Entrepreneurial Ecosystems［J］. Urban Studies，2016，53（10）：2118-2133.

③ Sarpong D.，Abdrazak A.，Alexander E.，Meissner D. Organizing Practices of University, Industry and Government that Facilitate（or Impede）the Transition to a Hybrid Triple Helix Model of Innovation［J］. Technological Forecasting & Social Change，2017，123（C）：142-152.

④ Cunningham J. A.，Lehmann E. E.，Menter M. The Organizational Architecture of Entrepreneurial Universities Across the Stages of Entrepreneurship：A Conceptual Framework［J］. Small Business Economics，2021（6）：1-17.

⑤ Etzkowitz H.，Leydesdorff L. The Dynamics of Innovation：From National Systems and "Mode 2" to a Triple Helix of University–Industry–Government Relations［J］. Research Policy，2000，29（2）：109-123.

⑥ Ikebuaku K.，Dinbabo M. Beyond Entrepreneurship Education：Business Incubation and Entrepreneurial Capabilities［J］. Journal of Entrepreneurship in Emerging Economies，2018，10（1）：154-174.

稳定的政治和经济结构，这些都使创业环境无法发挥作用。由于政治和经济环境的不确定性，冲突对创业和创业活动产生了不利影响（Brück et al.，2011）①。

第三阶段是形成阶段。如果创业型大学和生态系统受到严重破坏，创业型大学只专注于其教学使命，即为经济提供熟练劳动力来管理企业（Nkusi et al.，2020）②。该研究还强调，当创业型大学的物理结构和创业生态系统的支持元素受到较少破坏或没有被破坏时，大学侧重于优先考虑有利于促进社会凝聚力提升的干预措施，并构建生态系统结构（Noveli et al.，2019）③，学生可以与大学外的利益相关者建立联系，以进一步发展和扩展第三使命。这一发展阶段的特点是高等教育部门的新入学人数、学术课程的引入增加。大学被视为知识的"筒仓"，面向科技人员开放培训和产生能够转化为商业价值的前沿科学技术，学术研究人员开始与行业互动，将他们的知识商业化，并从事学术创业。

第四阶段是能力建设阶段。在该阶段创业型大学开始超越教学，扩大和加强其传统使命，探索其他创业性的内容，如研究、知识生产和技术转让，这是重建和支持创业生态系统发展所必需的。此外，在生态系统的新兴阶段，大学是生态系统内产生和传播知识的主要媒介，以促进其增长（Cantner et al.，2020）④。大学的这一突出作用包括生产、转移和应用知识以及提供熟练的劳动力，并推动新企业发展，如初创企业或分拆企业，通过联合项目和研发支持行业进步。产业界和大学间的合作作为技术发展和竞争的驱动力出现并加强，从而维持生态系统的发展。创业型大学为学生

---

① Brück T.，Naudé W.，Verwimp P. Small Business，Entrepreneurship and Violent Conflict in Developing Countries [J]. Small Business & Entrepreneurship，2011，24（2）：2，161－178.

② Nkusi A. C.，Cunningham J. A.，Nyuur R.，Pattinson S. The Role of the Entrepreneurial University in Building An Entrepreneurial Ecosystem in A Post Conflict Economy：An Exploratory Study of Rwanda [J]. Thunderbird International Business Review，2020，62（5）：5，549－563.

③ Novelli M.，Cardozo M. L.，Smith A. The "4 Rs" as a Tool for Critical Policy Analysis of the Education Sector in Conflict Affected States [EB/OL]. Education and Conflict Review，2019，https：//discovery. ucl. ac. uk/id/eprint/10081589/1/Novelli_Article_12_Novelli. pdf.

④ Cantner U.，Cunningham J. A.，Lehmann E. E.，Menter M. Entrepreneurial Ecosystems：a Dynamic Lifecycle Model [M/OL]. Small Business Economics，2020. https：//doi. org/10. 1007/s11187－020－00316－0.

和学术界创造了更有利的学习环境、更强劲的创业氛围，增强了追求创业事业的愿望，为企业的建立作出贡献。

二、我国高校创新创业教育生态系统的发展脉络

我国开展创新创业教育的整个发展历程体现为从借鉴到自我探索，再到国家全面推进整个过程。高校创新创业教育生态系统的发展脉络可以分为以下几个阶段。

（一）起步阶段

1997 年，美国创业计划竞赛由清华大学引入中国，由此开始呈现由点及面的创业教育项目。同年，《国家创新体系》中提出创新是不同要素间相互联系和作用的结果，需要整个系统在不断碰撞磨合中升级。1998 年 12 月，基于对创业教育的支持和鼓励，国家公布了《面向 21 世纪教育振兴行动计划》，提出"高校在国家创新工程中要充分发挥自身优势，努力推进知识创新进而技术创新，加强对师生的创业教育，鼓励他们自主创立高校技术企业"[①]。同年，劳动部从国际劳工组织处引入了创业教育培训项目（SIYB），扶持中小微企业，力图创业带动就业，培训项目成为创业教育的开启源头之一。1999 年至今，共青团中央一直组织"挑战杯"大学生创业计划竞赛和大学生课外学术科技作品竞赛，对推动创业知识的普及、创业精神的培养、创业理念的推广和创业行动的强化功不可没。2002 年，教育部将清华大学、中国人民大学、北京航空航天大学、复旦大学、西安交通大学、黑龙江大学等 9 所高校确定为创业教育试点院校，形成了各具特色的创业教育模式，研究型大学的创新创业教育改革初见端倪。2004 年，《劳动和社会保障部教育部关于印发 2004 年高职院校毕业生职业资格培训工程的通知》提出，"为毕业生实现自谋职业和自主创业创造条件，全面开展创业培训"。劳动保障部、教育部选择若干高校进行创业培训试点，

---

① 中华人民共和国教育部. 面向 21 世纪教育振兴行动计划 [DB/OL]. (1998 - 12 - 24) [2023 - 05 - 30]. http://www. moe. gov. cn/was5/web/search. searchword.

并引入"创办你的企业（SYB）"国家级创业培训项目。

在这个阶段，高校开始认识到创新创业教育的重要性，并逐步将其纳入教学体系中。学校建立创新创业教育的基础框架，开设相关课程或专业，并提供一些基本的支持和资源，如创业导师、创业讲座等。创新创业教育主要集中在理论教学和基本知识的传授上。在高校创新创业教育生态系统的起步阶段，主要有以下特点。

1. 意识觉醒与初步布局

起步阶段的特点是高校开始意识到创新创业教育的重要性，并开始在教育体系中进行初步布局。学校领导和教师逐渐认识到培养创新创业人才的紧迫性，开始积极推动相关的教育改革和创新创业项目的开展。开始建设创新创业导师队伍，吸引具有创业经验和专业知识的人员加入。这些导师为学生提供创新创业指导、项目辅导和实践支持，帮助他们培养创新思维和创业能力。

2. 课程设置与资源整合

起步阶段的高校创新创业教育生态系统开始进行课程设置和教学资源的整合。学校设立相关的创新创业课程，通过整合学科资源，将创新创业元素融入学科课程中，为学生提供系统化的创新创业教育。培养学生创新创业能力，通过提供实践机会、导师指导和课程培训等方式，学校帮助学生掌握创新思维、市场营销、商业计划等创业技能，培养学生的创新创业能力和实践能力。

3. 创新创业活动与竞赛的开展和平台建设

在起步阶段，学校积极组织各类创新创业活动和竞赛，如创新创业论坛、创业讲座、创新创业比赛等。这些活动激发学生的创新创业热情，提供展示才华和交流合作的机会，推动创新创业教育的发展。同时，学校开始建设创业孵化器和创新实验室等创新创业实践平台。这些平台为学生提供创新创业项目的孵化、资源支持和实践实验场所，帮助他们将创意转化为可行的商业计划并进行实践验证。

4. 多元化支持与合作

在起步阶段，学校开始寻求多元化的支持与合作，积极推动相关政策的制定和资金的投入，以支持创新创业教育的发展。与地方政府、企业和社会组织等建立合作关系，通过与外部合作伙伴的联动，学校能够获得更多的资源支持和实践机会，拓展创新创业教育的影响力和实践基础。

5. 激发创新创业意识与文化

起步阶段的高校创新创业教育生态系统致力于激发学生的创新创业意识和培养创新创业文化。学校通过开展相关活动和课程，向学生传递创新创业的理念和价值观，鼓励学生勇于创新、敢于创业，培养他们的创业精神和创新能力。

起步阶段的高校创新创业教育生态系统具有意识觉醒与初步布局、课程设置与资源整合、创新创业导师队伍建设、孵化器和实验室建设、创新创业活动与竞赛、多元化支持与合作、激发创新创业意识与文化、培养学生创新创业能力，以及推动政策支持与资金投入等特点。这些特点的发展将助推高校创新创业教育，为后续阶段的发展打下坚实的基础。

（二）孵化阶段

国家发展战略越来越重视创新驱动和创新创业人才培养，"创新创业教育"一词开始取代"创业教育"出现在官方文件和报告中。2006 年，劳动和社会保障部办公厅下发的《关于进一步做好 2006 年高校毕业生就业有关工作的通知》指出，"加强对大学生的创业培训和创业服务"，要求将 SYB 项目作为试点高校选修课程，引入"产生你的企业构思（GYB）"培训项目，加快培养一批高校创业培训教师。2006 年，《国务院关于印发实施〈国家中长期科学和技术发展规划纲要（2006—2020 年）〉若干配套政策的通知》中科技投入、税收激励、金融支持、人才队伍、科技创新基地与平台支持等内容对创业者的创业方向选择、定位有重大意义。2007 年，高校创新创业教育正式上升到国家高度，教育部实施"人才培养模式创新试验区"项目，高校纷纷设立创业教育中心或研究中心。2007 年 12 月，全国人大修订《中华人民共和国科学技术进步法》，鼓励地方政府支持产业界和大学之间的研究合作。2008 年 6 月颁布的《国家知识产权战略纲要》，旨在提高中国知识产权的创造、利用、保护和管理能力。2008 年，《国务院办公厅转发人力资源社会保障部等部门关于促进以创业带动就业工作指导意见的通知》倡导创业带动就业，提出了加大培训力度、提高培训质量、建立孵化基地、健全服务组织、完善服务内容等政策。①

2009 年，中国高教学会正式成立创新创业教育分会，彰显创业教育与创新教育的有机融合，创新人才培养有了新的实践方向。② 2010 年，我国印发了《关于大力推进高等学校创新创业教育和大学生自主创业工作的意见》，提出"创新创业教育需面向全体大学生，融入人才培养全过程"③。2012 年，《教育部关于做好"本科教学工程"国家级大学生创新创业训练计划实施工作的通知》决定"十二五"期间开始实施国家级大学生创新创业训练计划，增强高校学生的创新能力和在创新基础上的创业能力。创新创业教育从部分学生参与向"广谱式"全校学生延伸，从"自主创业"拓宽至"岗位创业"。

随着创新创业教育的不断深入，学校开始建立创新创业孵化器和实验室等实践平台。这些平台为学生提供创新创业项目的培育和孵化环境，提供创业资源、导师指导、资金支持等，帮助学生将创意转化为实际的商业项目。在此阶段，学校与企业、投资者等外部参与者建立合作关系，扩大创新创业生态系统的影响力。

1. 孵化器建设初期

在初始阶段，高校创新创业教育生态系统通常会设立孵化器作为创新创业项目的孵化平台。孵化器提供创业资源和支持，包括办公空间、资金支持、导师指导、创业培训等。这个阶段的特点是资源相对有限，创业项目数量较少，但具有创新性和试验性。

2. 创新创业支持政策的制定

在孵化阶段，政府开始关注和支持高校创新创业生态系统的发展。相关政策和法规被制定和优化，为创新创业提供更好的政策环境和支持措施。政府投资、税收优惠、创业补贴等政策措施的实施，进一步激发了高

---

① 国务院办公厅转发人力资源社会保障部等部门关于促进创业带动就业工作指导意见的通知 [EB/OL]. (2008 - 10 - 30) [2023 - 06 - 02]. https://www.gov.cn/zhengce/content/2008 - 10/30/content_7294.htm.
② 李亚员，王瑞雪，李娜. 创新人才研究：三十多年学术史的梳理与前瞻 [J]. 高校教育管理，2018，12 (3)：116 - 124.
③ 中华人民共和国教育部. 教育部关于大力推进高等学校创新创业教育和大学生自主创业工作的意见 [DB/OL]. (2010 - 5 - 13) [2023 - 06 - 02]. http：//www.moe.edu.cn/publicfilesA.

校创新创业生态系统的活力。

3. 合作伙伴的加入

随着创业生态系统的发展，高校开始与企业、政府、投资机构等合作伙伴建立合作关系。合作伙伴的加入带来了更多的资源和支持，扩大了创业项目的范围和规模。合作伙伴可以提供技术支持、市场渠道、资金投资等方面的支持，加速创业项目的发展。

4. 创新创业教育课程的完善

随着创新创业教育生态系统孵化阶段的深入，高校开始完善创新创业教育课程。这些课程涵盖创新创业的基础理论和实践技能，帮助学生培养创业意识、创新能力和创业技能。课程设置更加多样化，包括创新创业导论、商业模式设计、创业融资、市场营销等。

5. 创新创业资源的丰富化

在孵化阶段，高校创新创业教育生态系统开始丰富创新创业资源。除了孵化器提供的资源外，还会引入更多的资源和平台，如科技园区、创客空间、实验室等。这些资源为创业者提供了更广阔的创新创业环境和机会，帮助他们更好地实施创业计划。

6. 创业文化的形成

在孵化阶段，高校创新创业教育生态系统逐渐形成了积极的创业文化。学校和社会各界开始重视创新创业教育，学生对创业的认知和兴趣逐渐增加。创新创业的成功案例和经验分享成为激励学生创业的动力，形成了浓厚的创业氛围。创新创业文化逐渐深入人心，创新创业不再被视为个人的选择，而是成为广大学生追求的目标和生活态度。创新创业的成功案例激励着更多的学生和教师参与创新创业活动，形成了学术创新、技术创业和实践创新相互促进的良好氛围。

7. 创新创业生态系统的形成

随着孵化阶段的发展，高校创新创业生态系统逐渐形成，并建立起稳定的合作网络。学校、孵化器、企业、政府和投资机构之间形成了紧密的合作关系，共同构建创新创业的生态系统。这个生态系统中的各个组成部分相互依存、相互促进，形成了良好的创新创业环境。

8. 创新创业成果的转化

在孵化阶段，高校创新创业生态系统开始出现创新创业项目的成果转化。通过创业项目的孵化和发展，一些项目逐渐成为具有商业价值的产品或服务，并进入市场。这些创新创业成果的转化促进了创新创业生态系统的可持续发展，并为更多的创业者提供了成功的范例和榜样。

总之，在高校创新创业教育生态系统的孵化阶段，通过建立孵化器、丰富创新创业资源、完善创新创业教育课程、促进合作伙伴的加入等措施，逐步显现了具有创新创业文化、多元合作、资源共享的生态系统雏形。这为学生提供了更多的创新创业机会和支持，推动了创新创业教育的可持续发展。学校也开始建立创新创业教育的监测与评估机制，以评估教育效果和改进教育策略。通过定期的评估和反馈机制，学校能够及时了解创新创业教育的进展和存在的问题，并及时进行调整和优化。

（三）加速阶段

2015 年 8 月，《中华人民共和国科技成果转化促进法（2015 年修订)》规范和加快了科技成果转化为经济效益。同年，《国务院关于加快构建大众创业万众创新支撑平台的指导意见》指出，全球分享经济快速增长，基于互联网等方式的创业创新蓬勃兴起，众创、众包、众扶、众筹（以下统称"四众"）等大众创业万众创新支撑平台快速发展，新模式、新业态不断涌现，加快构建大众创业万众创新支撑平台、推进"四众"持续健康发展①。《国务院关于大力推进大众创业万众创新若干政策措施的意见》提出，要健全创业人才培养与流动机制，把创业精神培育和创业素质教育纳入国民教育体系，实现全社会创业教育和培训制度化、体系化。加快完善创业课程设置，加强创业实训体系建设。从 2015 年开始，每年 10 月某一周为"全国大众创业万众创新活动周"，以促进各类创业创新要素聚集交流对接，营造全社会创新创业氛围。同时，从 2015 年开始，每年举办中国"互联网 +"大学生创新创业大赛。同年，教育部遴选出 50 家"全国高校实践育人创新创业基地"。2016 年，《国家创新驱动发展战略纲要》颁布，要求"建设和完善创新创业载体，发展创客经济，形成大众创业、万众创

---

① 国务院关于加快构建大众创业万众创新支撑平台的指导意见［EB/OL］．（2015 - 09 - 26）［2023 - 06 - 03］．https：//www.gov.cn/zhengce/content/2015 - 09/26/content_10183.htm.

新的生动局面",发展众创空间,构建"孵化 + 创投"的创业模式,孵化培育创新型小微企业等①。同年,《国务院办公厅关于建设大众创业万众创新示范基地的实施意见》提出,建设一批双创示范基地、扶持一批双创支撑平台、突破一批阻碍双创发展的政策障碍、形成一批可复制可推广的双创模式和典型经验②。教育部评选了 2016 年度 50 所全国创新创业典型经验高校。

2017 年,《国家科技企业孵化器"十三五"发展规划》要求以创业者的需求为导向,强化"创业导师 + 创业辅导师"制度和职业化管理服务队伍建设,扩大孵化器与第三方专业服务机构合作,建立专业化、网络化、开放化的服务机制,扩大创业服务供给,提升增值服务水平③。同年,《国务院关于强化实施创新驱动发展战略进一步推进大众创业万众创新深入发展的意见》④ 提出,坚持"融合、协同、共享",推进大众创业、万众创新深入发展。要进一步优化创新创业的生态环境,推动"放管服"改革,构建包容创新的审慎监管机制,发挥大企业、科研院所和高等院校的领军作用,加速科技成果向现实生产力转化,完善人才流动激励机制。

在这个阶段,政府需要制定和完善创新创业政策,为高校创新创业教育生态系统提供支持与引导。政府可以提供创业担保贷款、税收优惠、科技成果转化等政策支持,为创新创业项目提供更好的发展环境和条件。学校进一步加强与创新创业生态系统其他参与者的合作,如企业、投资者、政府等。学校与企业合作开展产学研项目,加强科技成果转化和技术转移。创新创业教育也更加注重培养学生的创新能力、团队合作能力和实践能力,强调实际项目的执行和市场应用。高校创新创业教育生态系统的加速阶段具有以下特点。

① 国家创新驱动发展战略纲要 [EB/OL]. (2016 – 05 – 19) [2023 – 06 – 03]. https://www. gov. cn/zhengce/content/2016 – 05/19/content_5079812. htm.
② 国务院办公厅. 关于建设大众创业万众创新示范基地的实施意见 [EB/OL]. (2016 – 05 – 12) [2023 – 06 – 03]. https://www. gov. cn/zhengce/content/2016 – 05/12/content_5072633. htm.
③ 科技部办公厅. 国家科技企业孵化器"十三五"发展规划 [EB/OL]. (2017 – 08 – 03) [2023 – 06 – 03]. https://www. gov. cn/aut/20171813/aut_409_47021. htm.
④ 关于强化实施创新驱动发展战略进一步推进大众创业万众创新深入发展的意见 [EB/OL]. (2017 – 07 – 27) [2023 – 06 – 03]. https://www. gov. cn/zhengce/content/2017 – 07/27/content_5213735. htm.

1. 创新创业项目数量的增加

在加速阶段，高校创新创业教育生态系统中涌现出更多的创新创业项目。这些项目涵盖了各个领域和行业，包括科技创新、社会创新、文化创意等。创新创业项目的数量和质量不断提升，形成了更加活跃的创业氛围。

2. 创新创业教育资源的扩充

为了满足创新创业项目的需求，学校投入更多的资金和资源，建设更多的创新创业实践基地、创客空间、创新创业实验室等。同时，引入更多的创新创业导师和专业人才，提供更全面的创新创业培训和指导。组织创新创业论坛、展览会、创业洽谈会等活动，搭建交流平台，促进资源共享、经验分享和合作机会的产生。

3. 创新创业投资的增加和资金的筹措与管理

在加速阶段，创新创业投资呈现出快速增长的趋势。各类投资机构对高校创新创业项目的投资意愿增强，资金的流动性增加。创新创业教育生态系统中的创新创业项目获得更多的投资机会，有助于项目的扩展和发展。建立创新创业合作基金、风险投资基金等机制，吸引更多的投资者参与到创新创业项目中。同时，加强对资金的管理和监督，确保资金的合理使用和项目的可持续发展。

4. 创新创业合作网络的扩展和资源的整合与共享

高校创新创业教育生态系统加速阶段的特点之一是合作网络的扩展。除了与企业、政府等传统合作伙伴的合作外，还会与其他高校、科研机构、创新创业社群等建立合作关系。建立创新创业资源平台，集聚高校、科研机构、企业等各方面的资源，提供创新创业项目所需的技术支持、市场信息、人才培养等方面的服务。通过资源的共享和协同，提高创新创业项目的成功率和市场竞争力，为创新创业项目提供更广阔的合作机会。

5. 创新创业教育体系的升级

进一步完善和优化人才培养机制。注重培养学生的创新思维、创业能力和团队合作精神，提供多样化的培养路径和课程设置，培养具有创新创业意识和能力的高层次人才。高校创新创业教育体系将进行升级和优化，课程设置将更加多样化和个性化，满足学生对不同领域的兴趣需求。同时，加强实践教学环节，鼓励学生参与真实的创业项目，并提供相应的支持和指导。

6. 创新创业文化的深入发展

在加速阶段，创新创业文化在高校中得到更深入的发展。学校将创新创业视为一种核心价值观，并将其融入学校的教育理念和文化建设中。创新创业的成功案例和榜样成为学生们追求的目标，学校鼓励学生创新思维、创造力和创业精神的培养，通过组织丰富多样的创新创业活动，如创业讲座、创业沙龙、创业社团、创客活动、创业比赛等，激发学生的创新创业热情；通过宣传报道成功的创新创业案例，塑造创业榜样，创新创业活动在校园中得到广泛的认可和支持，形成了积极向上的创新创业氛围。

7. 创新创业生态系统的国际化合作

在加速阶段，高校创新创业教育生态系统开始与国际合作伙伴建立联系，进行国际化合作。学校与国外的大学、孵化器、投资机构等建立合作关系，促进国际创新创业项目的交流和合作。这种国际化合作不仅拓展了创新创业生态系统的视野和资源，也为学生提供了更广阔的国际化创新创业机会。

8. 创新创业成果的社会影响力

在加速阶段，高校创新创业教育生态系统中涌现出一批具有较高社会影响力的创新创业项目。这些项目在解决社会问题、推动产业升级、提升人民生活质量等方面发挥着重要作用。创新创业生态系统通过支持这些具有社会影响力的项目，进一步推动创新创业教育的发展和社会进步。

9. 创新创业导师团队的培养

建立和培养一支优秀的创新创业导师团队，他们具备丰富的实践经验和专业知识，在指导学生创新创业过程中起到重要的支持和引导作用。通过培训、经验分享和合作交流，提高导师的专业水平和教育能力，为学生提供更好的创新创业指导和支持。

10. 创新创业教育与产业对接的深化

加强高校创新创业教育与产业的深度对接，推动创新创业项目与实际产业的结合。与企业建立长期稳定的合作关系，提供实践基地和创业实习机会，让学生能够深入了解产业发展的需求和趋势，培养创新创业的实践能力和市场适应能力。

11. 创新创业教育评估与质量保障

在加速阶段需要建立有效的创新创业教育评估与质量保障机制。通过建立评估指标体系、开展评估工作，对创新创业教育的效果和质量进行监测与评价。同时，根据评估结果不断改进和优化教育模式、教学内容与方法，提升创新创业教育的实效性和可持续发展能力。

加速阶段标志着创新创业生态系统的快速发展，系统逐渐形成了自我驱动和可持续发展的机制。创新创业项目的成功转化和商业化为系统带来更多的资源与回报，吸引更多的创新创业者参与其中。同时，系统内部的各个组成部分相互支持和促进，形成了一个良性循环的生态系统。在加速阶段，高校创新创业教育生态系统开始呈现多元化和综合性的特点。除了传统的科技创新创业项目外，还涌现出社会创新、文化创意、艺术创业等不同领域的项目。系统不仅关注商业化和经济效益，也注重社会价值和文化影响力的创造，注重与国际合作伙伴的合作，通过与国外大学、研究机构和企业的合作，共享资源、经验和市场，推动创新创业项目的国际化发展。这种国际合作不仅拓宽了创新创业的视野，还为创业者提供了更广阔的国际市场和合作机会。加速阶段的高校创新创业教育生态系统得到了更广泛的社会支持和认可，政府、企业、投资机构等各方对创新创业教育的重视程度增加，提供更多的政策支持和投资机会。同时，创新创业成功案例的积累也增加了社会对创新创业教育的认可度。

（四）生态系统整合阶段

2018 年，《国务院关于推动创新创业高质量发展打造"双创"升级版的意见》提出大力促进创新创业平台服务升级、进一步完善创新创业金融服务、加快构筑创新创业发展高地、切实打通政策落实"最后一公里"等八条具体举措，政策体系较为全面[①]。2020 年，《国务院办公厅关于提升大众创业万众创新示范基地带动作用 进一步促改革稳就业强动能的实施意见》指出，聚焦持续增强经济发展新动能，强化政策协同，以新动能支撑保就业

---

① 关于推动创新创业高质量发展打造"双创"升级版的意见 [EB/OL]. (2018 - 09 - 26) [2023 - 06 - 03]. https://www.gov.cn/zhengce/content/2018 - 09/26/content_5325472.htm.

保市场主体，尤其是支持高校毕业生、返乡农民工等重点群体创业就业，努力把双创示范基地打造成为创业就业的重要载体、精益创业的集聚平台①。

2021 年，《国务院办公厅关于进一步支持大学生创新创业的指导意见》提出，提升大学生创新创业能力、优化大学生创新创业环境、加强大学生创新创业服务平台建设、推动落实大学生创新创业财税扶持政策、加强对大学生创新创业的金融政策支持、促进大学生创新创业成果转化、办好中国国际"互联网＋"大学生创新创业大赛、加强大学生创新创业信息服务②。2022 年，国家出台了新的组合式税费支持政策，国家税务总局围绕创新创业的主要环节和关键领域进一步梳理归并成 120 项税费优惠政策措施，覆盖企业整个生命周期。2023 年，国家实施了创新驱动发展战略，加强科技创新体系建设，支持科技成果转化和产业化。

随着时间的推移，学校与外部参与者的合作更加紧密，形成了一个相互依存、互惠共赢的创新创业生态系统。学校在生态系统中扮演着连接各方的角色，促进资源共享、跨界合作和创新交流。此阶段学校也会注重创新创业文化的培育和创业精神的传承，鼓励学生敢于创新、勇于创业。在整合阶段，高校创新创业教育生态系统逐渐形成一个协同、互补和可持续发展的整体。

高校创新创业教育生态系统通过整合内外部教育资源，优化资源配置，形成了多层次、多元化的教育体系。高校与科研机构、企业、创业服务机构等建立紧密合作关系，共享师资、课程、实验室等资源，提供更丰富、多样化的创新创业教育内容和培训项目。生态系统注重跨学科和跨领域的融合。通过打破学科壁垒，促进不同学科之间的交流与合作，培养学生的综合能力和创新思维。同时，将创新创业与科技、工程、人文社科等领域相结合，探索创新创业的新模式和新路径。此阶段要注重创新创业导师与企业家的角色转变，导师不仅是知识传授者和指导者，更成为创新创业项目的合作者和合伙人，与学生共同承担创新创业项目的风险和责任。

---

① 你一定要知道的创新创业教育政策（1998～2021 年）［EB/OL］.（2023－06－01）［2023－08－08］. http：//jy. 56edu. com/detail/news?id＝568641&type_id＝1053.

② 国务院办公厅关于进一步支持大学生创新创业的指导意见［EB/OL］.（2021－10－12）［2023－06－01］. http：//www. moe. gov. cn.

企业家不仅关注自身企业的发展，还积极参与创新创业教育，提供切实的支持和资源，促进学生创新创业能力的培养和实践。

注重创新创业实践的深入推进。通过创新创业实践课程、实验室、孵化器等平台，提供学生参与真实项目的机会，让他们亲身经历创新创业的全过程。学生通过实践项目，锻炼团队合作能力、解决问题的能力和创新思维，增强实际操作的能力和经验。注重培育和传承创新创业文化。学校通过组织创新创业活动、举办创新创业大赛、搭建创业交流平台等方式，营造积极向上、鼓励创新创业的文化氛围。同时，将成功的创业案例和经验传递给学生，激发他们的创新创业热情，并促进学生之间的创业文化传承。

整合阶段需要进一步完善创新创业政策和支持措施。政府部门与高校、科研机构、企业等各方合作，共同制定创新创业政策，提供资金支持、税收优惠、知识产权保护等方面的政策支持，为创新创业项目提供良好的发展环境。高校创新创业教育生态系统通过跨地域的合作与交流，进一步扩大创新创业的影响力和资源范围。学校与国内外其他高校、科研机构、企业等建立合作伙伴关系，开展跨地域的项目合作和交流活动，吸引国际学生和国际创业项目参与，推动创新创业教育的国际化发展。

总体而言，整合阶段的高校创新创业教育生态系统具有教育资源的整合与优化、跨学科与跨领域的融合、创新创业导师与企业家的角色转变、创新创业实践的深入推进、创新创业文化的培育与传承、创新创业政策与支持措施的完善，以及跨地域合作与国际化交流等特点。这些特点的综合发展将进一步推动高校创新创业教育生态系统的成熟和蓬勃发展。

第二节　创新创业教育生态系统的理论基础

一、生态系统理论

（一）核心观点

生态系统理论是生态学的核心理论之一，1979 年由美国生态心理学家

U. 布朗芬布伦纳（U. Bronfenbrenner）最早提出①。他研究和描述了生物体之间以及与其非生物环境之间的相互作用与关系。生态系统理论旨在理解和解释生物体在特定环境中的组织结构、功能及动态变化。生态系统有两个基本组成部分：生物群落和非生物环境。生物群落指的是特定区域内所有不同物种的生物体的集合，而非生物环境包括土壤、水、气候等因素。生物群落与非生物环境之间存在着密切的相互作用和相互依赖关系。

　　生态系统理论的核心观点之一是生物多样性的重要性。生物多样性是指生态系统中不同物种的数量和多样性，更高的生物多样性通常意味着生态系统能够更好地应对环境变化，并提供更多的生态服务，如食物供应、水循环、土壤保持等。生态系统理论还强调了物质和能量在生态系统中的流动与循环。生态系统中的物质循环包括生物体生长和死亡过程中的有机物与无机物的转化，如养分循环和有机物降解。能量流动是指能量从一个生物体到另一个生物体的转移过程，通常以食物链或食物网的形式呈现。生态系统理论还考虑了生态系统的层级结构和组织。生态系统可以被分为生物群落、生态位、种群、个体等不同层级，每个层级都在不同程度上影响着生态系统的结构和功能。生态系统的组织也受到环境梯度和空间尺度的影响，从小尺度的微观生态系统到大尺度的宏观生态系统都是研究的对象。其他学者认为，布朗过多强调环境的作用，而鲜少关注生物因素。在此基础上，环境的内涵也被赋予了更广的定义，不仅是自然环境，也包含人文环境和社会环境等。

（二）生态系统的原理

1. 生态系统的循环和演替原理

　　生态系统的循环和演替原理是生态学中的两个重要概念，用于描述和解释生态系统中生物群落的变化与演替过程。生态系统循环原理指的是生态系统中能量、物质和信息的循环流动。在一个生态系统中，能量通过光合作用被转化为化学能，进而通过食物链的传递流动到不同层次的生物体中。物质也在生态系统中循环利用，例如，有机物通过分解作用被分解成

---

① 范国睿. 教育生态学［M］. 北京：人民教育出版社，2000：30.

无机物，再被植物吸收和利用。同时，信息也在生态系统中传递和交流，例如，生物之间的相互作用和信息传递。生态系统循环原理强调了生态系统内部各要素之间的相互关系和相互作用，维持了生态系统的稳定和持续发展。

生态系统演替原理描述了生态系统中生物群落的演替过程。生态系统演替是指由于环境因素的变化，生物群落经历一系列连续的变化和演替。典型的生态系统演替过程包括先锋物种的出现，逐渐向中间演替群落转变，最终稳定为顶极群落。生态系统演替过程中，不同物种的竞争、适应和相互作用导致了群落结构与组成的变化。较初期的物种通常是快速生长和繁殖的物种，而较后期的物种则更能适应较为稳定和复杂的生态环境。生态系统演替原理强调了生态系统中物种之间的相互作用和竞争，以及生态系统的动态变化和发展。

生态系统的循环和演替原理相互作用，共同影响着生态系统的结构和功能。生态系统循环保证了能量、物质和信息的平衡与流动，维持了生态系统的稳定性。而生态系统演替则是生态系统对环境变化的响应和适应，通过物种之间的竞争和相互作用，使生态系统能够适应新的环境条件。两者共同作用，推动着生态系统的动态变化和发展。生态系统中的两个重要概念是生态位和生态链，它们有助于理解生物在生态系统中的相互关系和能量流动。

2. 生态系统的生态位和生态链原理

生态系统的生态位是指一个物种在生态系统中所占据的特定角色和职责。它包括物种在资源利用、生境利用和与其他物种的相互关系等方面的特征。每个物种都有自己独特的生态位，通过其适应和特化，物种能够有效地利用资源与其他物种共存。生态位的概念强调了物种之间的相互依赖和分工，有助于维持生态系统的稳定性和多样性。

生态链是描述生物之间能量和物质传递关系的概念，是物种之间通过食物链或食物网相互连接的关系。生态链中的每个层次都有不同的生物消费和被消费关系，能量和物质通过食物链层层传递。食物链中通常包括生产者（植物）、消费者（动物）和分解者（分解有机物的微生物）等不同层次。生态链的存在使能量在生态系统中流动，并维持了生物之间的相互联系。

生态位和生态链是相互关联的概念，它们共同构成了生态系统中生物群落的结构和功能。每个物种在生态位中扮演着特定的角色、承担者特定的职责，通过其资源利用和相互关系的特征，参与到生态链中的能量和物质传递中。生态链的存在使生物群落形成了复杂的食物关系网络，维持了生态系统中能量流动和物质循环的平衡。生态位和生态链的研究有助于理解物种之间的相互依赖和相互作用，以及生态系统中能量流动和稳定性的维持。

3. 生态系统的限制性和适度性原理

生态系统的限制性和适度性原理是生态学中的两个重要概念，用于描述生态系统中物种分布和相互作用的规律。限制性原理指的是物种在生态系统中的分布受到环境条件和生物因素的限制。每个物种都有其特定的生态适应性，包括对温度、湿度、光照、土壤类型等环境因素的适应能力。物种在生态系统中分布的范围和数量受到这些环境条件的限制。例如，某些物种可能只在特定的气候区域或特定类型的生境中存活和繁殖，而在其他环境条件下则无法生存。限制性原理强调了环境对物种分布的制约作用，帮助我们理解为什么某些物种在特定地理区域或生态条件下更为丰富和多样。

适度性原理指的是生态系统中物种相互作用的适度和平衡。在一个健康的生态系统中，物种之间的相互作用应该是适度的，既不过于激烈也不过于弱化。适度性原理认为，物种之间适度的竞争、捕食、共生等相互作用有助于维持生态系统的稳定和多样性。过强的竞争或掠食可能导致物种灭绝或物种数量过度增加，而过弱的相互作用可能导致生态系统中某些物种过度繁殖或过度消耗资源。适度性原理强调了生物相互作用的平衡和调节作用，有助于保持生态系统的稳定性和可持续发展。

限制性原理和适度性原理相互关联，共同影响着生态系统的结构和功能。限制性原理决定了物种分布的范围和数量，指导了物种在特定环境条件下的适应和生存。而适度性原理则关注物种之间的相互作用，确保相互作用的适度和平衡，维持生态系统的稳定性。两个原理共同构成了生态系统中物种分布和相互作用的基础规律，对于理解和保护生态系统具有重要意义。

二、教育生态理论

（一）核心观点

教育生态理论是一种关注教育环境和教育系统中各要素相互作用与影响的理论框架。它强调了教育不仅是学校教育的事务，更是一个涉及多个层面和参与者的复杂系统。教育生态理论认为，教育不仅受到学校、教师和学生等内部要素的影响，还受到家庭、社区、政府、社会文化和经济等外部要素的影响，这些要素相互作用形成了一个动态的教育生态系统。

教育生态理论的核心观点包括：（1）多层次互动。教育是一个多层次的系统，包括个体、家庭、学校、社区、社会等多个层面。这些层面之间存在着相互作用和相互影响的关系，彼此互动共同构成了教育生态系统。（2）多元参与者。教育涉及多个参与者，不仅是学生和教师，还包括家庭成员、高校管理人员、政府官员、社区组织、产业界等。这些参与者在教育生态系统中扮演不同的角色、承担不同的职责，相互作用和合作，共同促进教育的发展。（3）环境适应与转化。教育是与环境相互适应和相互转化的过程。教育环境包括物质环境、社会文化环境和制度环境等，它们对教育过程和结果产生着重要影响。同时，教育也能够通过教育实践和创新转变环境，推动社会变革和发展。（4）动态变化与复杂性。教育生态系统受到各种因素和变量的影响，包括社会经济状况、文化价值观念、科技创新等，其各要素相互关联、相互影响，随着时间和环境的变化而不断演化。教育生态理论的应用有助于我们深入理解教育现象和问题的多重维度，促进教育改革和发展，提醒我们要超越狭隘的教育观念，关注教育与社会、文化、经济等各个领域之间的相互作用和影响，从而更全面地思考和推动教育的发展。

综上所述，教育生态理论提供了一种系统性的视角，帮助我们全面认识和理解教育的复杂性。它为教育改革和发展提供了新的思路与方法，有助于构建更加健康、有效和可持续的教育体系。该理论体现了以下几种思维：一是整体性思维，将教育看作一个综合的系统，在制定教育政策和设计教育方案时，需要考虑各个层面和参与者之间的相互关系，避免片面追求某一层面的利益而忽略整体效益。二是多元化思维，教育生态理论鼓励多元化的参与者在教育中发挥作用。政府、学校、家庭、社区等各方应加强合作与互动，形成共同肩负教育责任的局面。同时，还应鼓励社会组织、企业等外部参与者积极参与教育，为学生提供更广泛的学习机会和资源支持。三是耦合思维，教育生态理论强调教育与环境的相互适应和转化，教育政策和实践应根据社会、文化、经济等环境变化，及时调整教育目标、内容和方法，使教育更符合时代需求和学生发展的实际情况。四是可持续思维，教育生态理论关注教育系统的可持续发展。教育政策和实践应注重长远规划与综合性评估，平衡各个层面的利益与需求，促进教育的持续改进。

（二）教育生态系统

教育生态系统是社会生态系统中的一部分，是相对独立的子系统，教育生态系统结构功能升级影响其发生与发展，影响生态系统处理周边环境的能力，它由于社会生态系统进行物质和能量的交换，与环境作用明显。教育生态系统理论往往有环境论、结构论、功能论、原理论几个观点。教育系统的生态环境包括自然环境、社会环境和价值环境，对教育产生作用机制；其结构是教育内部的各要素根据目标、自身特征，确定在一定时间、空间内的位置，并互相影响和作用，无论是宏观上的区域布局结构、目标结构，中观上的教师结构、课程结构、生源结构，还是微观上的学科结构、教学结构等都发挥特定功效；基于教育生态系统结构的功能正趋向于多元化，政治取向、经济发展、科技服务、文化宣传等功能不断演化升级。

三、三螺旋理论

（一）三螺旋模型

德国生物学家和哲学家弗里茨·贝尔齐斯（Fritz Albert Popp）提出的三螺旋模型（three - helix model）是一种描述生命和生物系统的理论模型。三螺旋理论认为生命体系包含三个相互作用的螺旋层次，分别是物质层、生物层和意识层。该理论强调了这三个层次间的相互作用和综合性。物质层提供了生命体系的物质基础和能量转换过程，生物层描述了生物体的结构和功能，而意识层探讨了主体的主观体验和意义。这三个层次相互交织、相互作用，并共同构成了整个生命体系。

　　由生物学中的三螺旋模型衍生至创新创业生态系统中的三螺旋理论，其假设是来自埃茨科瓦茨（Etzkowitz，2002）和莱斯德斯多夫（Leysdes-dorff，2013）的思想交叉融合的结果，这些思想描述了创业生态系统中关键参与者之间存在的复杂关系网络。周等（Zhou et al.，2014）对其描述如下："三螺旋模型被认为是一种螺旋式的创新模式，反映了活动的复杂性以及在科学/技术领域知识资本化过程的不同阶段发生的多重互惠关系。"[①]创业领域的三重螺旋涉及创新生态系统中的三个关键参与者——大学、产业界和政府的互动。三重螺旋中的经济、科学、政治三个功能互动/交流，体现科学新颖性生产和政治控制间的相互作用。三螺旋模型中大学、产业界和政府这三者关系可能是结构性的，不同结构的关系可能有所不同，产业界是生产点，而政府为合同约定确保了稳定的法律保障和制度空间，大学是知识的宝库。大学通过其在孵化器与加速器项目中的研究和创新活动，在创建初创企业方面发挥着重要作用。三重螺旋阐明了创新系统在涉及创新利益相关者的创业过程中的合理架构。

　　世界各国都理解并接受了大学—企业/产业—政府之间的合作战略，三个主要利益相关者为了国家发展利益进行合作，因此，经济增长和人民社会福祉的改善已被视为国家的关键战略和竞争资产。多个行动者需要以协调的方式合作，"真正促进或激励这些生态系统的重要力量"，形成合作的三角关系或三重螺旋的众多因素，包括社会、经济、技术、制度、政策、文化、学术和心理因素等。

　　高校是创新创业生态系统可持续发展的关键参与者，也是对创业活动有用的技术开发来源。因此，大学在创新创业生态系统的演变和发展中发挥着关键作用。埃茨科瓦茨（Etzkowitz，2013）指出，向创业型大

---

① Zhou J., Hoever I. J. Research on workplace creativity: A review and redirection [J]. Annual Review of Organizational Psychology and Organizational Behavior, 2014, 1 (1): 333 - 359.

学的转型是为了应对知识经济快速变化的需求，这种需求超越了大学的传统角色（教学和研究），纳入了第三个任务（创业）①。产业界、政府和大学除了履行自己的传统职能外，还承担其他两方面的一些功能，三者之间的密切合作促进了知识转移、刺激新知识和技术生产的三重螺旋②。三重螺旋能够研究产业、政府和大学之间的相互关系，作为衡量创新创业生态系统发展水平的关键指标。关系越密切，创业生态系统就越发达，反之则相反。

尼曼（Nyman，2015）认为，三重螺旋理论提供了一个方法学分析框架，展示了大学、行业和政府之间的互动，它们以协调的方式合作以刺激创新。该框架表明，制度层是发展中系统的保留机制，而大学在与其他利益相关者合作方面发挥着更大作用。它需要高度的互动和协调，并成为这种知识密集型转变的焦点，从而成为引入或创建新产品和新公司的基础。三重螺旋系统提供了创新参与者、参与者间关系以及系统内知识流动的清晰视图③。玛利亚·约瑟等（María José et al.，2020）指出，大学、产业和政府三个参与者间的关系是相互依存、相互制约的，构成有机单元④。

萨佩顿等（Sarpong et al.，2017）指出，三重螺旋模型可分为三种不同的类型：静态模型、自由放任模型和交互/混合模型⑤，如图 3 - 1 所示。在静态模式中，政府规划、控制和指导大学与产业之间的互动，以寻求创新。大学的职责是教授知识和进行学术研究，而产业则被视为引领创新。由于大学的角色定位，这种模式中的知识转移非常有限；教学和学术研究

① Etzkowitz H. Anatomy of the Entrepreneurial University ［J］. Social Science Information Sur Les Sciences Sociales，2013，52（3）：486 - 511.

② Etzkowitz H.，Leydesdorff L. The Dynamics of Innovation - from National Systems and "Mode 2" to A Triple Helix of University - Industry - Government Relations ［J］. Research Policy，2000a（29）：109 - 123.

③ Nyman G. University - Business - Government Collaboration：From Institutes to Platforms and Ecosystems ［J］. Triple Helix，2015，2（1）：1 - 20.

④ María José B.，Ana G. O.，Jessica P. C.，Arantza A. Developing the Entrepreneurial University：Factors of Influence ［J］. Sustainability（Basel，Switzerland），2020，12（3）：842.

⑤ Sarpong D.，Abdrazak A.，Alexander E.，Meissner D. Organizing Practices of University，Industry and Government that Facilitate（or Impede）the Transition to A Hybrid Triple Helix Model of Innovation ［J］. Technological Forecasting & Social Change，2017，123（C）：142 - 152.

抑制了满足行业需求方面的知识开发，而大学没有或缺乏与行业合作将其学术研究商业化的动机。这些特征体现了创业生态系统发展的早期阶段的特点① (Mack & Mayer, 2016)。政府在驾驭创新方面的作用主要是解决市场失灵问题，大学坚持其传统的教学和学术研究作用。即使在同一行业的公司间也缺乏协同关系，而且只通过同一市场联系在一起，这进一步阻碍了知识共享和技术转让。为了让大学增加与外部利益相关者互动，政府不断建立技术转让机构、工业联络机构，富有成效的创新创业生态系统通过提供可获得资金、政府支持和政策、基于政府的创业项目和创业教育，提高民众创业成功率。同时改善了区域基础设施、与改革开放相关的市场，修订了创业准入法规和知识产权保护法规等。

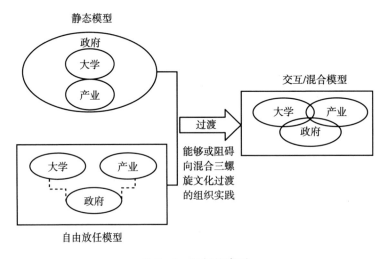

图 3 - 1   三螺旋类型

互动/混合模式建立在产业、政府和大学间的相互合作关系和联系上，创新是这种互动的结果。每个机构都保持着自己的特点，同时承担着其他机构的一些角色。在这个体系中，每个利益相关者都要发挥独特的作用，政府出台鼓励和促进创业活动的政策，大学通过创业教育对学生进行知识能力建设。创新创业生态系统的成功取决于三个组成部分之间的相互作

① Mack E., Mayer H. The Evolutionary Dynamics of Entrepreneurial Ecosystems [J]. Urban Studies, 2016, 53 (10): 2118 - 2133.

用，因为它们影响创业机会的创造、发现和利用（Alvedalen & Boschma，2017）[1]。

互动三重螺旋模型，大学—产业—政府合作实体需要了解重要力量，如经济、技术、社会、政策、学术、文化和心理等相关知识。反过来，这些重要力量又推动了生态系统的出现，并存于底层平台上[2]。三螺旋理论认为，高校发挥学术核心、知识创新与技术转化三大功能；企业既是区域创新的直接受益者，也是创新成果的需求者；政府是区域产学研创新的发动者和支持者，承担政策制定、资金资助和资源配置的职责。政企校三方主体功能也有重叠之处，即企业可以为创新发展提供资金资助，高校可以为政府创新战略提供咨询建议，政府制定创新驱动政策，帮助企业实现创新创造价值。这三个实体间的关系需要在机构层面建立强有力和多样化的联系，且各机构间互利和自我维持，为了建立一个健康和可持续的生态系统，必须涵盖产业和政府，它们的共同目标是创建成功的创业型企业（Wadee & Padayachee，2017）[3]。

（二）三螺旋理论及创业方盒理论

三螺旋理论强调政府、产业和大学的三位一体协同创新，并构建内在的协同创新机制，包括创新主体的自反机制、创新组织的集成性机制和创新过程的非线性机制。

一是自反机制。在互动三螺旋模型中，大学、政府、产业作为创新主体，具有选择配置的特点，其组织边界具有"开放性"、组织功能体现"弹性化"，能根据创新环境变化和阶段性需求，适时拓展自身边界、调整自身功能，共同推进系统协同创新。三螺旋模型中的所有主体均有"自反性"，它们循环不断地根据机会并受到制度上的约束去调整自己的位置。

① Alvedalen J., Boschma R. A Critical Review of Entrepreneurial Ecosystems Research: Towards A Future Research Agenda [J]. European Planning Studies, 2017, 25 (6): 887 – 903.

② Nyman G. University – Business – Government Collaboration: From Institutes to Platforms and Ecosystems [J]. Triple Helix, 2015, 2 (1): 1 – 20.

③ Wadee A. A., Padayachee A. Higher Education: Catalysts for the Development of An Entrepreneurial Ecosystem, or Are We the Weakest Link? [J]. Science, Technology and Society, 2017, 22 (2): 284 – 309.

在三螺旋结构中，一根螺旋线可以代替另一根成为主驱动力，而原起核心螺旋线作用的那个机构就变成了支撑机构，大学、产业和政府都可成为创新的领导性机构，三者相互作用，实现动态平衡。

二是集成性机制。科学组织是知识创新活动得以开展的载体。科学知识自身结构的变化也会使科学组织结构产生变化，协同演化关系普遍存在。不同于传统的线性知识创新模型，三螺旋模型强调创新的过程中公共部门、市场以及学术层面中组织设置的多元重叠关系，从而体现组织结构集成性的特征，即图3－1中显示的大学、产业和政府三方相互交叉，在其重叠部分产生混合组织，包括大学科技园、技术转移办公室、衍生公司、联合研究中心、风险投资公司、孵化器和加速器等。

三是非线性机制。三螺旋理论视创新为主要参与者内部和之间互动的一系列复杂与非线性的结果，大学、产业和政府通过角色的动态调整、资源和创新过程中各环节功能要素有效组合，实现基础研究、应用研究和技术创新的整合。

美国考夫曼基金会主席卡尔·J. 施拉姆（Carl J. Schramm）的著作《创业力——美国的经济奇迹如何改变世界，改变你的生活》中给出了创业方盒理论模型（如图3－2所示），指导创新创业教育生态系统的构建。该理论是基于大学—产业—政府为主体互动合作构成的协同创新三螺旋体，是从协同创新活动延伸至创新创业活动，将产业部门划分为起步阶段的创业型企业和地位稳固的大型企业两个部分，认为创业型企业、传统企业、高等院校和政府部门这四大机构构成创新创业生态系统，它们互动合作，成就合作伙伴体系，既为各自目标努力，又携手共建创业型社会，成为社会经济发展和创新创业活跃度的推动力①。该理论肯定了大学担负着知识创新和转移的任务，其技术转让活动对起步期的创业型企业尤为重要，大学直接衍生初创企业，并打造知识空间和创新空间，是创新创业生态系统构建和完善的关键。

---

① 卡尔·施拉姆. 创业力——美国的经济奇迹如何改变世界，改变你的生活［M］. 王莉，李英，译. 上海：上海交通大学出版社，2007：16.

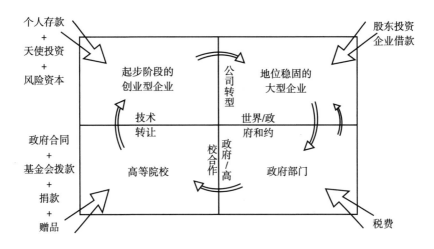

图 3 - 2　创业方盒生态系统

资料来源：陈静. 高校主导型创业教育生态系统构建研究 [D]. 长春：东北师范大学，2017.

四、协同理论

协同（synergetics）理论亦称协同学或协和学，是由德国物理学家赫尔曼·哈肯（Hermann Haken）在 20 世纪 60 年代提出的一种系统科学理论，用于研究和描述复杂系统中的协同现象与自组织行为。协同理论探索了系统中各个部分之间的相互作用和协同效应，以及如何通过这种协同作用产生新的整体性质和模式。

协同理论内涵：（1）协同效应。一个开放复杂的大系统中包含众多个性迥异的子系统，这些子系统既存在相对独立的运动，又存在具有某种关联的协同运动，对整个系统产生合力作用，促进系统从无序到有序，形成协同效应。协同效应可以产生新的合作结构、模式和功能，超出了单个组成部分的能力和行为。这种协同效应可以是正反馈的增强作用，也可以是负反馈的调节作用。（2）伺服支配原理。在系统内各个子系统由无序到有序的过程中，接近临界点会出现其他变量由序变量支配的情况，这一开始是由多个势均力敌的序参量共同控制系统，然而随着环境等外部控制变量的影响，原本合作的序参量重新竞争，直至某一序参量决定整个系统①。
(3) 自组织原理。在复杂系统中，通过局部的相互作用和调整，系统可以产生全局的有序结构和行为。涨落是对系统稳定平衡状态的一种偏离，可以引发系统崩溃，也可以推动系统持续发展，进入新状态②。此时，系统的控制变量仍是量的变化，出现新状态是由于系统内部受外界条件影响而自组织形成。自组织的关键在于系统内部的正反馈和负反馈机制，使得系统能够自发地调整和重组，以适应外部环境的变化。

协同理论的应用广泛涉及自然科学、社会科学和工程技术等领域。在社会科学中，协同理论可用于研究社会组织、网络和集体行为中的协同效应及自组织现象。它揭示了系统中各个部分之间的相互作用和协同作用的重要性，以及通过协同作用，系统可以呈现新的整体性质和模式的特点。协同理论提供了一种系统性的方法来理解和描述复杂系统的行为和演化，以及如何优化和控制这些系统。

高校创新创业教育系统受国际趋势、国家和区域相关政策、学生需求以及社会导向等方面的影响，辨识到协同机会，选择关键要素，尤其是与企业、行业的合作，进行产教融合，以及实施层面的深度专创融合，主导序参量协同增效，基于非线性作用，要素间耦合关联，系统有序高效，形成自组织协同结构。专创融合的协同模式对大学生创新创业能力的关键维度（见图 3 - 3），包括机会识别与发展能力、资源整合能力、专业创新能力、管理决策能力等要素具有重要影响。

如图 3 - 3 所示，深度的融合体现在知识、技能、经验和思想各个层面，专业教育与创新创业教育要素间的耦合体现在从各自发展到有序组织控制，专业教育在理论知识、实训技能等方面具有明显优势，它能为创新创业教育提供专业支持，而创新创业教育长于实践——认识这一循序渐进的过程，其跨学科性的特征将系统推向新的涨落，使专业知识面、经验、思想得到持续发展和升华。

---

① 赫尔曼·哈肯. 协同学——大自然构成的奥秘 [M]. 凌复华, 译. 上海：上海译文出版社, 2013：5 - 6.
② 朱飞. 协同学视阈下的高校多元协同创业教育研究 [J]. 高等工程教育研究, 2016 (5)：39 - 43.

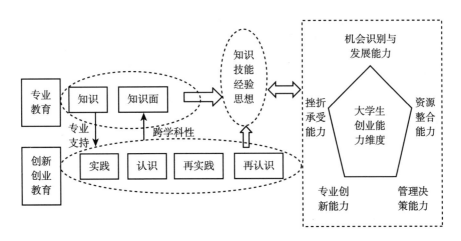

图3-3 专创融合教育模式对大学生创新创业能力影响机制

由协同理论可衍生出对价值共创理论（value co-creation theory）的思考，后者发展演化为两个不同分支，即普拉沙德和拉马斯瓦米（Prahalad & Ramaswamy）的消费者体验视角、瓦戈和勒斯克（Vargo & Lusch）的服务主导逻辑视角[①]。后者拓宽维度至服务科学、服务生态系统，从二元关系到多个参与者之间的网络关系[②]。在此基础上服务生态系统是参与者与参与者合作，是一个由资源整合者基于共享制度和服务交换创造的相互价值而形成的可自我调节且相对独立的系统[③]。价值共创，创造的不仅是交换价值、使用价值，还包括体验价值、情境价值（社会和文化两个方面）等[④]。以价值共创视角审视师生共创教育超越了生产性，还具有服务性，是主客体关系与主体间关系的总和[⑤]，体现了社会性和交往性，进而产生相应价值。共创价值以知识为内核，通过主体间互动合作产出绩效，涵盖

---

① 武文珍，陈启杰. 价值共创理论形成路径探析与未来研究展望 [J]. 外国经济与管理，2012（6）：66-73.

② 简兆权，令狐克睿，李雷. 价值共创研究的演进与展望——从"顾客体验"到"服务生态系统"视角 [J]. 外国经济与管理，2016（9）：3-20.

③ Akaka M A, Vargo S L. Extending the Context of Service: From Encounters to Ecosystems [J]. Services Marketing, 2015, 29（6）：453-462.

④ 傅蕾，蔡金芳. 开放大学办学系统发展策略再思考——基于价值共创理论视角 [J]. 职业技术教育，2018（16）：47-52.

⑤ 刘旭. 价值是主客体关系与主体间关系的总和——基于马克思主义价值哲学视野中的劳动二重性 [J]. 湖北社会科学，2017（5）：17-23.

知识创造、集聚、传播、转移和新知识孕育形成等多类别①。

由此，价值共创理论的核心体现在以下几点：一是和协同理论相似具有协同效应，一个复杂活动中多个主体既有各自独立创造价值的机会，又能通过内外部联系结合成有机整体，协同创造价值，是从孤立到合作的过程；二是基于信息交换和共享原则，活动各个主体在组织运行过程中发挥功能互补优势，追求整体利益的最优化和最大化；三是价值共创理论的实践是遵循环境发展规律的，并满足其需求，从而产生最高创造价值②。

五、学术资本主义理论

德国社会学家马克斯·韦伯最早提出"学术资本主义（academic capitalism）"一词，斯劳特和莱斯利（Slaughter & Leslie，1997）首次将"学术资本主义"一词用于高等教育领域，他们研究美国、加拿大、澳大利亚和英国的高等教育机构自 20 世纪 70 年代以来如何以类似市场的行为进入市场竞争，从而获得外部收入③。在此基础上斯劳特和罗兹（Slaughter & Rhoades，2004）关于学术资本主义的研究范围扩大到包括技术转让、教学商业化、教材开发、机构知识商品化和商业整合等领域。此外，他们认识到"财政危机与学费上涨相结合，创造了一种强调新收入重要性的氛围"④。他们开发的理论框架有助于阐述大学如何进行组织变革，通过学术资本主义的影响来应对日益增加的市场压力。为了应对国家不断减少的资金支持，公立高等教育机构现在参与了各种学术产品的开发、营销和商业销售，以此来创造主要收入来源。他们将这些发展视为"学术资本主义知识/学习/消费制度"的兴起。他们将这一制度定义为：国家层面直接修订

---

① 谢为群，皇甫洋，等. 价值共创视角下的高校协同创新绩效影响因素 [J]. 中国高校科技，2020（4）：22-26.

② 刘华，张颖露. 价值共创视角下中国动漫产业政策优化研究组织 [J]. 北京社会科学，2015（3）：82-88.

③ ［美］希拉·斯劳特，拉里·莱斯利. 学术资本主义：政治、政策和创业型大学 [M]. 梁骁，黎丽，译. 北京：北京大学出版社，2008：8-9.

④ Slaughter S., Rhoades G. Academic Capitalism and the New Economy: Markets, State, and Higher Education [M]. Baltimore: Johns Hopkins University Press, 2004: 12.

和制定政策，使这些活动成为可能；支持此类活动的机构模糊了营利和非营利部门之间的界限；学院实践的基本变化——在政策谈判、战略和学术决策中，优先考虑潜在的创收，而非不受限制地扩大知识[1]。

罗兹（Rhoades，2005）认为，学术资本主义的目的是为高等教育和整个社会的利益服务，由市场支配创造利润。大学和市场之间变得更具渗透性，教育机构在知识市场上的行为更像是追求利润的机构[2]。克雷曼（Kleinman，2010）将学术资本主义定义为"一种追求盈利的意识形态。在追求市场焦点和与政府、企业和产业合作过程中，高等教育的利润驱动举措……以及将资源从停滞的活动转向更具生产力和效率的活动"。他认为高校潜在的创收活动有为企业提供技术服务（版权收入和申请专利等）、创建衍生公司、与行业人员交流、合同培训、远程教育等[3]，这些"市场化行为"是大学直接的商业盈利活动，而类似市场化的行为是指院校或教师为获得外部资金开展的活动，包括与产业/合资企业搭建合作伙伴关系、接受外来拨款、签订项目合作合同等[4]。

资本可分为经济资本、文化资本和社会资本三种形态。学术资本主义理论将高校教师、行政管理人员和大学生这些人力资本都认定为有价值的资本，通过资本的概念刻画大学内部的变革，即市场行为下将学术转化为资本的过程。学术资本主义是一个描述现代学术界与商业化之间相互作用的理论，它指的是商业和市场力量对学术研究与知识生产的影响，以及学术机构和学者在获取资源和影响力方面面临的市场竞争压力。在学术资本主义的背景下，学术研究和知识产出逐渐成为一种被商业化和市场化的商品。这意味着学者和学术机构需要寻求外部资金来源，如企业赞助、合作研究项目或专利授权等，以支持他们的研究工作。此外，学者也面临着评

① Slaughter S., Rhoades G. Academic Capitalism and the New Economy: Markets, State, and Higher Education [M]. John Hopkins University Press, 2004: 37 - 38.

② Rhoades G. Capitalism Academic Style and Shared Governance [J]. Academe, 2005, 91 (3): 38 - 42.

③ Kleinman I. L. Academic Capitalism and the Community College [D]. Tuscaloosa: University of Alabama, 2010: 2, 65.

④ 唐晓玲，王正青. 学术资本主义的兴起及其对大学科研的影响 [J]. 高教探索，2009 (6): 49.

价体系的压力，他们的职业发展和晋升往往依赖于发表高影响力论文、获得研究资金和成果市场化等商业化指标。学术资本主义还涉及知识产权和专利的问题。商业界对于知识产权的追求，可能导致学术研究的结果无法自由共享，从而限制了学术界内部的合作与创新。

综上所述，学术资本主义理论是一种关注高等教育机构与市场经济之间相互作用的理论框架。该理论主张，现代高等教育体系越来越受到市场导向的逻辑和商业化的影响，高等教育机构逐渐采用商业模式和市场策略来追求经济效益与市场竞争力。学术资本主义理论的核心观点之一是高等教育机构的商业化。根据这一理论，许多大学和研究机构趋向于将教育与研究活动变成商品，以获取经济回报。这种商业化的趋势表现在多个方面，包括提高学费、招收更多学生、推出利润驱动的研究项目、与企业进行合作等。高等教育机构越来越像企业，注重市场营销、品牌推广和财务管理。学术资本主义理论还关注学术劳动力和知识产出的商品化。根据这一理论，教师和研究人员在学术市场中被视为一种资本，他们的学术成就与研究产出被用来获取经济和社会回报。因此，学者们面临着竞争压力，需要通过发表论文、获得研究资金和专利等方式来提高自己的学术地位与市场价值。学术资本主义理论也强调了商业利益对教育和研究议程的影响。商业和市场需求越来越成为决定高等教育机构研究方向和课程设置的因素。研究主题和课程内容往往倾向于与商业利益相关的领域，如商业管理、工程技术和应用科学。同时，研究经费也越来越倾向于支持与商业利益相关的应用研究，而对纯粹的基础研究提供的支持减少。

学术资本主义理论的提出引发了对高等教育的商业化趋势及其对学术自由和学术价值影响的广泛讨论。支持学术资本主义理论的人认为，商业化可以提高高等教育机构的效率和竞争力，促进知识转化和经济发展。然而，学术资本主义理论也受到一些学者的批评，如商业化和市场导向的趋势可能导致高等教育的商业利益和市场需求优先于学术自由和学术价值。这可能导致对纯粹基础研究的支持减少，研究方向受到商业利益的限制，教育目标偏向于就业能力而非全面发展。另外，商业化还可能导致学术机构之间的竞争加剧，资源分配不均，弱化了合作和知识共享的原则。学术资本主义理论还引发了对知识产权和学术道德的关注，商业化倾向可能导致知识产权的过度保护，限制了学术知识的自由流通和共享。同时，商业利益的推动也可能引发学术不端行为，如数据造假、学术诚信问题等。总之，学术资本主义理论提供了一种视角来理解高等教育机构与市场经济之间的相互作用。它强调了商业化、知识商品化和市场需求对高等教育的影响。然而，学者们对该理论也有一定的担忧，特别是对学术自由、学术价值和学术道德的担忧。如何在商业化和学术价值之间找到平衡，是高等教育领域需要思考和探索的重要问题。

第三节 应用型高校创新创业教育生态系统的结构功能

一、应用型高校创新创业教育生态系统的要素

（一）创新创业生态系统的要素

创新创业生态系统的目标是创建一个互惠互利的环境，使创业者能够获得必要的资源、支持和机会，从而实现创新和商业成功。通过合作、交流和共享，创新创业生态系统可以推动经济增长、创造就业机会，并解决社会问题。施皮林（Spilling，1996）开发了一个动态模型，强调环境因素和创业事件间的相互作用[1]。通过激励各种参与者和创造新的创业机会，在短期内创造了新的创业氛围，并推动了一系列创业活动，如创建新企业、产品、服务和市场，以及创业学习过程。创业活动和学习过程能够重塑经济和社会文化结构，并驱使区域创业环境的不断变化。在社交网络促进创业的重要作用方面，科恩（Cohen，2006）的框架强调了非正式和正式网络的功能以及所涉及的各种组成部分。非正式网络主要提供咨询、指导和道德支持；正式的网络可以包括研究型大学、政府、专业和支持服务、资金来源、人才库、大公司、科技园区、有形基础设施以及文化等要素[2]。在二人的基础上，伊森伯格（Isenberg，2016）开发了一个

---

① Spilling O. R. The Entrepreneurial System: On Entrepreneurship in the of A Mega – Event [J]. Business Research, 1996, 103 (1): 91 –103.

② Cohen B. Sustainable Valley Entrepreneurial Ecosystems [J]. Business Strategy and the Environment, 2006, 15 (1): 1 –14.

多维创业生态系统模型，阐述了双创生态系统的六大要素及其内容①。

如表3-1所示，六大要素分别是政策、资金、文化、支持、人力资本和市场，有的要素中又包含若干子要素。政府功能体现在领导和监管两个方面，通过立法出台政策体现社会合法性，表明支持立场，设立机构从财政、税收、风投立法、研究、激励机制等多方面进行管理和监督；资金方面为创业者提供金融服务，包括创业各阶段需要的风险投资、天使投资、各类贷款、私募股权和基金等；文化方面主要是全社会营造成功故事以及宣扬创新创造力和敢于冒险、容忍失败的社会规范；支持方面主要涵盖创业所需基础设施支持、法律财务技术顾问支持、非政府机构的各项创业促进友好交流活动和竞赛组织支持；市场方面包括早期客户和创业者网络、跨国公司等的支持，而所有这些离不开人力资本即劳动力、管理技术人才等的支持。

表3-1　　　　　　　　　　双创生态系统的六大要素

要素	子要素	具体内容
政策	领导	政府的明确支持、社会合法性
		为创业者敞开大门、创业策略、紧急、冒险和挑战性
	监管	机构、财政支持、监管机制激励措施、有利于风险投资的立法、研究机构
资金	金融资本	小额贷款、天使投资者、朋友和家人
		初始阶段风险投资、风险投资基金
		私募股权、公共资本市场、债务
文化	成功故事	可见的成功、为创始人创造财富、国际声誉
	社会规范	对风险、错误、失败的容忍度
		创新、创造力、尝试
		创业者的社会地位、创造财富、野心、干劲、渴求
支持	基础设施	通信、运输和物流、能源
		区域、孵化器、合作、集群
	支持的专业	法律、会计、投资银行家、技术专家和顾问
	非政府机构	非营利组织的创业促进、会议、企业家友好协会
		商业计划竞赛

① Isenberg D. J. Applying the Ecosystem Metaphor to Entrepreneurship [J]. The Antitrust Bulletin, 2016, 61 (4): 564-573.

续表

要素	子要素	具体内容
人力资本	劳动力	熟练和非熟练劳动力、持续创业者、家庭下一代
市场	早期客户	概念验证的早期采用者、生产方面的专业知识
		参考客户、首次审查、分销渠道
	网络	创业者网络、侨民网络（diaspora networks）
		跨国公司

资料来源：Isenberg D. J. Applying the Ecosystem Metaphor to Entrepreneurship ［J］. The Antitrust Bulletin，2016，61（4）：564－573.

世界经济论坛于2013年制定了创业生态系统涵盖的创业环境中的各种影响要素（见表3－2）。与伊森伯格（Isenberg）的研究较为类似，创业环境的影响要素除可获得市场、人力资本、资金、支持系统、监管机制和基础设施、文化支持外，还凸显了作为催化剂的大学以及教育和培训。由此，大学已成为创业环境的影响要素之一，无论是创业理念、创业文化的宣扬，还是创业型人才培养，抑或是劳动力培训，大学都发挥着不可替代的关键作用。

表3－2　　　　　　　　　创业环境中的影响要素

要素	要素的组成部分
可获得的市场	国内市场——作为客户的大公司、中小公司、政府
	国外市场——作为客户的大公司、中小公司、政府
人力资本/劳动力	管理人才、技术人才、创业公司经验、服务外包可用性、可获得劳动力
资金和财务	朋友和家人、天使投资者、私募股权、风险投资、借贷
支持系统	导师/顾问、专业服务、孵化器/加速器、创业同行网络
监管机制和基础设施	创业的便利性、税收优惠、有利于商业的立法/政策、获得基本基础设施（如水、电）、电信/宽带接入、交通通道
教育及培训	受过大学预科教育或大学教育的可用劳动力、针对创业者的培训
作为催化剂的大学	大学倡导尊重创业的文化、大学在新公司理念形成中发挥关键作用、大学在为新公司提供毕业生方面发挥关键作用
文化支持	风险和失败忍度、自我雇佣职业的偏好、成功案例/榜样、文化研究、积极的创业形象、创新庆典

资料来源：World Economic Forum. Entrepreneurial Ecosystems Around the Globe and Company Growth Dynamics ［R］. Geneva：WEF. 2013：6－7. Available at：http：//www3. weforum. org/docs/WEF_Entrepreneurial Ecosystems_Report_2013. pdf.

　　奥缇欧等（Autio et al.，2014）认为，监管创新创业的双创生态系统的影响背景因素包括行业和技术背景、组织背景、制度和政策背景、社会背景，以及时间和空间背景①。每个生态系统都是独一无二的，这种独特性并不归因于根本不同的结构，而是归因于历史、文化和机构、政府、大学、支持服务、社交网络等共享元素的独特配置。

　　由此，创新创业生态系统的要素分析强调以下几个关键方面：（1）多元参与者。生态系统包含了各种不同类型的参与者，包括创业者、投资者、学术界、政府等。这些参与者相互交互、合作和竞争，共同推动创新和创业的发展。（2）资源支持。生态系统提供了丰富的资源支持，包括基础设施、资金、技术、人才、市场信息等。这些资源帮助创业者实现创意的转化和商业化，并支持他们的成长和拓展。（3）知识共享。生态系统中的参与者之间进行着广泛的知识共享和合作。创业者可以从学术界和其他企业中获取知识和经验，学术界和企业也可以借助创业者的实践经验进行研究和创新。（4）创新生态。创新创业生态系统提供了一个有利于创新的环境。它鼓励创新思维、实验和风险承担，同时提供支持和保护机制，鼓励创新者尝试新的商业模式和技术解决方案。（5）全球视野。创新创业生态系统通常具有全球视野，促进国际交流和合作，尤其是与跨国公司合作。它可以吸引国际创业者和投资者，推动本地创新与全球市场的连接；创新创业生态系统的目标是建立一个有机、协同和可持续发展的环境，为创新和创业活动提供支持与动力，促进经济增长和社会进步。

（二）应用型高校创新创业教育生态系统的要素

　　基于对创新创业生态系统要素的剖析和应用型高校这一机构的独特特性，应用型高校创新创业教育生态系统包括创业教育主体、客体、中介和环境等实体要素，以及创业教育政策、文化环境、课程、课堂教学等功能要素。

1. 创新创业教育政策和法规支持

　　政府和高校制定与实施支持创新创业教育的政策和战略，为教育生态

---

①　Autio E. Entrepreneurial Innovation：The Importance of Context'［J］．Research Policy，2014，43（7）：1097－1108.

系统提供政策保障和引导。同时，出台相关政策，为创新创业教育提供资金支持、税收优惠和政策扶持，营造创新创业的良好法规环境。

2. 创新创业资源支持

提供创新创业资源是创新创业教育生态系统的关键要素之一。这包括提供办公场地、设备设施、资金支持、导师指导、创业网络等。应用型高校可以与企业、政府、创投机构等建立合作关系，共享资源，为学生提供创新创业支持和资金，包括创业培训、项目评估、商业计划书撰写指导，以及创业基金、风投支持等，帮助学生实现创新创业目标。

3. 创新创业实践平台

建立实践平台，如创新创业实验室、孵化器、加速器等，提供学生创新创业实践的机会和资源，帮助他们将创意转化为实际项目。

4. 创新创业合作与交流

这包括与企业、创业园区、创投机构、行业协会等建立合作伙伴关系，提供实习、创业实训、项目合作等机会。通过与外部合作伙伴的紧密合作，学生可以接触真实的创业环境和业务需求，获得实践机会和资源支持，促进创新创业资源的共享与流动，提供学生与创业者、投资者和行业专家的互动机会。

5. 创新创业文化和氛围

营造积极的创新创业文化和氛围，鼓励学生敢于创新、勇于尝试、接受失败，推崇创新创业精神，通过举办创新创业活动、演讲、讲座、分享会等方式来实现，提供创新创业活动和比赛等机会，激发学生的创新潜能；也需要社会对创新创业的认可和支持。

6. 创新创业导师和专业人才培养

培养一支专业的创新创业导师队伍，其应具备丰富的创业实践经验、行业背景和创新思维能力，能够指导学生进行创新创业项目，并提供专业咨询和支持。师资队伍专兼结合，包括创业导师、行业专家、成功创业者和专业教师等，帮助学生发展创新创业能力。

7. 教育资源和课程设计

提供丰富的教育资源和多样化的课程设计，包括创新创业导论、创新创业实践、创业管理、商业模式设计、市场营销、创业融资等，以满足学生的学习需求，以及组织创业案例分析、项目实训、商业计划比赛等教学活动。

8. 学生创新创业社群

建立学生创新创业社群是培养创新创业精神的重要环节。这些社群可以是学生创业团队、创新创业俱乐部、创业孵化器等形式。通过社群的形成，学生可以相互交流、合作，分享资源和经验，激发创新思维和合作意识。

9. 创新创业评估和评价

建立科学有效的创新创业评价与认证体系是促进创新创业教育的关键。这包括对学生创新创业项目的评估、认证和奖励机制，通过评价激励学生创新创业，并为其提供更多的机会和资源。

10. 创新创业教育国际化

推动创新创业教育国际化也是应用型高校创新创业教育生态系统的重要方面。学校可以与国际高校、科研机构、企业建立合作关系，开展国际交流项目、创新创业竞赛、跨国创业合作等活动，为学生提供更广阔的创新创业平台。

综上所述，这些要素共同构成一个有机的生态系统，为学生提供全面、系统的创新创业教育支持，并促进其创新创业能力的培养和实践能力的提升。

二、应用型高校创新创业教育生态系统的结构

（一）创新创业生态系统结构模型

斯塔姆（Stam，2015）设计了一个 4 层创新创业生态系统模型，该模型强调了向上和向下的因果关系以及层内偶然关系（见图 3 - 4）。创新创业生态系统要素包括制度条件（正式机构、文化、有形基础设施和需求）以及系统条件（涵盖网络、领导力、金融、人才、知识和支持服务/中介）。创新创业生态系统元素之间的复杂互动产生了创业活动的系统产出，这进一步造成了总价值创造的结果。此外，系统的结果和输出反过来影响创新创业生态系统元素的相互作用与配置。

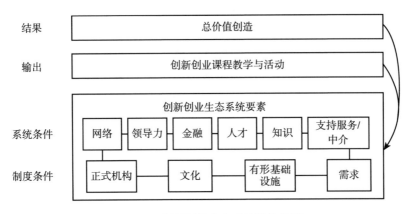

图 3 – 4　创新创业生态系统结构模型

资料来源：Stam E. Entrepreneurial Ecosystems and Regional Policy：A Sympathetic Critique ［J］. European Planning Studies，2015，23（9）：1759 – 1769.

（二）应用型高校创新创业教育生态系统的结构组成

借鉴斯塔姆的结构模型，应用型高校创新创业教育生态系统的结构可以包括以下关键组成部分。

1. 系统条件方面

（1）学校领导层。领导层对创新创业教育的重要性有清晰的认识，并将其作为学校发展战略的一部分，他们提供战略指导、资源支持和政策制定，推动整个生态系统的建设。（2）创新创业资源网络。学校应与政府、企业、投资机构等建立广泛的创新创业资源网络，为学生提供行业洞察、市场机会、投融资支持等。与外部合作伙伴建立合作关系是创新创业教育生态系统的重要组成部分。学校可以与企业、行业组织、科研机构等建立合作伙伴关系，共同开展创新创业项目、提供实践机会和资源支持。（3）创新创业资金支持。学校可以设立创新创业基金或提供创业资金支持，帮助学生启动和发展创业项目。这包括种子资金、风险投资、创业贷款等形式的资金支持，为学生提供创业的资金保障。（4）师资队伍。建设高素质的创新创业教育师资队伍非常重要。学校需要培养和引进具备创业实践经验与教育能力的导师和教师，他们能够提供创新创业知识、指导学生项目，并分享实践经验。学校邀请成功企业家、行业专家和投资人作为创新创业导师，为学生提供指导和支持。导师可以分享实际经验、提供行业洞察和建议，帮助学生在创新创业过程中克服困难和挑战，鼓励学生组建创新创业团队，共同开展创业项目。学校可以提供合适的资源和支持，帮助团队形成合作关系、完善商业计划、寻找投资等。（5）创新创业课程。学校应开设多样化的创新创业课程，包括基础理论知识、创新创业技能培养、项目实践等内容。课程设置应与市场需求和行业发展紧密结合，注重培养学生的创新思维、团队协作和实践能力。

2. 制度条件

（1）创新创业教育机构。学校设立专门的创新创业教育机构，负责整个生态系统的协调与管理。该机构负责制定创新创业教育的发展规划、课程设置、导师培训等，并与学院、教师、学生等各方合作，推动创新创业教育的实施。（2）创业孵化平台。为学生提供创业孵化平台是创新创业教育的重要环节，学校设立创业孵化中心或创业加速器，提供办公场地、资金支持、导师指导等资源，帮助学生将创业项目转化为实际商业运作。（3）创新创业文化氛围。学校应营造积极的创新创业文化氛围，激发学生的创新创业热情。这可以通过组织创新创业活动、邀请成功创业者分享经验、宣传创业成功案例等方式实现，使创新创业成为学生普遍关注和追求的目标。

学校开设与市场需求和创业型企业发展紧密结合的创新创业课程，革新教学方法，注重培养学生的创新思维、团队协作和创业能力；组织创新创业竞赛和活动，鼓励学生积极参与创业实践，培养他们的创新意识和竞争能力。这些竞赛和活动可以与行业企业、投资机构等建立合作，提供实际的商业机会和资源。最终成功的项目可以在学校创业园、孵化器或众创空间中落地创办企业，实现价值创造。这些组成部分相互关联、相互促进，形成一个协同发展的创新创业教育生态系统。通过这样的结构，应用型高校能够为学生提供全方位的创新创业教育支持，培养他们的创新精神、创业能力和创业意识，促进创新创业文化的建设和社会经济的发展。

三、应用型高校创新创业教育生态系统的功能

（一）应用型高校创新创业教育生态系统的特征

1. 目标和理念的一致性

目标是应用型高校创新创业教育生态系统构建的行动方向和最终指向。生态系统提供了全面的创新创业教育培训和支持，培养学生的创新思维、创业意识和实践能力。学生能够掌握创新创业的基础理论和实践技能，具备从创意到实施的能力，成为具有创新精神和创业能力的人才。通过创业项目的孵化平台和资源支持，学生能够将创意转化为实际的商业项目，并得到相关资源的支持和对接，推动项目的发展和商业化进程。学生可以在安全的环境中尝试创业，得到反馈和指导，提高项目的成功率。生态系统通过整合内部和外部的资源，建立起创新创业的网络和生态圈。学校与行业、企业、政府等各方合作，为学生提供丰富的实践机会、市场洞察和投融资支持，帮助学生在创新创业过程中与外部资源对接，促进创业项目的成功。举办创新创业活动、竞赛和经验分享，营造积极的创新创业文化氛围，激发学生的创新创业热情和潜能。学生能够从成功创业者的经验中学习，树立正确的创新创业价值观，形成积极的创新创业氛围。通过培养具有创新创业能力的人才，生态系统对社会经济发展起到积极的推动作用。创新创业项目的成功孵化和商业化，有望带动相关产业的发展和创新技术的应用，为社会经济发展增添动力和活力。综上所述，应用型高校创新创业教育生态系统的功能在于提供全方位的创新创业教育支持，秉持培养学生的创新创业能力，并促进创新创业项目的孵化和发展的理念，通过资源整合、导师支持、项目实践和创业文化建设等功能，学生能够获得实际的创业机会和支持，实现提升其创新创业成功率的目标。

2. 生命和动态的耦合性

创新创业教育生态系统的生命性是聚焦客体在创新创业教育实践中关注创新精神和素质、创业精神、人格品质等，双创教育的过程是生命活动的过程，如同企业创设和发展的全生命周期一样，关注人的全面发展，改变传统课堂教学从生命活动中剥离的不足，关注作为共同体的师生在创新

创业教育活动中的互动和成长。作为教育生态系统的子系统，创新创业教育生态系统将根据外界环境的变化来不断改进自身，尤其是社会经济制度的变革，系统中各要素的相互作用也相应改变，形成动态性。高校双创教育的管理机构、运行机制、规章制度、组织环境都具有时限性，需要在动态过程中谋求创新和发展。在创新创业社会实践活动这一动态过程中，师生的全身心投入也塑造大学生的创新素质和创造能力，坚持动态思维，秉持生命发展的视角来思考高校双创教育生态系统极为重要。

3. 互促与制衡的二元性

依照二元论，创新创业教育生态系统互促性与制衡性是对立统一的，互助体现在系统各子系统各要素间既保持具有能动价值的相对独立性，又具有达成功能最大化目标而互利促进的良好关系，典型地表现在生态系统主客体间的教学相长、主客体与环境的互相影响以及中介体对主客体各类活动开展的支持。具体来说，主体对客体主要是教育与培训，从而达成教育目标，而客体在整个知识获取和实践过程中不断成长与完善对主体产生有益影响；环境是主客体共同成长的必要支持，但同时受到主客体的创设和改造；作为充分创设条件，不断迎合主客体需求的中介体则受到外界社会环境、经济发展、双创教育理念等的变化而改变，趋于最佳方式促进各要素共荣共进。生态系统的制衡性表现在各子生态系统间、创业教育过程中各环节涉及要素间的相互作用、牵制等关系。创新创业教育生态系统目标与人才培养传统目标存在冲突，课程教学预期目标与课堂教学目标存在矛盾，高校内部环境与外部生态环境间也存在矛盾，不仅要素间普遍存在矛盾，要素内部也有冲突性，需把握合理制衡，实现矛盾的统一性。

4. 整体与局部的统一性

马克思曾说："自然界是一幅由各种关系和要素相互作用无限交织的画面，其中没有任何东西是不动和不变的，而是都在运动、变化、生成和消逝。"① 可见，整体性和系统性是自然的真实属性。创新创业教育生态系统的整体性涵盖了目标、功能、方式等。要素子目标和子系统目标与整个大目标保持基本一致，前者是后者的分解和细化。从局部到整体的考察分

---

① 马克思恩格斯选集：第 3 卷 [M]. 北京：人民出版社，1995：231.

析是生态确立的思维方式，环境要素、政策要素、课程要素、教学要素等都有自己的目标和功能，体现局部的完整性，又都要服务于创新创业型人才培养和全面发展成长的总目标。单纯局部分析的方法存在机械论思维，易出现主客体分离、人与环境的对立。分析局部各要素，探讨局部间的因果关联或互动关系，提出优化改进方案，都是为高校创新创业生态系统构建夯实基础，为全局性的对策研究展现系统综合的研判。正如美国学者E. 拉兹洛（1985）所说"生态思维就是从系统论的视角来看待世界，整体性是生态思维最为鲜明的特征"①，应从整体的角度考察局部存在状态和模式，尝试局部间的动态平衡，分析整个视野下的系统来认识世界、理解世界和改造世界。

（二）功能

应用型高校创新创业教育生态系统的功能在于提供全方位的创业教育支持，从知识传授到实践指导、从资源整合到文化建设，为学生提供一个全面的创新创业生态环境。应用型高校创新创业教育生态系统的功能主要包括以下几个方面。

1. 教育培训功能

通过创新创业教育课程和培训，提供学生所需的创新创业知识和技能，培养学生的创新思维、创业意识和实践能力。通过系统化的教育培训，帮助学生全面了解创新创业的理论和实践，并提供相关案例和经验分享。生态系统可以建立创新创业社群，让学生与志同道合的伙伴共同交流、合作和学习。社群可以提供学生之间的互动平台，促进创新创业资源和经验的共享，培养合作意识和团队精神、终身学习的能力和创新创业精神。通过提供学习平台、资源和支持，学生能够不断更新知识和技能，持续提升自己的能力和素养，适应不断变化的创业环境和市场需求。

2. 创业项目支持功能

提供学生创业项目的孵化、培育和发展支持，包括提供创业指导、资

---

① E. 拉兹洛. 用系统论的观点看世界——科学新发展的自然哲学［M］. 闵家胤，译. 北京：中国社会科学出版社，1985：14.

源支持、创业导师指导等。学生可以在创新创业教育生态系统中得到实际的创业机会和支持，推动他们将创意转化为具体的商业项目，并提供相关的资源和网络支持。通过与行业企业和科研机构的合作，将创新创业教育与实际产业需求对接起来。学校可以与企业合作开展创新创业项目、实践教学和科技成果转化，为学生提供与实际产业相结合的创新创业机会。应用型高校创新创业教育生态系统还需要与政府相关部门进行合作，获取政策支持和资源。政府可以制定创新创业相关政策，为学生提供创新创业的帮扶和激励，为创新创业教育生态系统的建设提供政策和资源保障。邀请成功的企业家、行业专家和投资者作为创新创业导师，为学生提供指导和支持，分享实际经验、提供行业洞察和建议，帮助学生在创新创业过程中克服困难和挑战。

3. 资源整合和对接功能

整合和对接创新创业教育所需的资源，包括行业合作伙伴、创投机构、政府支持等，为学生提供行业洞察、市场机会、投融资支持等资源，帮助他们在创业过程中解决实际问题。学校可以整合内外部的资源，包括师资力量、创新创业课程、创业基金、创业导师、创业空间等，形成资源共享的机制，避免资源的重复建设和浪费，实现资源的高效利用。建立创新创业实践基地，提供实践场所和设施，支持学生的创新创业实践。生态系统为学生创业项目提供投融资支持，包括创业基金、风险投资、创业贷款等形式的资金支持。这有助于学生克服创业初期的资金难题，推动他们的创业项目获得更好的发展。

4. 创新创业文化建设和评估认证功能

通过组织创新创业活动、举办创新创业竞赛等，营造积极的创新创业文化氛围，激发学生的创新创业热情，鼓励他们敢于创新、敢于创业，并提供成功的创业者榜样和经验分享，帮助学生树立正确的创新创业价值观。生态系统可以设立创新创业项目的评估和认证机制，对学生的创业项目进行评估和认可，有助于学生提高创新创业项目的质量，增强其竞争力和商业价值。

5. 社会影响力和产业发展功能

坚持产业导向和市场导向，生态系统应根据市场需求和产业发展趋势，调整创新创业教育的内容和方向。通过与行业企业的紧密合作，将创新创业教育与实际市场需求相结合，培养具有产业导向和市场导向的创新创业人才，促进社会创新和产业发展。学生的创新创业项目和创业成果有望为社会经济发展作出贡献，推动技术创新和产业转型升级。基于产教融合、科教融汇的理念，通过与行业企业和科研机构的合作，将研究成果、双创教育与产业需求对接，学校与企业合作开展创新创业项目、实践教学和科技成果转化，为学生提供与实际产业相结合的创新创业机会。

四、应用型高校创新创业教育生态系统架构图

（一）创新创业生态系统架构图

基于伊森伯格（Isenberg，2014）提出的创新创业生态系统的架构，其核心要素包括政策与领导力（包括与小企业发展相关的政策法规、政府合同、知识产权等法律法规等）、金融（天使投资、风险投资等下一阶段的资金资助）、市场（经济的多样性、私募、股票发行等）、人力资本（不能忽视妇女创业者和外籍创业者）、支持（初创活动、创业者项目）、创业文化（高增长企业、人口流动）①，与其他学者描述的大同小异。

高校及科研院所是高科技技术的重要研发基地。作为知识型创新创业生态主体的高校教师、科研人员、大学生因其自身的特征，而与其他环境中的创业生态系统有所不同。高校是生态系统的内核，高校创新创业生态系统包括创业者生态圈，技术创新、知识转化生态圈，资源生态圈，平台与政策支持生态圈等，如图 3 - 5 所示。

其中，资源生态圈包括创业投资人，创业导师，法律、财务、知识产权等专业技术人才，孵化机构，金融机构以及产业链上下游的相关主体等；平台和政策支持生态圈包括高校和科研院所、创业社团、创业孵化器、政府机构、创业教育机构、社会投资者等；创业者生态圈，主体是高

---

① Isenberg D. What An Entrepreneurship Ecosystem Actually Is？［J］. Harvard Business Review，2014（5）：1 - 7.

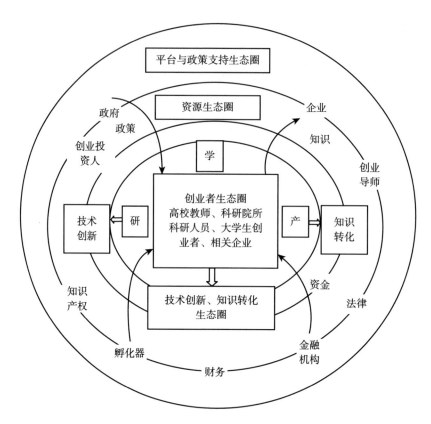

图 3 – 5　知识型创新创业生态系统架构

校教师、科研院所、科研人员、大学生创业者，以及相关行业企业，参与创业活动，为技术知识转化提供开发、试制、样品生产、再次加工等流程，节约创业成本；技术创新、知识转化生态圈有别于传统单一性科技园区和产业园区，依托高校及科研院所的技术创新和知识成果，通过整合资源和多方合作促进新技术与知识的商业化，相对于社会性创新创业项目，其投资规模较小、转化成本较低，从而风险也相对较小；基础平台和创业政策（支撑架构，包括政策和基础设施建设）生态圈，创业生态系统的建立需要依托完善的基础设施、服务配套、运营管理，以及一系列服务于"大众创业、万众创新"的创业政策等基础平台所构成的系统支撑体系。知识型创新创业生态系统的基础平台主体包括高校和科研院所、创业社团、创业孵化器、政府机构、创业教育机构、社会投资者等；政策方面如弹性学制政策、创业扶持基金、创业鼓励奖金等。

（二）应用型高校创新创业教育生态系统架构

应用型高校创新创业教育生态系统的架构（见图 3 - 6）是为了促进创新和创业精神在高校内部及周边环境中的培养与发展，分为宏观生态系统、中观生态系统、微观生态系统 3 个组成部分。

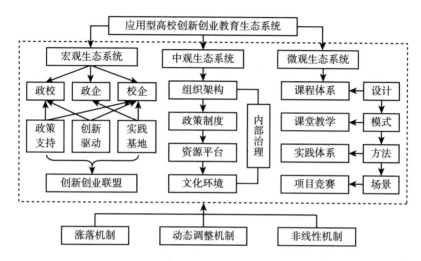

图 3 - 6　应用型高校创新创业教育生态系统组织架构

宏观生态系统是环境和创新创业氛围，即从整个生态圈视角审视对创新创业教育体系产生影响的政策、环境、文化等因素。应用型高校创新创业教育生态系统需要得到社会的支持和政策环境的配套。政府确定创新创业教育的战略规划，出台相关政策和措施，提供创新创业的税收优惠、创业担保贷款等支持，营造创新创业的良好环境和氛围。制定创新驱动的政策导向，引领政校关系、政企关系和校企关系良性发展，构建创新创业联盟，鼓励企业在创新创业实践基地建设、创新创业导师队伍建设等方面不遗余力；学校则在知识传递和技术服务、创新技术成果转化、衍生公司创设等方面贡献力量。创新创业教育需要从顶层设计角度审视政府、高校和产业的复杂关系，积极与企业、创投机构、政府部门和社会组织建立合作伙伴关系，动态调整政校、政企、校企、校际的互动关系，获得更多的资源支持、实践机会和市场对接，保障双创教育生态系统的良性演变升级。

中观生态系统层面，涉及应用型高校内部创新创业教育各组成要素间的关系及对教育效果的影响，从组织架构、政策制度、资源平台、文化环境等内部治理关键内容探讨。组织架构方面，应用型高校设立的创新创业中心作为生态系统的核心，负责协调和推动创新创业教育的发展，并提供各种支持和资源，包括创业指导、培训课程、导师支持、创业基金等。政策制度方面，高校可以设立创新创业基金，为有潜力的学生创业项目提供初创资金和资助，激励学生创新创业，推动他们的项目发展。对教师的培训发展、职称评审、指导项目等提供有力的激励制度，服务创新创业教育。建立创新创业资源库，集中收集和整理与创新创业相关的信息、案例、工具和资料，为学生和教师提供便捷的获取创新创业资讯和支持的平台，促进知识的共享和传播。高校可以组织创新创业交流活动，如创业论坛、创业沙龙、创业大赛等。这些活动提供了学生与行业专家、创业者和投资者互动的机会，促进知识分享、合作和资源对接。应用型高校创新创业教育生态系统的关键要素之一是培养积极的创新创业文化，这包括鼓励学生敢于创新、接受挑战和拥有冒险精神，培养他们的团队合作能力和解决问题的能力。高校可以组织各种活动和项目，如创业讲座、创业故事分享、创新创业展览等，以激发学生的创新潜能和创业热情。

微观生态系统层面，涉及对学生创新创业教育效果产生影响的微观生态环境，包括课程体系建设、课堂教学、实践体系和项目竞赛。创建创新创业相关的课程体系，包括创业管理、商业计划书编写、市场营销、团队管理等。这些课程旨在培养学生的创新思维、创业技能和商业意识。设计创新创业实践体系，如创业实训、创业比赛、创业项目孵化等。通过实践，学生能够将所学知识应用于实际创业项目中，并积累宝贵的创业经验。高校应建立导师和创业者网络，邀请成功的创业者、企业家和行业专家担任导师，为学生提供指导和支持。他们可以分享自己的经验、提供行业洞察力，并帮助学生建立创业网络。课堂教学有别于传统的专业课堂教学，更体现问题导向、项目驱动，强调主客体的互动和深度体验，教学模式与方法需推陈出新，课堂教学各重点要素需整合，为培养学生的创新意识和创业能力而努力。同时，完善创新创业教育的评价和认证体系，对学生在创新创业方面的成果与能力进行评估和认可，激励学生参与各类创新创业活动，在现实场景中积累实战经验，增强他们的竞争力和就业能力。

（三）运行机制

1. 非线性机制

应用型高校创新创业教育生态系统的非线性机制是指系统中各要素之间存在相互作用和反馈，内部系统与外部环境的信息交流、控制系统对双创教育的干预和影响等都不是简单的线性关系。这种非线性机制包括不同学科领域的知识与技能在创新创业过程中相互渗透和交叉应用，学生需要在综合性的实践项目中运用多学科的知识和技能，这种交叉与综合的非线性机制可以促进学生的创新思维和能力的发展；学生在创新创业项目中扮演主导角色，通过自主思考、主动实践和团队合作，探索解决实际问题的复杂途径是非线性的，可以激发学生的创造力和创新潜能；应用型高校的创新创业教育倡导多方参与和合作共赢的理念，学校、企业、社会组织等各方面的资源和力量共同参与到创新创业教育中，形成错综复杂的合作伙伴关系，共同培养创新创业人才。这种多方参与的非线性机制可以实现资源的整合和优势互补，提升创新创业教育的质量和效果，使得创新创业教育生态系统呈现活跃、多样和富有创造力的特征。

创新创业教育生态系统中的各要素之间存在着反馈和调整的机制。学生的创新创业成果与经验反馈给教师、学校和企业，从而对课程设置、教学内容、教学方法和实践平台等进行调整与优化，培养出适应未来创新创业环境的人才。同时，学校和社会的反馈也可以影响学生的创新创业行为和思维方式。这种反馈与调整的非线性机制可以促进系统的动态演化和不断改进。

2. 动态平衡机制

应用型高校创新创业教育生态系统的动态平衡机制是指系统中各要素之间保持协调与平衡的机制，以确保系统的稳定和持续发展。一是要实现资源配置的平衡。应用型高校需要根据不同阶段和需求，合理配置各类资源，包括人力资源、物质资源、财务资源等，以支持创新创业教育的开展，确保资源的合理利用和最大化效益。二是理论与实践的平衡。在课程设置和教学方法上平衡理论与实践的比重，使学生既能够掌握创新创业的基本理论，又能够通过实践项目和实践活动将理论知识应用于实际情境中。三是独立思考与导师指导的平衡。在学生自主性和导师指导之间寻找平衡点，使学生能够发挥自己的创新潜能，同时从导师的经验和专业知识中受益。四是自由创新与规范管理的平衡。创新创业教育鼓励学生的自由创新和创业精神，但同时也需要规范和管理的支持，建立相应的规范和管理机制，以确保创新创业活动的合法性、可持续性和风险控制。五是长期目标与短期成果的平衡。在长期目标和短期成果之间寻找平衡，提供适当的激励机制和奖励措施，使学生在创新创业过程中获得实际的成就和认可，同时保持对长期目标的坚持和追求。六是合作与竞争的平衡。创新创业教育生态系统中的学生既需要在团队合作中培养合作精神和协作能力，又需要在竞争环境中锻炼个人的竞争力和创业能力，在合作与竞争之间寻找平衡，激发学生的创新动力和个人潜能。

3. 涨落机制

协同理论中的涨落机制（fluctuation mechanism）是指在协同活动中，个体行为的波动和变化会对整体协同效果产生影响的一种机制。涨落机制认为，协同活动中的个体行为往往会发生随机性的波动，这些波动可能对协同过程和协同结果产生积极或消极的影响。涨落机制认为，系统需要具备韧性和适应性，能够在面对个体行为的波动与变化时进行调整和变化。在应用型高校的创新创业教育中，政策和环境的调整与变化可以根据学生的需求和市场的变化，及时适应创新创业教育的发展需求，及时关注政策的变化，与相关部门进行沟通和合作，以确保教育政策的稳定性和持续性，为学生提供良好的创新创业环境，克服资源的涨落带来的挑战。生态系统可以通过与企业、投资机构、政府部门等建立合作关系，拓宽资源渠道和获取额外的资金支持。同时，建立资源共享平台和网络，促进学生之间的资源互助和合作，以最大限度地利用有限的资源。创新创业教育生态系统中的导师资源也可能出现涨落，有时可能有更多的导师资源可供选择，而有时可能面临导师资源不足的挑战。这种涨落机制要求系统能够建立导师团队的稳定和多样性，通过培养新的导师、与外部专家合作等方式增加导师资源的供给，确保学生能够获得优质的导师指导和支持。涨落机制强调个体行为的波动和变化对整体协同效果的影响。在创新创业教育中，应用型高校可以鼓励学生组建创新创业团队，但团队的组成和动态调整需要根据个体的波动和变化进行灵活调整，以提高团队的协同效能。通过灵活应对和适应涨落机制，应用型高校创新创业教育生态系统可以在不断变化的环境中保持稳定和发展，激发学生的适应性和创新能力，使他们能够在变化的环境中快速成长和成功。

第四节 本章小结

本章对应用型高校创新创业教育生态系统构建进行详细理论分析，沿着发展脉络—理论基础探究—系统要素、结构、功能、架构深入剖析这一思路，思考其自身不断演化升级的本质。

我国高校创新创业教育生态系统的发展脉络分为起步阶段、孵化阶段、加速阶段、生态系统整合阶段，与创新创业生态系统经历的不同进化阶段比较一致，正处于能力建设期，也是部分高校力图建设创业型大学的关键阶段。

通过梳理创新创业教育生态系统的理论，包括生态系统理论、教育生态理论、三螺旋理论、协同理论、学术资本主义理论，更清晰地了解教育与自然环境、社会环境、价值环境的互动机理。政府、产业界与大学间从静态到自由放任再到交互或混合模式，体现了双创教育生态系统核心的不唯一，三方主体在各司其职的同时，功能又有所重叠，并形成新的混生机构，其创新组织集成性、创新主体自反性和创新过程非线性构成协同创新机制。协同理论及由其衍生的价值共创理论体现了主体间从孤立到合作的过程，满足信息交换和共享，遵循环境发展规律，寻求协同渠道，产生最高创造价值。学术资本主义理论引发对学术自由和学术价值的广泛讨论，是高等教育机构与市场经济间相互作用而产生的研究，解释高教机构的商业化趋势缘由，强调了知识商品化的价值和市场需求对高等教育的重要影响，并对该趋势的利弊进行详细分析。

应用型高校创新创业教育生态系统的要素包括课程设置与教学、师资队伍、学生创新创业社群、创新创业资源支持、创新创业文化与氛围、外部合作与合作伙伴关系、创新创业评价与认证体系、政策与法规支持以及创新创业国际化等，这些要素共同构成了不断演进升级的生态系统。生态系统的特征凸显了目标与理念的一致性、生命和动态的耦合性、互促与制衡的二元性、整体与局部的统一性，其功能包括教育培训、创业项目支持、资源整合和对接、双创文化建设和评估、社会影响力和产业发展等。

系统架构体现了生态系统理论中重要因素的作用，包括无机环境（创新文化与创业精神，营造良好外部氛围）、生产者（双创师资力量和课程体系，是系统中最微观的部分，提供创新创业教育，培养学生双创思维和能力以及产生高水平科研成果）、分解者（支持性机构组织，包括创意评估、技术指导、资源支持、专业咨询等服务，推动创新成果转化）、消费者（生态系统中的次主体，基于校企深度合作，有效沟通大学和市场，反馈市场信息，协助培养创新人才，吸收转化成果并商业化）、催化剂（有利于加快创意想法产生和转化的创业活动，提高资源流动和循环速度）等，从制度条件、系统条件、输出、结果四层结构和宏观、中观、微观三个层面来剖析其组织与运行。掌握非线性机制、动态平衡机制和涨落机制对研究应用型高校双创生态系统的演进发展大有裨益。

第四章

基于调研的区域应用型高校创新创业教育生态系统现状和困境

对应用型高校创新创业教育生态系统的要素、结构、功能等系统梳理后，开展对生态系统现状及困境的调查和研究，由于受地域经济水平、政策、制度、双创文化氛围等方面影响，各地区的高校创新创业教育发展规模、成效有较大差异，本章以浙江省区域内的应用型高校为研究对象，采用问卷的形式进行整体调查，对数据无法呈现的内容进行访谈和实地调查，由此提高对区域应用型高校创新创业教育现状的了解。

第一节　区域应用型高校创新创业教育生态系统现状和困境问卷调查

一、问卷设计与调查实施

（一）问卷设计

首先保证后续研究的数据支撑和现状分析，采取问卷调查的方式开展研究。在高校创新创业教育生态系统中，学生、教师、管理人员、科研人员、企业、政府等都是参与主体，其中尤为活跃的群体自当是学生和教师，无论是创新创业知识传授、创业实践、创新创业竞赛、创新创业技能培训等都主要围绕这两个群体。因此，问卷分教师卷和学生卷，为保证问卷的信度和效度，本研究采用《创新创业教育的评价与监测研究》课题的调查问卷（分教师卷和学生卷）中的部分内容，对浙江部分省内高校（包括地方本科院校、高职院校）进行调查，重点是应用型本科院校。学生问卷数据采集于 9 所地方本科院校、7 所高职院校，内容主要包括创新创业课程、竞赛、实践、政策、创新创业教育评价、师生共创实施成效和障碍评价等方面；教师问卷数据主要采集于 8 所地方本科院校，为了进行不同高校人口变量差异化分析等，又采集了人数相当的 12 所高职院校教师数据，问卷内容包括创新创业教育运行机制、组织形式、政策保障机制、激励机制、师生共创等评价。题型主要选择的是李克特五点式量表、多选题和多选排序题。

（二）问卷的调查与实施

调研面向省内高校的教师和学生，通过问卷星网上问卷填写方式开展调查。所有问卷主要以主观评价为主，学生卷共收到有效问卷 6496 份（其中普通本科院校学生有效问卷 3603 份，回收率为 97.4%；高职院校学生卷 2893 份，回收率为 92.7%）。教师卷共收到有效问卷 1029 份（其中收到普通本科院校教师有效问卷 514 份，回收率为 97.7%；高职院校有效问卷 515 份，回收率为 97.2%）。

（三）调查汇总分析

调查主要以问卷形式为主，辅以部分典型院校的师生和管理人员的访谈，形成深入探讨的案例资料（见表 4-1）。问卷分析主要在第四章呈现，案例综合分析和比较主要在第六章呈现。

表 4-1　　　　　　　　　　调查分析汇总

分析维度	调查问卷	访谈情况
课程与教学开展现状	问卷调查《学生卷》《教师卷》	各类型高校课程建设访谈介绍
组织管理和运行机制	问卷调查《教师卷》	高校创业学院建设等案例介绍
政策、保障体系等现状	问卷调查《教师卷》《学生卷》	各类型高校宏观生态案例介绍
专创融合情况	问卷调查《教师卷》《学生卷》	各类型高校微观生态案例介绍
存在主要问题或障碍	问卷调查《教师卷》《学生卷》	各类型高校访谈综合分析

二、样本分布的描述性统计分析

(一) 样本分布的描述性统计分析 (学生卷) (见表4-2、表4-3)

表 4-2　　　　　　样本分布的描述性统计 (地方本科院校学生)

变量	类别	人数	百分比 (%)	变量	类别	人数	百分比 (%)
性别	男	1690	46.91	学科	哲学	22	0.61
	女	1913	53.09		经济学	436	12.10
年级	二年级	1972	54.73		法学	93	2.58
	三年级	845	23.45		教育学	297	8.24
	四年级	289	8.02		文学	202	5.61
	五年级	53	1.47		历史学	27	0.75
	未选择 (已毕业)	444	12.32		理学	235	6.52
学习成绩	前25%	1305	36.22		工学	1088	30.20
	中上25%	1296	35.97		农学、军事学	21	0.58
	中下25%	738	20.48		医学	403	11.19
	后25%	264	7.33		管理学	608	16.87
	合计	3603			艺术学	171	4.75

表 4-3　　　　　　样本分布的描述性统计 (高职院校学生)

变量	类别	人数	百分比 (%)	变量	类别	人数	百分比 (%)
性别	男	1345	46.49	学科	工学	392	13.55
	女	1548	53.51		农学	113	3.91
年级	二年级	1849	63.91		医学	619	21.40
	三年级	830	28.69		管理学	597	20.64
	未选择 (已毕业)	214	7.40		艺术学	49	1.69
学科	经济学	881	30.45		文史哲法军事教育	48	1.66
	理学	194	6.71		合计	2893	

（二）样本分布的描述性统计分析（教师卷）（见表4-4、表4-5）

表4-4　　　　　　样本分布的描述性统计（地方本科院校教师）

变量	类别	人数	百分比（％）	变量	类别	人数	百分比（％）
性别	男	261	50.78	从事创业教育相关工作的年限	2年及以内	193	37.55
	女	253	49.22		3~5年	128	24.90
年龄	30周岁及以下	140	27.24		6~9年	94	18.29
	31~35周岁	149	28.99		10年及以上	99	19.26
	36~40周岁	126	24.51	创新创业教师类型	辅导员等学生工作的教师	217	42.22
	41周岁及以上	99	19.26		创业领域的专业教师	53	10.31
学科	哲学	14	2.72		非创业领域的专业教师	120	23.35
	经济学	45	8.75		校外创业教师	16	3.11
	法学	53	10.31		未上过创业课	79	15.37
	教育学	65	12.65		其他	29	5.64
	文学	46	8.95	职称	正高级	20	3.89
	历史学	6	1.17		副高级	130	25.29
	理学	41	7.98		中级	249	48.44
	工学	113	21.98		初级	70	13.62
	农学	8	1.56		未定级	45	8.75
	医学	14	2.72	最高学位	学士	46	8.95
	军事学	2	0.39		硕士	328	63.81
	管理学	90	17.51		博士（博士后）	111	21.60
	艺术学	17	3.31		其他	29	5.64

表 4-5 样本分布的描述性统计（高职院校教师）

变量	类别	人数	百分比（%）	变量	类别	人数	百分比（%）
性别	男	239	46.41	从事创业教育相关工作的年限	2年及以内	213	41.36
	女	276	53.59		3~5年	159	30.87
年龄	30周岁及以下	220	42.72		6~9年	59	11.46
	31~35周岁	128	24.85		10年及以上	84	16.31
	36~40周岁	83	16.12	创新创业教师类型	辅导员等学生工作的教师	165	32.04
	41周岁及以上	84	16.31		创业领域的专业教师	66	12.82
学科	哲学	11	2.14		非创业领域的专业教师	141	27.38
	经济学	55	10.68		校外创业教师	28	5.44
	法学	32	6.21		未上过创业课	59	11.46
	教育学	65	12.62		其他	56	10.87
	文学	36	6.99	职称	正高级	29	5.63
	历史学	15	2.91		副高级	83	16.12
	理学	32	6.21		中级	199	38.64
	工学	108	20.97		初级	106	20.58
	农学	36	6.99		未定级	98	19.03
	医学	28	5.44	最高学位	学士	99	19.22
	军事学	0	0.00		硕士	300	58.25
	管理学	69	13.40		博士（博士后）	19	3.69
	艺术学	28	5.44		其他	97	18.83

（三）列联分析

对地方本科院校教师卷样本数据进行列联分析，来了解受访教师年龄、学位、职称、类型和从事双创教育的工作年限的分布情况。如表4-6所示，中青年硕士占比最高，尤其是31~35周岁的教师占比为32.012%；博士学位中36~40周岁教师占比最高，为35.135%。双创教师主要是年龄偏大的副高级教师（占比同职称的44.615%）和青年讲师，尤其是31~35周岁的中级教师占比为41.366%。

表4-6　　　　　　　　教师年龄、学位、职称等分布情况

题目	名称	年龄				总计（人）
		30周岁及以下	31~35周岁	36~40周岁	41周岁及以上	
最高学位	学士	19(41.304%)	12(26.087%)	1(2.174%)	14(30.435%)	46
	硕士	96(29.268%)	105(32.012%)	84(25.610%)	43(13.110%)	328
	博士（博士后）	6(5.406%)	29(26.126%)	39(35.135%)	37(33.333%)	111
	其他	19(65.517%)	3(10.345%)	2(6.897%)	5(17.241%)	29
	总计	140	149	126	99	514
职称	正高级	4(20.000%)	4(20.000%)	2(10.000%)	10(50.000%)	20
	副高级	8(6.154%)	18(13.846%)	46(35.385%)	58(44.615%)	130
	中级	40(16.064%)	103(41.366%)	76(30.522%)	30(12.048%)	249
	初级	55(78.571%)	15(21.429%)	0(0.00%)	0(0.00%)	70
	未定级	33(73.334%)	9(20.000%)	2(4.444%)	1(2.222%)	45
	总计	140	149	126	99	514

　　表4-7显示，受访教师中辅导员等学生工作教师、创业领域的专业教师、非创业领域的专业教师成为双创教师队伍主体，从事创业教育相关工作的年限也不是太长，主要是5年以内。辅导员等学生工作教师普遍年轻化，多数教师从事双创教育相关工作年限不长，2年及以内占43.779%，3~5年占30.415%；创业领域的专业教师工作年限稍长，3~5年占41.509%，6~9年占24.528%；非创业领域的专业教师则分布较均匀，校外创业教师受访人数偏少，这也与双创校外师资库建设还不完善有关。

表4-7　　　　　　　　双创教师类型、工作年限等分布情况

题目	名称	从事创业教育相关工作的年限				总计（人）
		2年及以内	3~5年	6~9年	10年及以上	
创新创业课教师类型	辅导员等学生工作教师	95(43.779%)	66(30.415%)	37(17.051%)	19(8.756%)	217
	创业领域的专业教师	8(15.094%)	22(41.509%)	13(24.528%)	10(18.868%)	53
	非创业领域的专业教师	29(24.167%)	26(21.667%)	24(20.000%)	41(34.166%)	120
	校外创业教师	8(50.000%)	4(25.000%)	3(18.750%)	1(6.250%)	16
	未上过创业课	40(50.633%)	6(7.595%)	12(15.190%)	21(26.582%)	79
	其他	13(44.828%)	4(13.793%)	5(17.241%)	7(24.138%)	29
	总计	193	128	94	99	514

三、问卷信度分析

(一) 地方本科院校学生卷信度分析

本书以地方本科院校为主要研究对象，当涉及人口学变量差异性分析，如不同类型高校进行创新创业教育生态时，会将本科和高职数据合并分析。对本科学生问卷数据做异常值分析，剔除无效样本，得到有效问卷。调查问卷分6个维度进行设计（见表4-8），包括创业课程与教师授课、创业竞赛、创业实践、创业政策、创业教育评价、师生共创评价。问卷采用李克特五点式量表，"1"表示非常不同意，"2"表示比较不同意，"3"表示一般，"4"表示比较同意，"5"表示非常同意。

表4-8　　　　　　　　学生卷李克特五点式量表的信度分析

维度	克隆巴赫 α 系数	项数
创业课程和教师授课	0.941	6
创业竞赛	0.954	8
创业实践	0.946	6
创业政策	0.958	6
创业教育评价	0.963	5
量表整体	0.985	31

从学生视角来考查微观创新创业教育和宏观创新创业政策的实施效果。本书采用 SPSS 26.0 软件对收集的数据进行信度和效度分析，用克隆巴赫 α 系数和 CR 值作为衡量目标，一般认为克隆巴赫系数大于 0.7 时都是可以接受的，且认为 CR 值大于 0.5 时问卷具有较好的信度。

作为测量问卷数据可靠程度的检验方式，克隆巴赫 α 系数检验法具有一定的科学性。学生卷整体信度值为 0.985 > 0.7，组合信度 CR > 0.5，说明信度水平较高，且从表4-9至表4-13可知，"删除项后的 α 系数"值均稍低于 α 系数，说明所有维度的各项选择较为恰当。

表 4 – 9　　　　　　　创业课程和授课维度信度分析

序号	分析项名	删除的项与删除项后的总体的相关性	删除项后的克隆巴赫 α 系数	参考结论
1	创业教育课程类型多样	0.839	0.927	较好
2	教师授课方式多样	0.836	0.928	较好
3	教师具有创业经历	0.809	0.931	较好
4	教师具有丰富的创业教育教学经验	0.847	0.926	较好
5	创业课程内容与自己所学专业知识结合紧密	0.776	0.935	较好
6	创业课程内容与时代前沿趋势结合紧密	0.822	0.929	较好

表 4 – 10　　　　　　　创业竞赛维度信度分析

序号	分析项名	删除的项与删除项后的总体的相关性	删除项后的克隆巴赫 α 系数	参考结论
1	创业竞赛种类多样	0.802	0.949	较好
2	参加的创业竞赛项目较容易落地	0.760	0.952	较好
3	创业竞赛项目与专业结合度较高	0.768	0.952	较好
4	创业竞赛提升了创业能力	0.890	0.944	较好
5	创业竞赛提升了创业自信心	0.885	0.944	较好
6	创业竞赛拓展了人际关系网络	0.854	0.946	较好
7	创业竞赛提升了团队合作能力	0.836	0.947	较好
8	创业竞赛对于真实创业有较大帮助	0.829	0.947	较好

表 4 – 11　　　　　　　创业实践维度信度分析

序号	分析项名	删除的项与删除项后的总体的相关性	删除项后的克隆巴赫 α 系数	参考结论
1	创业实践有校内外指导教师	0.828	0.937	较好
2	创业实践有专项创业基金支持	0.828	0.937	较好
3	学校提供一体化的创业实践服务	0.868	0.932	较好
4	创业实践有独立的大学生创业园	0.804	0.940	较好
5	创业实践有专门的校外实践基地	0.852	0.934	较好
6	创业实践项目与专业学习结合度高	0.831	0.936	较好

表 4 – 12   创业政策维度信度分析

序号	分析项名	删除的项与删除项后的总体的相关性	删除项后的克隆巴赫 α 系数	参考结论
1	国家减免大学生自主创业企业税	0.881	0.948	较好
2	地方政府简化大学生企业注册申请流程	0.891	0.947	较好
3	学校提供创业的启动基金（无息贷款）	0.870	0.949	较好
4	社会提供指导创业的免费培训	0.856	0.951	较好
5	创业政策有助于提升个人创业意愿	0.854	0.951	较好
6	创业政策对开展创业有切实的帮助	0.850	0.951	较好

表 4 – 13   创业教育评价维度信度分析

序号	分析项名	删除的项与删除项后的总体的相关性	删除项后的克隆巴赫 α 系数	参考结论
1	创业教育有助于丰富创业知识	0.900	0.952	较好
2	创业教育有助于培养创新精神	0.896	0.953	较好
3	创业教育有助于提升创业技能	0.916	0.950	较好
4	创业教育有助于激发创业意愿	0.902	0.952	较好
5	对学校创业教育质量总体满意	0.854	0.960	较好

（二）地方本科院校教师卷信度分析

教师调查问卷李克特五点式量表部分分为 5 个维度（见表 4 – 14），在后续小节中将从宏观、中观和微观三个视角来探讨教师对学校创新创业教育生态系统构建情况的认知与理解。

表 4 – 14   创新创业教育生态系统影响因素量表信度分析

变量名称	变量题项	标准化载荷系数	平均方差萃取 AVE 值	组合信度 CR
顶层设计和组织架构	1. 学校重视双创教育并成立相关工作领导小组	0.895	0.746	0.936
	2. 学校有系统的双创教育发展专项规划	0.864		
	3. 成立专门的创业管理部门	0.839		
	4. 配备创业教育师资和专职管理人员	0.860		
	5. 创业学院有专门办公实践场地和软环境配备	0.852		

续表

变量名称	变量题项	标准化载荷系数	平均方差萃取 AVE 值	组合信度 CR
激励机制	1. 有政府部门推动高校创业教育的激励机制	0.852	0.697	0.932
	2. 有行业企业推动高校创业教育的激励机制	0.843		
	3. 有专业教师参与创业教育教学的激励机制	0.870		
	4. 学校有鼓励师生共同开展科创项目的政策	0.846		
	5. 有相对独立针对创业教师的职称晋升机制	0.794		
	6. 鼓励基于创新的创业或高端技术的创业	0.812		
教育教学创新	1. 建立分层分类的创新创业教育课程体系	0.826	0.705	0.956
	2. 将双创教育与专业教育相融合	0.863		
	3. 面向全体学生开设创新创业教育课程	0.818		
	4. 建有结合专业的创业教育专门课程群	0.883		
	5. 建有创业类慕课以及案例库等在线开放课程	0.823		
	6. 编有满足学生多样化学习需求的创业教材	0.837		
	7. 设有创新创业教育教学研究项目	0.826		
	8. 有支撑双创教育的实验室或实训中心等载体	0.841		
	9. 鼓励师生合作开展创新实验、自主创业等活动	0.839		
制度保障	1. 创业教育面向全体学生	0.783	0.695	0.954
	2. 建立校企协同的创业教育机制	0.841		
	3. 二级学院的考核包含创业教育业绩指标	0.817		
	4. 学校有合理的师生共创的考核评价机制	0.815		
	5. 强调跨学院或跨学科的创业教育合作机制	0.849		
	6. 有灵活的创业学分互认机制	0.816		
	7. 学校积极落实各级政府出台的创业支持政策	0.864		
	8. 设有充足的创业教育经费	0.866		
	9. 大学生创业园或众创空间有良好运行机制	0.853		
师资建设	1. 师资的数量充足并且专兼结合	0.846	0.712	0.952
	2. 组织教师参加校外各类创业导师培育工程	0.827		
	3. 加强教师创业教育教学能力建设	0.877		
	4. 有合理的校内外师资聘任管理办法	0.834		
	5. 有相关教师到企业挂职锻炼制度	0.796		
	6. 鼓励教师带领学生进行创新创业	0.856		
	7. 将个人创业教育业绩纳入教师绩效考核标准	0.860		
	8. 将个人创业教育业绩纳入教师职称评聘条件	0.850		

表 4 – 14 显示了创新创业教育生态系统各元素的组合信度大于 0. 9，说明问卷信度水平较高，对总量表进行总体删除项后的克隆巴赫 α 系数发现结论异常，故剔除掉不符合的两项，得到有效的 36 项题项，并分成 5 个维度，分别是顶层设计和组织架构、激励机制、教育教学创新、制度保障、师资建设。由标准化载荷系数可知，这些因素在创新创业生态系统构建中所占权重相差不大，是整个生态系统不断演进成长的关键因素。

四、问卷效度分析

效度分析是用来验证问卷的有效性，使用 KMO 和 Bartlett 球形度检验进行有效验证，KMO 值为 0. 981，大于 0. 8，并通过 Bartlett 检验（对应的 P 值为 0，小于 0. 05），说明研究数据效度较好，问卷具有一定的可靠性。

（一）学生卷创新创业教育影响因素量表效度分析

学生卷中对创新创业教育影响因素、认知和评价方面进行效度分析（见表 4 – 15）。

表 4 – 15　　　　　　　　　　　解释总方差

成分	特征根			旋转后方差解释率		
	特征根	方差解释率（%）	累计百分比（%）	特征根	方差解释率（%）	累计百分比（%）
1	21. 388	69. 0	69. 0	8. 240	26. 6	26. 6
2	1. 686	5. 4	74. 4	5. 341	17. 2	43. 8
3	0. 922	3. 0	77. 4	5. 148	16. 6	60. 4
4	0. 747	2. 4	79. 8	3. 600	11. 6	72. 0
5	0. 588	1. 9	81. 7	3. 003	9. 7	81. 7

方差解释表中，选择主成分个数为 5 时，变量解释的特征根低于 1，变量解释的贡献率达到 81. 7%。

数据可能存在来源相同、测量环境相似等问题，导致数据存在共同方法偏差。采用 Harman 单因素检验进行共同方法偏差检验（见表 4 - 16），使用所有原始题项进行探索性因子分析，发现第一个因子旋转后的方差解释量为 26.6%，未超过学者给出的 40% 的临界值①。由此可知，本研究不存在明显的同源方差问题。

表 4 - 16　　　　　　　学生调查问卷效度分析结果

内容	旋转后因子载荷系数					
	因子 1	因子 2	因子 3	因子 4	因子 5	共同度（公因子方差）
创业教育课程类型多样	0.299	0.749	0.248	0.214	0.236	0.814
教师授课方式多样	0.304	0.755	0.241	0.220	0.218	0.817
教师具有创业经历	0.265	0.732	0.233	0.244	0.231	0.773
教师具有丰富的创业教育教学经验	0.312	0.761	0.266	0.240	0.169	0.834
创业课程内容与自己所学专业知识结合紧密	0.245	0.531	0.207	0.157	0.639	0.818
创业课程内容与时代前沿趋势结合紧密	0.323	0.570	0.366	0.168	0.440	0.785
创业竞赛种类多样	0.300	0.445	0.473	0.264	0.381	0.726
参加的创业竞赛项目较容易落地	0.256	0.442	0.337	0.249	0.571	0.763
创业竞赛项目与专业结合度较高	0.279	0.355	0.352	0.243	0.661	0.824
创业竞赛提升了创业能力	0.396	0.325	0.649	0.208	0.343	0.846
创业竞赛提升了创业自信心	0.398	0.311	0.674	0.197	0.317	0.849
创业竞赛拓展了人际关系网络	0.412	0.315	0.696	0.231	0.174	0.837
创业竞赛提升了团队合作能力	0.452	0.280	0.679	0.283	0.128	0.840
创业竞赛对于真实创业有较大帮助	0.414	0.254	0.643	0.276	0.254	0.790
创业实践有校内外指导教师	0.365	0.314	0.522	0.469	0.252	0.787
创业实践有专项创业基金支持	0.355	0.293	0.450	0.539	0.277	0.782
学校提供一体化的创业实践服务	0.383	0.389	0.376	0.560	0.259	0.820
创业实践有独立的大学生创业园	0.409	0.321	0.423	0.575	0.057	0.782
创业实践有专门的校外实践基地	0.374	0.383	0.313	0.636	0.172	0.818

① 曾五一，黄炳艺. 调查问卷的可信度和有效度分析 [J]. 统计与信息论坛，2005（6）：13 - 17.

续表

内容	旋转后因子载荷系数					
	因子1	因子2	因子3	因子4	因子5	共同度（公因子方差）
创业实践项目与专业学习结合度高	0.393	0.342	0.328	0.498	0.382	0.773
国家减免大学生自主创业企业税	0.682	0.235	0.171	0.424	0.294	0.816
地方政府简化大学生企业注册申请流程	0.699	0.228	0.175	0.397	0.323	0.834
学校提供创业的启动基金（无息贷款）	0.658	0.235	0.135	0.457	0.319	0.817
社会提供指导创业的免费培训	0.639	0.251	0.115	0.469	0.346	0.824
创业政策有助于提升个人创业意愿	0.763	0.266	0.330	0.227	0.189	0.849
创业政策对开展创业有切实的帮助	0.772	0.280	0.359	0.201	0.161	0.869
创业教育有助于丰富创业知识	0.775	0.285	0.380	0.165	0.129	0.870
创业教育有助于培养创新精神	0.778	0.274	0.372	0.185	0.121	0.868
创业教育有助于提升创业技能	0.768	0.276	0.387	0.165	0.158	0.868
创业教育有助于激发创业意愿	0.753	0.279	0.392	0.161	0.162	0.850
对学校创业教育质量总体满意	0.654	0.369	0.340	0.273	0.189	0.789

（二）教师卷效度分析

效度分析只对问卷中的学校宏观和中观政策措施、微观策略等方面进行效度分析，对创新创业教育评价方面则不做效度分析。

KMO 检验的结果显示其值为 0.978，同时，Bartlett 球形度检验的结果显示，显著性 P 值为 0.000（见表 4 – 17），水平上呈现显著性，拒绝原假设，各变量间具有相关性，因子分析有效，程度为适合。

表 4 – 17　　　　　　创业教育教师的能力提升因素量表效度检验

KMO 检验和 Bartlett 检验		
KMO 值	0.978	
Bartlett 球形度检验	近似卡方	21970.278
	df	703
	P	0.000 ***

注：*** 代表 1% 的显著性水平。

方差解释表中，选择主成分个数为 3 时，变量解释的特征根高于 1，变量解释的贡献率达到 72.1%（见表 4-18）。

表 4-18　　　　　　　　　　　解释总方差

成分	特征根			旋转后方差解释率		
	特征根	方差解释率（%）	累计百分比（%）	特征根	方差解释率（%）	累计百分比（%）
1	24.194	63.7	63.7	12.308	32.4	32.4
2	2.140	5.6	69.3	8.887	23.4	55.8
3	1.081	2.8	72.1	6.220	16.4	72.1

结合表 4-18 和载荷矩阵，可以分析到每个主成分中隐变量的重要性，包括顶层设计因子、激励机制因子和政策保障因子等。

数据可能存在来源相同、测量环境相似等问题，导致数据存在共同方法偏差。采用 Harman 单因素检验进行共同方法偏差检验（见表 4-19），使用所有原始题项进行探索性因子分析，发现第一个因子的方差解释量为 32.4%，未超过学者给出的 40% 的临界值。由此可知，本研究不存在明显的同源方差问题。

表 4-19　　　　　　　　　　　旋转后因子载荷系数

内容	旋转后因子载荷系数			共同度（公因子方差）
	因子1	因子2	因子3	
学校很重视创新创业教育，成立相关工作领导小组	0.256	0.768	0.281	0.735
有系统的创新创业教育发展专项规划	0.342	0.626	0.384	0.656
成立专门的创业管理部门（如创业学院）	0.183	0.867	0.041	0.787
配备创业教育师资和专职管理人员	0.323	0.749	0.225	0.716
创业学院有专门办公、实践场地及软环境配备	0.299	0.772	0.195	0.723
二级学院的考核包含创业教育业绩指标	0.297	0.597	0.375	0.585
有政府部门推动高校创业教育的激励机制	0.245	0.664	0.399	0.661
有行业企业推动高校创业教育的激励机制	0.291	0.544	0.550	0.683
强调跨学院或跨学科的创业教育合作机制	0.439	0.466	0.549	0.711

内容	旋转后因子载荷系数			共同度（公因子方差）
	因子 1	因子 2	因子 3	
鼓励基于创新的创业或高端技术的创业	0.389	0.517	0.537	0.707
学校积极落实各级政府出台的创业支持政策	0.408	0.535	0.562	0.768
设有充足的创业教育工作经费	0.422	0.392	0.631	0.731
大学生创业园或众创空间有良好运行机制	0.429	0.408	0.596	0.706
有专业教师参与创业教育教学的激励机制	0.494	0.324	0.649	0.769
有相对独立的针对创业教师的职称晋升机制	0.455	0.127	0.728	0.752
创业教育面向全体学生	0.353	0.623	0.279	0.591
建立校企协同的创业教育机制	0.511	0.489	0.462	0.714
结合学校的专业学科特色开展创业教育	0.544	0.457	0.475	0.731
鼓励师生合作开展创新实验、发表论文、获得专利和自主创业等活动	0.436	0.586	0.345	0.652
学校有鼓励师生共同开展科研创业项目的政策	0.570	0.448	0.403	0.689
学校有合理的师生共创的考核评价机制	0.629	0.315	0.484	0.730
有先进的支撑创新创业教育的实验室、实训中心等载体	0.655	0.312	0.433	0.714
有灵活的创业学分互认机制	0.698	0.372	0.313	0.723
建立了分层分类的创新创业教育课程体系	0.733	0.345	0.348	0.777
将创新创业教育与专业教育相融合	0.710	0.371	0.375	0.782
面向全体学生开设创新创业教育课程	0.620	0.541	0.220	0.726
建有结合专业的创业教育专门课程群	0.731	0.331	0.361	0.774
建有创业类慕课、案例库等在线开放课程	0.749	0.281	0.327	0.747
编有满足学生多样化学习需求的创业教材	0.783	0.187	0.385	0.796
师资的数量充足、专兼结合	0.759	0.207	0.353	0.743
有合理的校内外师资聘任管理办法	0.745	0.311	0.250	0.713
有相关教师到企业挂职锻炼制度	0.654	0.360	0.210	0.602
鼓励教师带领学生进行创新创业	0.720	0.461	0.170	0.759
组织教师参加校外各类创业导师培育工程	0.670	0.549	0.092	0.759
加强教师创业教育教学能力建设	0.722	0.469	0.186	0.776
将个人创业教育业绩纳入教师绩效考核标准	0.749	0.245	0.348	0.742
将个人创业教育业绩纳入教师职称评聘条件	0.743	0.192	0.392	0.743
设有创新创业教育教学研究项目	0.734	0.320	0.318	0.743

第二节　应用型高校创新创业教育宏观
生态系统创建现状与困境

一、宏观生态系统现状分析

(一) 政府政策环境分析 (本科学生卷)

对学生问卷用 SPSS 26.0 软件做描述性统计,发现 CV >0.15,存在异常值。异常值可能是与整体数据情况偏离很大的数据点 (常见的 3σ 准则),也可能在超过某个不合理范围的数据点,在分析中应该首先排除掉异常值,该方法可检测变量中的异常值,并对异常值进行置空或者是填补为其他有效值。利用 SPSS 26.0 软件对数据进行检查,寻找异常值,并对异常值进行平均值填补处理。

由表 4 - 20 可知,大学生认为国家和学校的创业政策尚可,在提升创业意愿和获得切实帮助方面比较认同,众数为 4,其余方面众数为 3,各项最大值为 5、最小值为 1,标准差值较大,说明学生对创业政策的评价褒贬不一。

表 4 - 20　　　　　　　学生对创业政策的评价统计

变量名	样本量	最大值	最小值	平均值	标准差	中位数	方差	峰度	偏度
国家减免大学生自主创业企业税	3603	5	1	3.778	0.896	4	0.803	0.011	-0.374
地方政府简化大学生企业注册申请流程	3603	5	1	3.777	0.887	4	0.787	-0.250	-0.275
学校提供创业的启动基金 (无息贷款)	3603	5	1	3.712	0.928	4	0.861	-0.127	-0.337
社会提供指导创业的免费培训	3603	5	1	3.683	0.947	4	0.897	-0.082	-0.348
创业政策有助于提升个人创业意愿	3603	5	1	3.831	0.878	4	0.771	0.215	-0.487

续表

变量名	样本量	最大值	最小值	平均值	标准差	中位数	方差	峰度	偏度
创业政策对开展创业有切实的帮助	3603	5	1	3.837	0.885	4	0.784	0.198	-0.502
省的创业机会总体良好	3603	5	1	3.536	1.015	4	1.031	-0.120	-0.455

频率表 4-21 显示，国家在减免大学生自主创业企业税、地方政府简化大学生注册申请流程方面力度加大，分别有 61.310% 和 60.644% 的学生认同；学校提供创业启动基金和社会提供指导创业的免费培训方面占比稍低，分别为 57.952% 和 56.231%；学生对创业政策在提升创业意愿和帮助创业实践方面较认同，说明国家和当地政府在创业政策制定方面有一系列倾向于大学生创业的措施。

表 4-21　　　　　　　　学生对创业政策的评价频率

名称	选项	人数	百分比（%）	累计百分比（%）	名称	选项	人数	百分比（%）	累计百分比（%）
国家减免大学生自主创业企业税	1	57	1.582	1.582	社会提供指导创业的免费培训	1	82	2.276	2.276
	2	128	3.553	5.135		2	190	5.273	7.549
	3	1209	33.555	38.690		3	1305	36.220	43.769
	4	1374	38.135	76.825		4	1237	34.333	78.102
	5	835	23.175	100		5	789	21.898	100
地方政府简化大学生企业注册申请流程	1	39	1.082	1.082	创业政策有助于提升个人创业意愿	1	53	1.471	1.471
	2	148	4.108	5.190		2	122	3.386	4.857
	3	1231	34.166	39.356		3	1061	29.448	34.305
	4	1346	37.358	76.714		4	1513	41.993	76.298
	5	839	23.286	100		5	854	23.702	100
学校提供创业的启动基金（无息贷款）	1	65	1.804	1.804	创业政策对开展创业有切实的帮助	1	54	1.499	1.499
	2	190	5.273	7.077		2	128	3.553	5.051
	3	1260	34.971	42.048		3	1046	29.031	34.083
	4	1291	35.831	77.879		4	1500	41.632	75.715
	5	797	22.121	100		5	875	24.285	100

在问及创业政策对提升大学生创业意愿，促进更多机会型创业方面，调查数据众数为4，65.695%的受访者认为，目前的区域创业政策对大学生创新创业实践和落地开创企业具有一定的推动作用，能提升个人的创业意愿，且都以机会型创业为主，包括国家减免大学生自主创业的企业税、区域政府简化大学生企业注册流程等有益措施，表明创业政策对学生有效实施创业活动和项目具有一定的帮助。

利用 Pearson 卡方检验分析的结果显示（见表 4－22），基于在校本科生和创业政策有助于提升个人创业意愿，显著性 P 值为 0.000，水平上呈现显著性，拒绝原假设，因此对于不同年级在校本科生和创业政策有助于提升个人创业意愿数据存在显著性差异。效应量化分析的结果显示，创业政策有助于提升个人创业意愿 Cramer's V 值为 0.113，Phi = 0.227，lambda = 0.004，因此创业政策有助于提升个人创业意愿和在校各年级本科生的差异程度为弱程度差异。

表 4－22　　在校本科生对创业政策有助于提升个人创业意愿的卡方检验

题目	名称	在校本科生					总计	X^2	P
		未选择（－3）	二年级(1)	三年级(2)	四年级(3)	五年级(4)			
创业政策有助于提升个人创业意愿	1	2 (3.774%)	17 (32.075%)	14 (26.415%)	15 (28.302%)	5 (9.434%)	53	184.925	0.000***
	2	8 (6.557%)	48 (39.344%)	30 (24.590%)	25 (20.492%)	11 (9.016%)	122		
	3	111 (10.462%)	574 (54.100%)	288 (27.144%)	69 (6.503%)	19 (1.791%)	1061		
	4	185 (12.227%)	869 (57.436%)	350 (23.133%)	99 (6.543%)	10 (0.661%)	1513		
	5	138 (16.159%)	464 (54.332%)	163 (19.087%)	81 (9.485%)	8 (0.937%)	854		
总计		444	1972	845	289	53	3603		

注：*** 代表 1% 的显著性水平。

卡方检验分析的结果显示，$X^2 = 95.618$，基于在校本科生和省的创业机会总体良好，显著性 P 值为 0.000，水平上呈现显著性，拒绝原假设，因此对于在校本科生和全省的创业机会总体良好间数据存在显著性差异。图 4-1 以热力图的形式展示了交叉列联表的值，主要通过颜色深浅表示值的大小，二年级、三年级学生相较高年级更认同全省创新创业大环境、创业机会良好。效应量化分析的结果显示，phi = 0.163，两样本之间的关联程度弱，Cramer's V 值为 0.081，因此区域创业机会总体良好和在校本科生的差异程度为弱程度差异。

省的创业机会总体良好

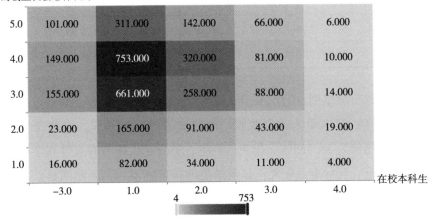

图 4-1　各年级在校本科生与省的创业机会总体良好两变量的热力图

采用多选排序题考察学校扶持大学生创业的政策措施（至多选三项），1（代表选择，且排第一）、2（代表选择，且排第二）、3（代表选择，且排第三）、-2（代表未选择）。先进行描述性统计，将一选、二选、三选人数及所占百分比统计得出如表 4-23 所示，最后对选项进行加权比例统计。多选排序题中的一选、二选、三选就是变量值，为了权衡各个变量值轻重就需要进行赋权，以表明一选、二选、三选重要性依次递进，即一选权数 > 二选权数 > 三选权数，按照权数合理得出的平均数即为"加权比例平均数"①。权重选择可以采用层次分析法来确定，也可以进行较为简单的赋值，此处在选择一至三项时，一选赋 3，二选赋 2，三选赋 1，通过把每

---

① 赵丽. 社会统计中多选排序题的统计处理方法探讨［J］. 统计与决策, 2021 (21)：71-73.

个选择比例与权数相乘后计算平均比例，最后得到总的加权比例。

表 4-23　　　　　　　　学校扶持大学生创业的政策措施统计

内容	一选人数（人）	一选比例（%）	二选人数（人）	二选比例（%）	三选人数（人）	三选比例（%）	加权比例（%）	标准差
无息贷款	1071	29.725	302	8.382	348	9.659	38.533	1.873
创业奖学金	1397	38.773	1067	29.614	374	10.380	61.976	1.614
推免研究生	293	8.132	566	15.709	478	13.267	23.027	2.051
入驻创业园	592	16.431	873	24.230	831	23.064	40.272	2.070
学分互认	164	4.552	277	7.688	565	15.681	14.904	2.013
其他	86	2.387	54	1.499	38	1.055	3.738	0.827

大学扶持学生创业的政策措施最重要的是创业奖学金，加权比例最高为 61.976%，其次是入驻创业园，加权比例为 40.272%，再次是无息贷款，加权比例为 38.533%，推免研究生、学分互认等的有效性和学生重视性稍显不足，且标准差较大，显示学生的认可度不一，差距明显。在政府出台一系列有利于大学生创业的政策之外，学校扶持大学生创业的政策措施力度稍显薄弱，很多选项众数为 -2（学生未选择）。无息贷款和创业奖学金是学校常见的扶持大学生创业的政策，分别有 29.725% 和 38.773% 的学生首选这两项，也有不少学校鼓励学生入驻创业园，有 16.431% 的学生首选了该选项，而学分互认和推免研究生等其他措施，高校开展的力度还不够，亟待加强。

（二）创业政策、文化环境分析（本科教师卷）

区域创业政策和环境方面，76.265% 的受访教师认同或较认同目前的就业政策和环境良好，有利于高校师生创新创业。68.677% 的受访教师认同或较认同目前政府部门建立的一系列推动高校创新创业教育的激励机制。在行业企业推动高校创业教育激励机制方面，60.895% 的受访教师认同或较认同，相较于政府部门，企业、行业在推动高校双创教育方面有待提升，尤其是现在创新驱动大背景下，大力倡导创新产教融合、科教融汇的模式，更需建立巩固合作地位的科学可行的激励机制（见图4-2、图4-3、图4-4）。

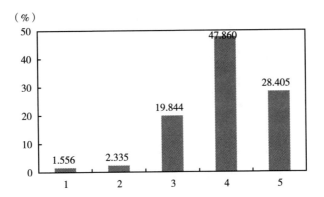

图4-2 教师对区域创业政策和环境评价统计

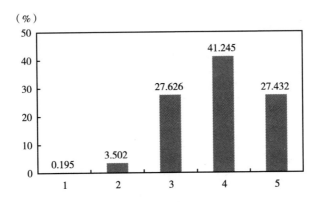

图4-3 政府推动高校创业教育激励机制评价统计

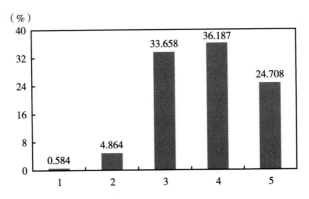

图4-4 行业企业推动高校创业教育激励机制统计

　　从表4-24可知，教师对创新创业文化环境营造方面的认可度要高于政府和企业创新创业激励机制的建立，尤其是行业、企业在推进高校创业教育方面力度还是不够，平均值最低，峰值也不高，标准差最大为0.889，显示教师对其评价的两极化。从图4-5至图4-7可知，营造良好的高校双创环境的有效措施包括：挖掘并树立教师成功创新创业典型、营造氛围浓厚的创新创业文化，以及创建全省或全国的创业教师关系网络交流群。其中81.712%的受访教师认为，区域双创文化氛围较为浓厚，对创设良好双创环境尤为关键，传承文化基因，厚植文化土壤，提升创新创业文化影响力对高校双创教育大有裨益；74.513%的受访教师认可，挖掘并树立教师成功双创典型是宣传双创教育、营造双创环境的有效措施；70.428%的受访教师认为，创建全省或全国的创业教师关系网络交流群极为重要，能极大地促进一线创业教师和研究人员的交流合作，提升教师双创教育能力。

表4-24　　　　　　　　创新创业政策环境统计分析

变量名	样本量	最大值	最小值	平均值	标准差	中位数	峰度	偏度
挖掘并树立教师成功创新创业典型	514	5	1	4.025	0.879	4	0.552	-0.757
营造氛围浓厚的创新创业文化	514	5	1	4.165	0.818	4	0.890	-0.893
创建全省或全国的创业教师关系网络交流群	514	5	1	3.934	0.847	4	-0.292	-0.416
有政府部门推动高校创业教育的激励机制	514	5	1	3.922	0.839	4	-0.580	-0.290
有行业企业推动高校创业教育的激励机制	514	5	1	3.796	0.889	4	-0.556	-0.206

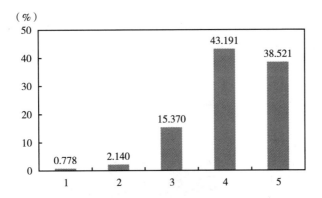

图 4 - 5　营造氛围浓厚的双创文化统计

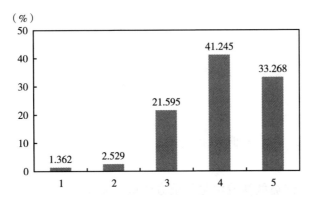

图 4 - 6　挖掘并树立教师成功双创典型统计

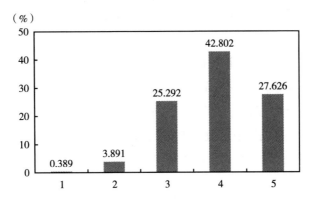

图 4 - 7　创建全省或全国的创业教师关系网络统计

由图 4 – 8 可知，几乎所有地方本科院校都有创业园或科技园，大多数学生（占比为 76.436%）都比较清晰学校的双创教育实践基地的设置，只有少数学生（占比为 15.820%）不了解学校创建的创业环境和创业资源。

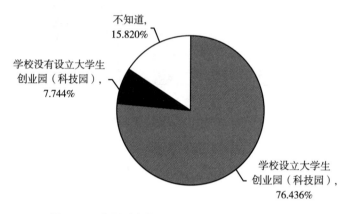

图 4 – 8　应用型高校创业园（科技园）设立情况

二、人口学变量的差异比较

（一）不同类型高校学生政策方面认同差异

利用单因素方差分析来探讨地方本科院校与高职院校学生对创新创业政策的认知差异，使用的样本数据为本科和高职学生的合并数据，共 6496 人。

国家减免大学生自主创业企业税等 6 项（见表 4 – 25），样本量大于 5000，采用 Kolmogorov – Smirnov 检验①，显著性 P 值为 0.000，水平上呈现显著性，拒绝原假设，因此数据不满足正态分布。但这些项的峰度绝对值小于 0.4，并且偏度绝对值小于 0.4，结合正态分布直方图呈现钟形（中间高、两端低），说明数据虽然不是绝对正态，但基本可接受为正态分布。

---

① 戴金辉，袁靖. 单因素方差分析与多元线性回归分析检验方法的比较 [J]. 统计与决策，2016，453（9）：23 – 26.

表 4 – 25   正态性检验结果

变量名	样本量	中位数	平均值	标准差	偏度	峰度	S – W 检验	K – S 检验
国家减免大学生自主创业企业税	6496	4	3.767	0.878	– 0.247	– 0.154	0.859 (0.000 ***)	0.214 (0.000 ***)
地方政府简化大学生企业注册申请流程	6496	4	3.761	0.875	– 0.188	– 0.314	0.861 (0.000 ***)	0.218 (0.000 ***)
学校提供创业的启动基金（无息贷款）	6496	4	3.713	0.903	– 0.229	– 0.203	0.867 (0.000 ***)	0.219 (0.000 ***)
社会提供指导创业的免费培训	6496	4	3.689	0.919	– 0.235	– 0.169	0.867 (0.000 ***)	0.223 (0.000 ***)
创业政策有助于提升个人创业意愿	6496	4	3.818	0.862	– 0.323	– 0.059	0.857 (0.000 ***)	0.216 (0.000 ***)
创业政策对开展创业有切实的帮助	6496	4	3.818	0.869	– 0.340	– 0.063	0.859 (0.000 ***)	0.216 (0.000 ***)

注：*** 代表1%的显著性水平。

方差齐性检验的结果显示（见表4 – 26），对于国家减免大学生自主创业企业税等6项，显著性 P 值分别为 0.257、0.108、0.946、0.547、0.181、0.052，水平上不呈现显著性，不能拒绝原假设，因此数据满足方差齐性。

表 4 – 26   方差分析结果

变量名	变量值	样本量	平均值	标准差	方差检验	Welch's 方差检验
国家减免大学生自主创业企业税	1	3603	3.778	0.896	F = 1.284 P = 0.257	F = 1.298 P = 0.255
	2	2893	3.753	0.855		
	总计	6496	3.767	0.878		
地方政府简化大学生企业注册申请流程	1	3603	3.777	0.887	F = 2.59 P = 0.108	F = 2.608 P = 0.106
	2	2893	3.741	0.859		
	总计	6496	3.761	0.875		
学校提供创业的启动基金（无息贷款）	1	3603	3.712	0.928	F = 0.005 P = 0.946	F = 0.005 P = 0.945
	2	2893	3.713	0.872		
	总计	6496	3.713	0.903		

续表

变量名	变量值	样本量	平均值	标准差	方差检验	Welch's 方差检验
社会提供指导创业的免费培训	1	3603	3.683	0.947	F = 0.362 P = 0.547	F = 0.368 P = 0.544
	2	2893	3.697	0.883		
	总计	6496	3.689	0.919		
创业政策有助于提升个人创业意愿	1	3603	3.831	0.878	F = 1.786 P = 0.181	F = 1.802 P = 0.179
	2	2893	3.802	0.842		
	总计	6496	3.818	0.862		
创业政策对开展创业有切实的帮助	1	3603	3.837	0.885	F = 3.783 P = 0.052 *	F = 3.819 P = 0.051 *
	2	2893	3.794	0.848		
	总计	6496	3.818	0.869		

注：＊代表10%的显著性水平。

表 4 - 26 展示了方差分析的结果，包括均值 ± 标准差的结果、F 检验结果、显著性 P 值。分析每个分析项的 P 值是否显著（P < 0.05）。若呈显著性，拒绝原假设，说明两组数据之间存在显著性差异，可以根据均值 ± 标准差的方式对差异进行分析，反之则表明数据不呈现差异性。地方本科院校与高职院校在国家减免大学生自主创业企业税上的均值分别为 3.778、3.753；由于满足方差齐性，采用单因素方差检验，方差分析结果 P 值为 0.257 > 0.05，因此统计结果不显著，说明不同高校类型在国家减免大学生自主创业企业税上不存在显著差异，其余 5 项结论相同。

（二）不同学科本科生对创业政策环境的认同差异

对本科学生卷进行不同学科对政策环境认同情况的差异性分析，各学科代码如下：哲学（1）、经济学（2）、法学（3）、教育学（4）、文学（5）、历史学（6）、理学（7）、工学（8）、农学（9）、医学（10）、军事学（11）、管理学（12）、艺术学（13）。方差齐性检验的结果显示，对于国家减免大学生自主创业企业税，显著性 P 值为 0.000，水平上呈现显著性，拒绝原假设，因此数据不满足方差齐性，其他 5 项结论一致。

国家减免大学生自主创业企业税方面，由于不满足方差齐性，采用

Welch's 方差检验，F = 6.314，P = 0.000，说明不同学科本科生对该题项具有显著性差异，需要进行事后比较。医学、理学、管理学、经济学、教育学、文学、法学、艺术学、工学、历史学、哲学、农学、军事学的均值分别如下所示：3.772/3.740/3.850/3.778/3.673/3.703/3.591/3.936/3.824/2.852/3.591/3.500/2.111，由此可知，学科间的认同差异存在，军事、历史学本科生明显认同感偏低，而管理学、经济学、艺术学、工学等学科的本科生认同感偏高。

同理，地方政府简化大学生企业注册申请流程，由于不满足方差齐性，采用 Welch's 方差检验，F = 7.565，P = 0.000，说明不同学科本科生对该题项具有显著性差异，艺术学（3.889）、管理学（3.859）、工学（3.810）、医学（3.794）、理学（3.800）本科生对政策环境评价较高，而历史学（2.852）、军事学（2.111）本科生普遍评价偏低。

在学校提供创业的启动基金（无息贷款）方面，由于不满足方差齐性，采用 Welch's 方差检验，F = 9.572，P = 0.000，说明不同学科本科生对该题项具有显著性差异；社会提供指导创业的免费培训，F = 8.972，P = 0.000，说明不同学科本科生对该题项具有显著性差异；创业政策有助于提升个人创业意愿，F = 7.581，P = 0.000，说明不同学科本科生对该题项具有显著性差异；创业政策对开展创业有切实的帮助题项，F = 7.165，P = 0.000，说明不同学科本科生对该题项具有显著性差异，差异情况同前题项。

（三）地方本科院校与高职院校教师对双创政策方面的认同差异

双创宏观政策方面，地方本科院校与高职院校教师是否存在认同差异，需要进一步梳理和检验。区域创业政策和环境良好题项，由于样本容量 < 5000，故采用 Shapiro – Wilk 检验，显著性 P 值为 0.000，水平上呈现显著性，拒绝原假设，因此数据不满足正态分布，其峰度（0.605）绝对值小于 10 并且偏度（-0.777）绝对值小于 3，结合正态分布直方图进一步分析，基本呈现钟形（中间高，两端低），说明数据虽然不是绝对正态，但基本可接受为正态分布。由此，其余 5 个题项结论相同（见表 4 - 27）。

表4-27　　　　　　　　　　　　正态性检验结果

变量名	样本量	中位数	平均值	标准差	偏度	峰度	S-W检验	K-S检验
区域创业政策和环境良好	1029	4	3.963	0.895	-0.777	0.605	0.844 (0.000***)	0.253 (0.000***)
有政府部门推动高校创业教育的激励机制	1029	4	3.932	0.891	-0.512	-0.133	0.856 (0.000***)	0.223 (0.000***)
有行业企业推动高校创业教育的激励机制	1029	4	3.875	0.889	-0.351	-0.453	0.863 (0.000***)	0.213 (0.000***)
挖掘并树立教师成功创新创业典型	1029	4	4.095	0.867	-0.804	0.477	0.827 (0.000***)	0.229 (0.000***)
营造氛围浓厚的创新创业文化	1029	4	4.131	0.842	-0.800	0.430	0.821 (0.000***)	0.23 (0.000***)
创建全省或全国的创业教师关系网络	1029	4	3.985	0.848	-0.529	-0.056	0.848 (0.000***)	0.236 (0.000***)

注：***代表1%的显著性水平。

如表4-28所示，创业政策和环境良好方面，显著性 P 值为 0.297，有政府部门推动高校创业教育的激励机制题项，显著性 P 值为 0.725，营造氛围浓厚的创新创业文化题项，显著性 P 值为 0.194，创建全省或全国的创业教师关系网络交流群题项，显著性 P 值为 0.051，这四项 P 值都大于 0.05，水平上不呈现显著性，不能拒绝原假设，因此数据满足方差齐性。有行业企业推动高校创业教育的激励机制，显著性 P 值为 0.004，挖掘并树立教师成功创新创业典型，显著性 P 值为 0.010，水平上呈现显著性，拒绝原假设，因此数据不满足方差齐性。

表4-28　　　　　　　　　　　　方差分析结果

变量名	变量值	样本量	平均值	标准差	方差检验	Welch's 方差检验
省创业政策和环境良好	地方本科	514	3.992	0.847	F = 1.09 P = 0.297	F = 1.091 P = 0.297
	高职	515	3.934	0.940		
	总计	1029	3.963	0.895		
有政府部门推动高校创业教育的激励机制	地方本科	514	3.922	0.839	F = 0.124 P = 0.725	F = 0.124 P = 0.725
	高职	515	3.942	0.940		
	总计	1029	3.932	0.891		

续表

变量名	变量值	样本量	平均值	标准差	方差检验	Welch's 方差检验
有行业企业推动高校创业教育的激励机制	地方本科	514	3.796	0.889	F = 8.145 P = 0.004 ***	F = 8.145 P = 0.004 ***
	高职	515	3.953	0.883		
	总计	1029	3.875	0.889		
挖掘并树立教师成功创新创业典型	地方本科	514	4.025	0.879	F = 6.722 P = 0.010 ***	F = 6.722 P = 0.010 ***
	高职	515	4.165	0.850		
	总计	1029	4.095	0.867		
营造氛围浓厚的创新创业文化	地方本科	514	4.165	0.818	F = 1.692 P = 0.194	F = 1.692 P = 0.194
	高职	515	4.097	0.866		
	总计	1029	4.131	0.842		
创建全省或全国的创业教师关系网络交流群	地方本科	514	3.934	0.847	F = 3.811 P = 0.051 *	F = 3.811 P = 0.051 *
	高职	515	4.037	0.846		
	总计	1029	3.985	0.848		

注：*** 、* 分别代表1%、10%的显著性水平。

省创业政策和环境良好上的均值分别为3.992/3.934，由于不满足方差齐性，采用Welch's方差检验，方差分析结果P值为0.297 > 0.05，因此统计结果不显著，说明地方本科院校与高职院校在创业政策和环境良好上不存在显著差异。有政府部门推动高校创业教育的激励机制上的均值分别为3.922/3.942；在营造氛围浓厚的创新创业文化上的均值分别为4.165/4.097；创建全省或全国的创业教师关系网络均值分别为3.934/4.037；由于满足方差齐性，采用单因素方差检验，方差分析结果P值分别为0.725 > 0.05、0.194 > 0.05、0.051 > 0.05，因此统计结果不显著，说明在有政府部门推动高校创业教育的激励机制、营造氛围浓厚的创新创业文化和创建全省或全国的创业教师关系网络交流群上不存在显著差异。

有行业企业推动高校创业教育的激励机制上的均值分别为3.796/3.953，由于不满足方差齐性，采用Welch's方差检验，方差分析结果P值为0.004 < 0.05，因此统计结果显著，说明在有行业企业推动高校创业教育的激励机制上存在显著差异。在挖掘并树立教师成功创新创业典型上的均值分别为4.025/4.165，由于满足方差齐性，采用单因素方差检验，方

差分析结果 P 值为 0.010 < 0.05，因此统计结果显著，说明在挖掘并树立教师成功创新创业典型上存在显著差异，由事后比较结果可知，高职院校学生比地区本科院校更认同这两方面。

（四）不同类型创新创业教育教师对双创政策方面的认同差异

利用单因素方差分析对不同类别的教师对双创政策和环境认同进行差异性检验，这 6 个类别教师包括：（1）辅导员等学生工作的教师；（2）创业领域的专业教师；（3）非创业领域的专业教师；（4）校外创业教师；（5）未上过创业课；（6）其他。由表 4 - 29 可知，方差齐性检验显示各项 P < 0.05，故数据不满足方差齐性。

表 4 - 29　　　　　　　　　方差分析结果

变量名	变量值	样本量	平均值	标准差	方差检验	Welch's 方差检验
省创业政策和环境良好	2.0	119	4.059	0.959	F = 2.643 P = 0.022 **	F = 2.568 P = 0.028 **
	5.0	138	3.855	0.956		
	1.0	382	4.065	0.822		
	3.0	261	3.877	0.886		
	6.0	85	3.906	0.908		
	4.0	44	3.773	1.054		
	总计	1029	3.963	0.895		
有政府部门推动高校创业教育的激励机制	2.0	119	3.908	1.008	F = 6.586 P = 0.000 ***	F = 7.011 P = 0.000 ***
	5.0	138	3.710	0.945		
	1.0	382	4.123	0.786		
	3.0	261	3.812	0.877		
	6.0	85	3.906	0.946		
	4.0	44	3.795	0.930		
	总计	1029	3.932	0.891		
有行业企业推动高校创业教育的激励机制	2.0	119	3.908	0.957	F = 4.873 P = 0.000 ***	F = 5.102 P = 0.000 ***
	5.0	138	3.725	0.934		
	1.0	382	4.031	0.780		
	3.0	261	3.732	0.927		
	6.0	85	3.882	0.931		
	4.0	44	3.727	0.949		
	总计	1029	3.875	0.889		

续表

变量名	变量值	样本量	平均值	标准差	方差检验	Welch's 方差检验
挖掘并树立教师成功创新创业典型	2.0	119	4.235	0.831	F = 5.437 P = 0.000 ***	F = 5.244 P = 0.000 ***
	5.0	138	4.043	0.827		
	1.0	382	4.230	0.759		
	3.0	261	3.958	0.962		
	6.0	85	3.941	0.980		
	4.0	44	3.818	0.922		
	总计	1029	4.095	0.867		
营造氛围浓厚的创新创业文化	2.0	119	4.210	0.882	F = 6.816 P = 0.000 ***	F = 6.771 P = 0.000 ***
	5.0	138	4.065	0.830		
	1.0	382	4.293	0.744		
	3.0	261	4.023	0.868		
	6.0	85	3.894	0.988		
	4.0	44	3.818	0.843		
	总计	1029	4.131	0.842		
创建全省或全国的创业教师关系网络交流群	2.0	119	4.134	0.823	F = 5.985 P = 0.000 ***	F = 5.83 P = 0.000 ***
	5.0	138	3.906	0.827		
	1.0	382	4.126	0.777		
	3.0	261	3.858	0.868		
	6.0	85	3.788	1.025		
	4.0	44	3.750	0.839		
	总计	1029	3.985	0.848		

注：*** 、** 分别代表1%、5%的显著性水平。

在省创业政策和环境良好上各类型的均值分别为4.059/3.855/4.065/3.877/3.906/3.773；由于不满足方差齐性，采用 Welch's 方差检验，方差分析结果 P 值为0.022 < 0.05，因此统计结果显著。同理，其余5项呈现的数据结果相似，说明不同的创新创业课教师在创业政策和环境认知等6项上均存在显著差异，其中，创业领域的专业教师的认同度最高，校外创业教师和其他教师认可度相比较而言稍低。

效应量化分析的结果显示（见表4-30），基于区域创业政策和环境良好方面，Eta 方（η^2 值）为 0.013，说明数据的差异有 1.3% 是来源于不同组别间的差异。Cohen's f 值为 0.114，说明数据的效应量化的差异程度为小程度差异。其他 5 项亦然。

表 4 – 30　　　　　　　　　　　效应量化分析

分析项	组间差	总离差	偏 Eta 方	Cohen's f 值
省创业政策和环境良好	10.492	822.597	0.013	0.114
有政府部门推动高校创业教育的激励机制	25.425	815.238	0.031	0.179
有行业企业推动高校创业教育的激励机制	18.909	812.828	0.023	0.154
挖掘并树立教师成功创新创业典型	20.000	772.667	0.026	0.163
营造氛围浓厚的创新创业文化	23.511	729.289	0.032	0.183
创建全省或全国的创业教师关系网络交流群	20.996	738.781	0.028	0.171

不同学科创新创业教育教师对双创政策的认同差异方面，方差齐性检验的结果显示，6 个题项的显著性 P 值分别为 0.807、0.996、0.855、0.123、0.205、0.290，水平上不呈现显著性，不能拒绝原假设，因此数据均满足方差齐性。采用单因素方差检验，方差分析结果 P 值均大于 0.05，因此统计结果不显著，即各学科创新创业教育教师对双创政策 6 个题项差异不显著。用同样的检验方法也可验证不同职称创新创业教育教师对双创政策方面的认同差异不显著；而工作年限不同的双创教育教师对双创政策环境的认同差异除一个题项外其余均不显著，如表 4 – 31 所示。

表 4 – 31　　　　　　　　　　　方差检验结果

变量名	变量值	样本量	平均值	标准差	方差检验	Welch's 方差检验
有行业企业推动高校创业教育的激励机制	3～5 年	287	3.815	0.887	F = 3.421 P = 0.017**	F = 3.354 P = 0.019**
	2 年及以内	406	3.948	0.869		
	10 年及以上	183	3.732	0.907		
	6～9 年	153	3.961	0.902		
	总计	1029	3.875	0.889		

注：** 代表 5% 的显著性水平。

由于满足方差齐性，其余各项采用单因素方差检验，方差分析结果 P 值大于 0.05，因此统计结果不显著，而有行业企业推动高校创业教育的激励机制方面，方差分析结果 P 值为 0.017 < 0.05，因此统计结果显著，即从事创业教育相关工作的年限对该项存在显著差异，工作 6~9 年的教师最认同。做效应量化分析，Eta 方（η^2 值）为 0.01，说明数据的差异有 1.0% 是来源于不同组别间的差异。Cohen's f 值为 0.1，说明数据的效应量化的差异程度为小程度差异。

最后，不同学历学位创业教育教师对双创政策和环境的认同也有差异，除第 2 项有政府部门推动高校创业教育的激励机制，方差齐性检验得 P = 0.051 > 0.05，满足方差齐性，采用单因素方差检验，得 P = 0.324 > 0.05，因此统计结果不显著；其余 5 项 P 值均小于 0.05，不满足方差齐性，故采用 Welch's 方差检验，P 值均小于 0.05，因此统计结果显著，副高级、中级要比正高级、初级更认同双创政策革新和环境优化，但数据效应量分析差异小（见表 4-32）。

表 4-32　　　　　　　　Welch's 方差检验及事后比较

变量名	变量值	样本量	平均值	标准差	方差检验	Welch's 方差检验
区域创业政策和环境良好	副高	628	4.029	0.802	F = 5.183 P = 0.001 ***	F = 3.931 P = 0.009 ***
	中级	130	3.923	0.969		
	正高	145	3.952	0.981		
	初级	126	3.69	1.084		
	总计	1029	3.963	0.895		

注：*** 代表 1% 的显著性水平。

三、相关性分析

（一）本科学生卷政策环境各题项间相关性分析

用 SPSS 软件对创新创业教育相关政策和环境认同评价的各题项进行皮尔逊相关性分析，如表 4-33 所示。

表4-33			相关系数			
题项	1 国家减免大学生自主创业企业税	2 地方政府简化大学生企业注册申请流程	3 学校提供创业的启动基金（无息贷款）	4 社会提供指导创业的免费培训	5 创业政策有助于提升个人创业意愿	6 创业政策对开展创业有切实的帮助
1	1 (0.000 ***)	0.859 (0.000 ***)	0.820 (0.000 ***)	0.794 (0.000 ***)	0.772 (0.000 ***)	0.766 (0.000 ***)
2	0.859 (0.000 ***)	1 (0.000 ***)	0.821 (0.000 ***)	0.813 (0.000 ***)	0.774 (0.000 ***)	0.778 (0.000 ***)
3	0.820 (0.000 ***)	0.821 (0.000 ***)	1 (0.000 ***)	0.823 (0.000 ***)	0.754 (0.000 ***)	0.745 (0.000 ***)
4	0.794 (0.000 ***)	0.813 (0.000 ***)	0.823 (0.000 ***)	1 (0.000 ***)	0.743 (0.000 ***)	0.740 (0.000 ***)
5	0.772 (0.000 ***)	0.774 (0.000 ***)	0.754 (0.000 ***)	0.743 (0.000 ***)	1 (0.000 ***)	0.867 (0.000 ***)
6	0.766 (0.000 ***)	0.778 (0.000 ***)	0.745 (0.000 ***)	0.740 (0.000 ***)	0.867 (0.000 ***)	1 (0.000 ***)

注：*** 代表1%的显著性水平。

图4-9以热力图的形式展示了相关系数的值，主要通过颜色深浅去表示值的大小，发现这6个题项具有较高的正相关性，进一步分析国家政策、地方政府策略、学校措施和社会培训对开展创业切实帮助的影响程度，进

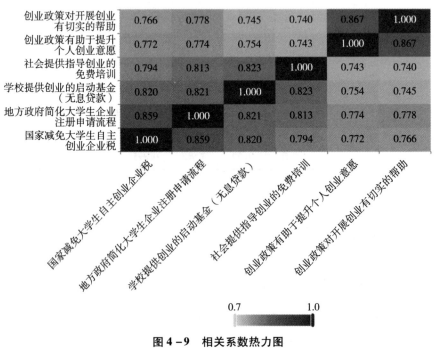

图4-9　相关系数热力图

行线性回归分析，如表 4 – 34 所示。

表 4 – 34　　　创业政策对开展创业有切实的帮助与其他 4 题项的
线性回归分析结果

项目	非标准化系数		标准化系数	t	P	VIF	R²	调整R²	F
	B	标准误	Beta						
常数	0.647	0.039	—	16.667	0.000 ***	—			
国家减免大学生自主创业企业税	0.237	0.021	0.240	11.56	0.000 ***	4.630			
地方政府简化大学生企业注册申请流程	0.300	0.021	0.301	14.05	0.000 ***	4.914	0.665	0.665	F = 1785.357 P = 0.000 ***
学校提供创业的启动基金（无息贷款）	0.149	0.019	0.156	7.801	0.000 ***	4.293			
社会提供指导创业的免费培训	0.165	0.018	0.177	9.303	0.000 ***	3.880			

注：*** 代表 1% 的显著性水平。

F 检验的结果分析可以得到，显著性 P 值为 0.000，水平上呈现显著性，拒绝回归系数为 0 的原假设，因此模型基本满足要求。对于变量共线性表现，VIF 全部小于 10，因此模型没有多重共线性问题，构建良好。由表 4 – 34 可知模型的公式如下：y = 0.647 + 0.237（国家减免大学生自主创业企业税）+ 0.3（地方政府简化大学生企业注册申请流程）+ 0.149〔学校提供创业的启动基金（无息贷款）〕+ 0.165（社会提供指导创业的免费培训）。标准化系数（Beta）表示每个自变量对因变量的重要性，如图 4 – 10 所示。

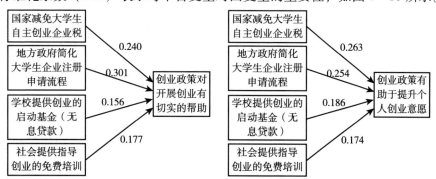

图 4 – 10　线性回归分析

表 4 – 35　　　　　　创业政策有助于提升个人创业意愿
与其影响因素的线性回归分析结果

项目	非标准化系数		标准化系数	t	P	VIF	R^2	调整R^2	F
	B	标准误	Beta						
常数	0.659	0.038	—	17.236	0.000 ***	—			
国家减免大学生自主创业企业税	0.258	0.020	0.263	12.771	0.000 ***	4.630			
地方政府简化大学生企业注册申请流程	0.252	0.021	0.254	11.958	0.000 ***	4.914	0.669	0.669	F = 1820.888 P = 0.000 ***
学校提供创业的启动基金（无息贷款）	0.176	0.019	0.186	9.348	0.000 ***	4.293			
社会提供指导创业的免费培训	0.161	0.018	0.174	9.221	0.000 ***	3.880			

注：*** 代表 1% 的显著性水平。

R^2 代表曲线回归的拟合程度，越接近 1 效果越好。VIF 值代表多重共线性严重程度，用于检验模型是否呈现共线性，即解释变量间存在高度相关的关系（VIF 应小于 10 或者 5，严格为 5）。F 检验是为了判断是否存在显著的线性关系，R^2 是为了判断回归直线与此线性模型拟合的优劣。在线性回归中主要关注 F 检验是否通过，而在某些情况下 R^2 大小和模型解释度没有必然关系。F 检验的结果分析可以得到，显著性 P 值为 0.000，水平上呈现显著性，拒绝回归系数为 0 的原假设，因此模型基本满足要求。对于变量共线性表现，VIF 全部小于 5，因此模型没有多重共线性问题，构建良好。由表 4 – 35 可得模型的公式如下：y = 0.659 + 0.258（国家减免大学生自主创业企业税）+ 0.252（地方政府简化大学生企业注册申请流程）+ 0.176［学校提供创业的启动基金（无息贷款）］+ 0.161 （社会提供指导创业的免费培训）。

（二）本科教师卷政策环境各题项间相关性分析

创设创新创业文化环境方面，可以通过挖掘并树立教师成功创新创业典型、营造氛围浓厚的创新创业文化、创建全省或全国的创业教师关系网络交流群等方式营造良好环境（见表 4 – 36），且这些要素间的相关系数 >

0.6，具有一定的正相关性，但与政府部门推动高校创业教育的激励机制、有行业企业推动高校创业教育的激励机制相关系数 < 0.5，相关性不强（见表4-37），故在此处仅显示相关要素。

表4-36 创新创业文化环境创设要素相关系数

项目	挖掘并树立教师成功创新创业典型	营造氛围浓厚的创新创业文化	创建全省或全国的创业教师关系网络交流群
挖掘并树立教师成功创新创业典型	1	0.734	0.680
		(0.000***)	(0.000***)
营造氛围浓厚的创新创业文化	0.734	1	0.621
	(0.000***)		(0.000***)
创建全省或全国的创业教师关系网络交流群	0.680	0.621	1
	(0.000***)	(0.000***)	

注：*** 代表1%的显著性水平。

表4-37 区域创业政策和环境良好与其影响因素的线性回归分析结果

项目	非标准化系数		标准化系数	t	P	VIF	R^2	调整 R^2	F
	B	标准误	Beta						
常数	2.149	0.217	—	9.885	0.000***	—			
挖掘并树立教师成功创新创业典型	0.091	0.065	0.095	1.407	0.160	2.649			
营造氛围浓厚的创新创业文化	0.189	0.067	0.182	2.827	0.005***	2.430	0.132	0.124	F = 15.475 P = 0.000***
创建全省或全国的创业教师关系网络交流群	0.024	0.059	0.024	0.412	0.680	2.023			
有政府部门推动高校创业教育的激励机制	0.158	0.064	0.156	2.453	0.015**	2.381			
有行业企业推动高校创业教育的激励机制	-0.006	0.06	-0.007	-0.107	0.915	2.311			

注：*** 、** 分别代表1%、5%的显著性水平。

F 检验的结果分析可以得到，显著性 P 值为 0.000，水平上呈现显著性，拒绝回归系数为 0 的原假设，因此模型基本满足要求。对于变量共线性表现，VIF 全部小于 10，因此模型没有多重共线性问题，线性回归模型构建良好。由表 4 - 37 可得公式如下：y = 2.149 + 0.091(挖掘并树立教师成功创新创业典型) + 0.189(营造氛围浓厚的创新创业文化) + 0.024(创建全省或全国的创业教师关系网络交流群) + 0.158(有政府部门推动高校创业教育的激励机制) - 0.006(有行业企业推动高校创业教育的激励机制)(见图 4 - 11)。

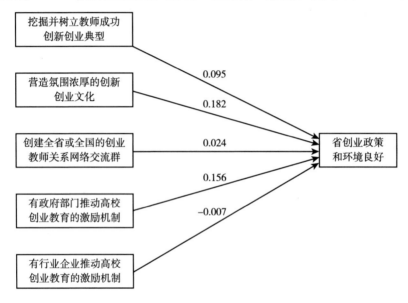

图 4 - 11　线性回归分析

四、应用型高校创新创业教育宏观生态系统建设困境

由上述量化分析可知，应用型高校双创教育生态系统建设富有成效，但也存在困境。

一是创业政策的局限性。制度文件、政策制定较完整，包括国家减免大学生自主创业企业税，地方政府简化大学生企业注册申请流程，学校提供创业的启动基金和无息贷款，社会提供指导创业的免费培训，对开展创业有切实帮助，也有助于提升个人创业意愿，但在具体执行层面存在一定不足，主要是经费和师资两方面，也存在实施方案不够细化、督导落实不够深入、相关机构独立工作资源有限、协同工作又支持不到位等各种问题。例如，调查中显示国家在减免大学生自主创业企业税、地方政府简化大学生注册申请流程方面力度提升，学校提供创业启动基金和社会提供指导创业的免费培训方面明显不足。

二是政策的横向覆盖面不广。行业企业推动高校创业教育的激励机制还不健全，企业参与度不高，应用型本科院校的学生认同感要低于高职院校学生。支持大学生创业的配套文件执行不到位，学生参与度并不高，就业高于创业的思想普遍存在，一些学生甚至不清楚学校是否建有创业园。不同高校、不同学科专业支持力度相差较大，如国家减免大学生自主创业企业税方面，不同学科学生间存在认同差异，军事、历史学等文科生明显认同感偏低，而管理学、经济学、艺术学、工学等学科的本科生认同感偏高。

三是高校内部对学生和教师的激励制度还不完善。大学扶持学生创业的政策措施最重要的是创业奖学金，其次是入驻创业园，再次是无息贷款，推免研究生、学分互认等的有效性和学生重视性不足。相较于国家减免大学生创业企业税和简化企业注册申请流程而言，学校创业启动基金和创业培训对提升个人创业意愿和给予创业帮助效果偏弱。对教师的正向引导和有效激励还未成体系，学科专业教师和校外企业导师参与度明显偏低。调查发现，创业领域的专业教师对政策的认同度最高，专业教师、校外创业教师等认可度偏低。工作6~9年的教师最认同政策革新，副高级、中级要比正高级、初级更认同双创政策革新和环境优化，这也与学校职称晋升、考核奖励制度相关，需进一步分类完善。

四是政策并不能有效推进区域创业文化氛围的营造。创设创新创业文化环境方面，可以通过挖掘并树立教师成功创新创业典型、营造氛围浓厚的创新创业文化、创建全省或全国的创业教师关系网络交流群等方式营造良好环境，但与政府部门推动高校创业教育的激励机制、与行业企业推动高校创业教育的激励机制相关性偏低。推动应用型高校双创教育发展的校、政、企合作共同体还未真正建立，学生的创新创业意识和创新精神培养亟待加强，新质生产力发展背景下创新人才的培养理念和培养模式需要革新。

第三节 应用型高校创新创业教育中观生态系统创建现状与困境

一、应用型高校创新创业教育顶层设计与组织架构

应用型高校创新创业教育中观生态系统涉及诸多方面，包括学校的顶层设计、组织架构、运行机制、激励机制、保障机制等方面，先对本科教师卷部分内容进行探索性因子分析，将因子梳理清晰，按各个因子进行详细探讨。

（一）因子分析

对本科教师卷的部分量表内容进行因子分析，统计结果显示：KMO 的值为 0.978，近似卡方为 21970.278，df 为 703；同时，Bartlett 度球形检验的结果显示，显著性 P 值为 0.000，水平上呈现显著性，各变量间具有相关性。

由因子载荷系数表 4 - 38 可知，顶层设计与组织架构因子的测量项 P 值均为 0.000，水平上呈现显著性，则拒绝原假设，同时其标准载荷系数均大于 0.6，可认为其有足够的方差解释率表现各变量能在同一因子上展现，其他 4 个因子结论相同。

表 4 - 38　　　　　　　标准化载荷系数和显著性水平

变量名称	变量题项	标准化载荷系数	Z	P
顶层设计与组织架构	1. 学校重视双创教育并成立相关工作领导小组	0.853	—	—
	2. 学校有系统的双创教育发展专项规划	0.807	22.689	0.000 ***
	3. 成立专门的创业管理部门	0.801	22.439	0.000 ***
	4. 配备创业教育师资和专职管理人员	0.843	24.425	0.000 ***
	5. 创业学院有专门办公实践场地和软环境配备	0.814	23.013	0.000 ***
	6. 创业教育面向全体学生	0.740	19.834	0.000 ***

续表

变量名称	变量题项	标准化载荷系数	Z	P
激励机制	1. 有政府部门推动高校创业教育的激励机制	0.745	—	—
	2. 有行业企业推动高校创业教育的激励机制	0.778	18.491	0.000***
	3. 有专业教师参与创业教育教学的激励机制	0.831	19.956	0.000***
	4. 学校有鼓励师生共同开展科创项目的政策	0.826	19.811	0.000***
	5. 有相对独立针对创业教师的职称晋升机制	0.734	17.322	0.000***
	6. 鼓励基于创新的创业或高端技术的创业	0.821	19.680	0.000***
	7. 鼓励师生合作开展创新实验、自主创业等活动	0.798	19.040	0.000***
双创教学创新	1. 建立了分层分类的创新创业教育课程体系	0.886	—	—
	2. 将双创教育与专业教育相融合	0.897	31.008	0.000***
	3. 面向全体学生开设创新创业教育课程	0.828	26.094	0.000***
	4. 建有结合专业的创业教育专门课程群	0.887	30.216	0.000***
	5. 建有创业类慕课以及案例库等在线开放课程	0.859	28.185	0.000***
	6. 编有满足学生多样化学习需求的创业教材	0.862	28.340	0.000***
	7. 设有创新创业教育教学研究项目	0.837	26.700	0.000***
	8. 结合学校的专业学科特色开展创业教育	0.830	26.244	0.000***
	9. 有支撑双创教育的实验室或实训中心等载体	0.833	26.446	0.000***
制度保障	1. 建立校企协同的创业教育机制	0.842	—	—
	2. 二级学院的考核包含创业教育业绩指标	0.704	18.802	0.000***
	3. 学校有合理的师生共创考核评价机制	0.832	24.278	0.000***
	4. 强调跨学院或跨学科的创业教育合作机制	0.822	23.790	0.000***
	5. 有灵活的创业学分互认机制	0.819	23.629	0.000***
	6. 学校积极落实各级政府出台的创业支持政策	0.853	25.315	0.000***
	7. 设有充足的创业教育经费	0.815	23.444	0.000***
	8. 大学生创业园或众创空间有良好运行机制	0.815	23.455	0.000***
双创师资建设	1. 师资的数量充足并且专兼结合	0.830	—	—
	2. 有合理的校内外师资聘任管理办法	0.822	22.990	0.000***
	3. 有相关教师到企业挂职锻炼制度	0.757	20.323	0.000***
	4. 鼓励教师带领学生进行创新创业	0.860	24.738	0.000***
	5. 组织教师参加校外各类创业导师培育工程	0.828	23.259	0.000***
	6. 加强教师创业教育教学能力建设	0.875	25.466	0.000***
	7. 将个人创业教育业绩纳入教师绩效考核标准	0.865	24.991	0.000***
	8. 将个人创业教育业绩纳入教师职称评聘条件	0.850	24.276	0.000***

注：***代表1%的显著性水平。

　　表4-39展示了模型AVE和CR指标结果。根据平均公因子方差抽取量AVE（是统计学中检验结构变量内部一致性的统计量）与组合信度CR（反映了每个潜变量中所有题目是否一致性地解释该潜变量）结果可以用于表示因子内对变量的聚合效度。一般来说，AVE高于0.5或CR高于0.7表明聚合效度较高，只需要看其中一个即可。

表4-39　　　　　　　　　　　　　　模型评价

因素	平均方差萃取AVE值	组合信度CR值
顶层设计与组织架构	0.656	0.919
激励机制	0.619	0.919
制度保障	0.659	0.939
双创教学创新	0.737	0.962
双创师资建设	0.699	0.949

　　基于顶层设计与组织架构，平均方差抽取量（AVE）的值为0.656，大于0.5，组合信度CR值为0.919，大于0.7，说明因子内的测量指标提取度优秀，其他4个因子结论一致。模型的拟合指标中，RMSEA（近似误差均方根）=0.096，在0.1以下（越小越好），RMR（均方根残差）=0.043，该指标通过测量预测相关和实际观察相关的平均残差，衡量模型的拟合程度。如果RMR<0.1，则认为模型拟合较好[①]。

　　协方差分析（见表4-40）的结果显示：顶层设计与组织架构同激励机制、制度保障、双创教学创新、双创师资建设的标准估计系数分别为0.874、0.870、0.774、0.763，呈现较强的关联性；激励机制同制度保障、双创教学创新、双创师资建设的标准估计系数分别为0.997、0.917、0.899，呈现较强的关联性；制度保障与双创教学创新、双创师资建设的标准估计系数分别为0.957、0.909，呈现较强的关联性；双创教学创新与双创师资建设标准估计系数为0.956，呈现较强的关联性。

---

　　① 李娟生，李江红，刘小宁，等. Kendall's W分析方法在医学数据处理中的应用及在SPSS中的实现方法［J］. 现代预防医学，2008（1）：33，42.

表 4 - 40 因子协方差

因子 A	因子 B	非标准估计系数	标准误	Z	P	标准估计系数
顶层设计与组织架构	激励机制	0.406	0.034	11.951	0.000 ***	0.874
顶层设计与组织架构	制度保障	0.484	0.038	12.682	0.000 ***	0.870
顶层设计与组织架构	双创教学创新	0.478	0.039	12.222	0.000 ***	0.774
顶层设计与组织架构	双创师资建设	0.449	0.038	11.796	0.000 ***	0.763
激励机制	制度保障	0.465	0.037	12.568	0.000 ***	0.997
激励机制	双创教学创新	0.475	0.038	12.441	0.000 ***	0.917
激励机制	双创师资建设	0.444	0.037	12.005	0.000 ***	0.899
制度保障	双创教学创新	0.593	0.044	13.543	0.000 ***	0.957
制度保障	双创师资建设	0.537	0.042	12.826	0.000 ***	0.909
双创教学创新	双创师资建设	0.627	0.047	13.419	0.000 ***	0.956

注：*** 代表 1% 的显著性水平。

（二）应用型高校双创教育顶层设计和组织架构

1. 描述性统计

顶层设计与组织架构因子在主成分权重分析中占比为 25.965%，在整个双创生态系统影响因素中比较重要（见表 4 - 41）。

表 4 - 41 组织架构和顶层设计统计

变量名	样本量	最大值	最小值	平均值	标准差	中位数	方差	峰度	偏度
成立相关工作领导小组	514	5	1	3.990	0.873	4	0.762	-0.005	-0.581
有系统的创新创业教育发展专项规划	514	5	1	3.837	0.907	4	0.823	-0.394	-0.364
成立专门的创业管理部门（如创业学院）	514	5	1	4.169	0.872	4	0.761	-0.073	-0.778
配备创业教育师资和专职管理人员	514	5	1	3.975	0.916	4	0.840	-0.139	-0.622
创业学院有专门办公、实践场地及软环境配备	514	5	1	4.035	0.891	4	0.794	-0.265	-0.616
创业教育面向全体学生	514	5	1	3.944	0.919	4	0.845	0.213	-0.689

双创教育的基本理念是面向全体学生培养创新意识和精神、创业知识和能力，绝大多数本科院校教师均认同。在顶层设计和组织形式方面，所有题项的众数均为 4，说明受访教师对学校双创改革理念、氛围营造的基本认同；峰度用来度量随机变量的陡峭程度，题项数据峰度均小于 0，表示这些数据分布与正态分布相比较为矮胖；偏度用来度量随机变量概率分布的不对称性，题项偏度均小于 0，表示数据概率分布图左偏，数据并非满足完全正态分布，只是近似正态分布。对 8 所地方本科院校的创业相关教师进行问卷调查显示，被调查高校基本成立了专门的创业教育管理部门，一般为创业学院，显示了各高校对创新创业教育工作的重视。与此同时，72.373% 的本科院校教师认为学校也成立了相关工作领导小组，负责开展多样化的创新创业教育工作，67.315% 的教师认同学校制定了创新创业教育发展专项规划，71.595% 的教师认为创业学院配备了创业教育师资和专职管理人员，73.736% 的教师认为学校有专门办公、实践场地及软环境配备，许多学校的顶层设计与组织架构初见雏形。

2. 地方本科院校与高职院校的差异化分析

将地方本科院校与高职院校的数据合并进行单因素方差分析，考察不同类型高校在顶层设计与组织架构方面的差异。

如表 4-42 所示，样本采用 Shapiro-Wilk 检验，显著性 P 值为 0.000，水平上呈现显著性，拒绝原假设，因此数据不满足正态分布，题项峰度绝对值均小于 10 并且偏度绝对值均小于 3，结合正态性检验直方图呈现的钟形（中间高、两端低），说明数据虽然不是绝对正态，但基本可接受为正态分布。

表 4-42　　　　　　　　　正态性检验结果

变量名	样本量	中位数	平均值	标准差	偏度	峰度	S-W 检验	K-S 检验
学校重视创新创业教育，成立相关工作领导小组	1029	4	3.818	0.943	-0.432	-0.306	0.871 (0.000***)	0.210 (0.000***)
有系统的创新创业教育发展专项规划	1029	4	3.927	0.934	-0.600	-0.103	0.858 (0.000***)	0.223 (0.000***)
成立专门的创业管理部门（如创业学院）	1029	4	4.049	0.910	-0.662	-0.178	0.837 (0.000***)	0.227 (0.000***)

续表

变量名	样本量	中位数	平均值	标准差	偏度	峰度	S－W 检验	K－S 检验
配备创业教育师资和专职管理人员	1029	4	4.075	0.905	－0.717	－0.032	0.831 (0.000 ***)	0.234 (0.000 ***)
创业学院有专门办公、实践场地及软环境配备	1029	4	4.019	0.909	－0.677	0.018	0.842 (0.000 ***)	0.218 (0.000 ***)
创业教育面向全体学生	1029	4	3.805	0.997	－0.610	－0.021	0.870 (0.000 ***)	0.221 (0.000 ***)

注：*** 代表 1% 的显著性水平。

如表 4 - 43 所示，本科和高职院校成立相关工作领导小组题项的均值分别为 3.990/3.647；在创业教育面向全体学生题项的均值分别为 3.944/3.666，由于不满足方差齐性，采用 Welch's 方差检验，方差分析结果 P 值为 0.000 < 0.05，因此统计结果显著，存在显著差异，本科院校的重视程度要高于高职院校；有系统的创新创业教育发展专项规划上的均值分别为 3.837/4.017；由于满足方差齐性，采用单因素方差检验，方差分析结果 P 值为 0.002 < 0.05，因此统计结果显著，说明不同类型高校存在显著差异，高职院校在发展规划方面教师更认同。第 3、第 4 题项结论相同，也存在显著差异，本科院校要比高职院校在创业学院建设方面更完善，教师更了解，但在人员配备方面，专任创业教育师资和管理人员方面略显不足；在创业学院有专门办公、实践场地及软环境配备上的均值分别为 4.035/4.004，由于满足方差齐性，采用单因素方差检验，方差分析结果 P 值为 0.583 > 0.05，因此统计结果不显著，说明不同类型高校在创业学院有专门办公、实践场地及软环境配备上不存在显著差异。

表 4 - 43　　　　　　　　　方差分析结果

变量名	变量值	样本量	平均值	标准差	方差检验	Welch's 方差检验
学校重视创新创业教育，成立相关工作领导小组	本科	514	3.990	0.873	F = 35.273 P = 0.000 ***	F = 35.281 P = 0.000 ***
	高职	515	3.647	0.980		
	总计	1029	3.818	0.943		

续表

变量名	变量值	样本量	平均值	标准差	方差检验	Welch's 方差检验
有系统的创新创业 教育发展专项规划	本科	514	3.837	0.907	F = 9.724 P = 0.002 ***	F = 9.725 P = 0.002 ***
	高职	515	4.017	0.953		
	总计	1029	3.927	0.934		
成立专门的创业管理 部门（如创业学院）	本科	514	4.169	0.872	F = 18.357 P = 0.000 ***	F = 18.360 P = 0.000 ***
	高职	515	3.928	0.932		
	总计	1029	4.049	0.910		
配备创业教育师资 和专职管理人员	本科	514	3.975	0.916	F = 12.724 P = 0.000 ***	F = 12.723 P = 0.000 ***
	高职	515	4.175	0.882		
	总计	1029	4.075	0.905		
创业学院有专门办公、 实践场地及软环境配备	本科	514	4.035	0.891	F = 0.302 P = 0.583	F = 0.302 P = 0.583
	高职	515	4.004	0.927		
	总计	1029	4.019	0.909		
创业教育面向 全体学生	本科	514	3.944	0.919	F = 20.315 P = 0.000 ***	F = 20.320 P = 0.000 ***
	高职	515	3.666	1.052		
	总计	1029	3.805	0.997		

注：*** 代表 1% 的显著性水平。

由此，在顶层设计与组织架构方面，经过效应量化分析可知，各题项 Eta 方（η^2 值）均小于 0.04，说明数据的差异有微小部分来源于不同组别间的差异，Cohen's f 值均小于 0.2，说明数据的效应量化的差异程度为小程度差异。

二、应用型高校创新创业教育运行保障机制

（一）运行保障机制构建现状

运行保障机制因子在主成分权重分析中所占比重为 20.679%，在应用型高校创新创业生态系统中属于重要一环，涉及中观生态系统运行环节，包括产教融合、校企协同的创业教育机制，落实各级政府出台的创业支持政策，设有充足的创业教育工作经费、有先进的支撑创新创业教育的实验

室、实训中心载体等保障方面的策略。对应用型高校的双创教师进行调查发现，校企协同机制平均值为3.829，中位数为4，标准差为0.888，表明大多数教师比较认同或完全认同，其峰度值很小，与正态分布近似；落实各级政府的创业支持政策题项与前者类似，平均值为3.895，略高于前者，由方差可知离散程度稍小些；创业教育工作经费方面，平均值为3.691，标准差为0.922，说明受访教师对该项内容的认可度偏低，同时数据离散程度稍大，评价呈现不一致性，先进的支撑创新创业教育的实验室、实训中心等载体题项与之相近（见表4-44）。

表4-44　　　　　　　　地方本科院校双创教育运行保障机制

变量名	样本量	最大值	最小值	平均值	标准差	中位数	方差	峰度	偏度
建立校企协同的创业教育机制	514	5	1	3.829	0.888	4	0.789	-0.046	-0.478
二级学院的考核包含创业教育业绩指标	514	5	1	3.872	0.944	4	0.892	-0.260	-0.508
强调跨学院或跨学科的创业教育合作机制	514	5	1	3.804	0.919	4	0.844	-0.193	-0.433
学校有合理的师生共创的考核评价机制	514	5	1	3.679	0.885	4	0.784	-0.305	-0.273
有灵活的创业学分互认机制	514	5	1	3.741	0.931	4	0.867	-0.142	-0.410
学校积极落实各级政府出台的创业支持政策	514	5	1	3.895	0.850	4	0.722	-0.329	-0.372
设有充足的创业教育工作经费	514	5	1	3.691	0.922	4	0.850	-0.223	-0.338
大学生创业园或众创空间有良好运行机制	514	5	1	3.85	0.887	4	0.786	0.026	-0.477
有先进的支撑创新创业教育的实验室、实训中心等载体	514	5	1	3.767	0.924	4	0.854	-0.383	-0.339

运行机制方面，学校对二级学院的考核包含了创业教育业绩指标，由此衍生的学院对教师的考核以及职称评审也有所体现，66.147%的受访教师认为学校改革措施明显，64.008%的教师赞同学校强调跨学院或跨学科的创业教育合作机制。59.144%的教师认为学校有合理的师生共创的考核评价机制，61.089%的教师认为有灵活的创业学分互认机制，66.537%的

教师认为学校的大学生创业园或众创空间有良好运行机制（如图 4 – 12 ~ 图 4 – 15 所示）。

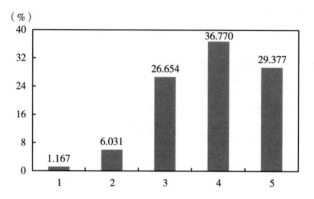

图 4 – 12　二级学院的考核包含创业教育业绩指标

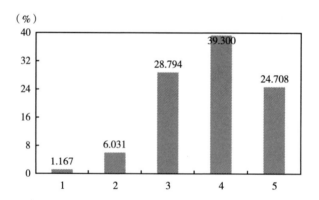

图 4 – 13　强调跨学院或跨学科的创业教育合作机制

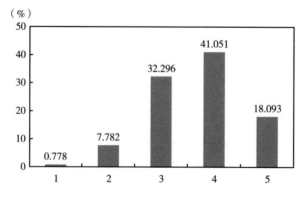

图 4 – 14　学校有合理的师生共创的考核评价机制

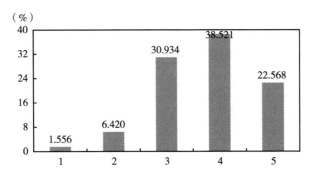

图 4 – 15 有灵活的创业学分互认机制

在此背景下，要制定鼓励师生创业的规章制度，对学生而言，要鼓励他们开展创新创业活动，进行市场调研，申请专利、自主创业，并完善创业学分转换制度，把以上情况折算成学分。要为技术研发并进行成果转化开设衍生公司的教师制定相应的保障制度，给予一定比例的奖励，在考核评价方面也应予以体现。

（二）不同类型高校双创教育运行保障机制构建差异

利用地方本科院校与高职院校的合并数据，对强调跨学院或跨学科的创业教育合作机制等 9 个题项进行单因素方差分析（见表 4 – 45）。先进行正态性检验，样本个数少于 5000，故采用 Shapiro – Wilk 检验，显著性 P 值均为 0.000，水平上呈现显著性，数据不满足正态分布，其峰度绝对值小于 0.4，并且偏度绝对值也小于 0.6，结合正态分布直方图得出近似正态分布。

表 4 – 45　　　　　　　　　方差分析结果

变量名	变量值	样本量	平均值	标准差	方差检验	Welch's 方差检验
强调跨学院或跨学科的创业教育合作机制	本科	514	3.804	0.919	F = 2.477 P = 0.116	F = 2.477 P = 0.116
	高职	515	3.893	0.909		
	总计	1029	3.848	0.915		
学校积极落实各级政府出台的创业支持政策	本科	514	3.895	0.850	F = 0.995 P = 0.319	F = 0.995 P = 0.319
	高职	515	3.950	0.905		
	总计	1029	3.922	0.878		

续表

变量名	变量值	样本量	平均值	标准差	方差检验	Welch's 方差检验
设有充足的创业教育工作经费	本科	514	3.691	0.922	F = 24.862 P = 0.000 ***	F = 24.86 P = 0.000 ***
	高职	515	3.971	0.881		
	总计	1029	3.831	0.912		
大学生创业园或众创空间有良好运行机制	本科	514	3.850	0.887	F = 0.02 P = 0.888	F = 0.02 P = 0.888
	高职	515	3.858	0.945		
	总计	1029	3.854	0.916		
建立校企协同的创业教育机制	本科	514	3.829	0.888	F = 17.046 P = 0.000 ***	F = 17.045 P = 0.000 ***
	高职	515	4.056	0.879		
	总计	1029	3.943	0.891		
二级学院的考核包含创业教育业绩指标	本科	514	3.872	0.944	F = 12.179 P = 0.001 ***	F = 12.178 P = 0.001 ***
	高职	515	4.072	0.896		
	总计	1029	3.972	0.925		
学校有合理的师生共创的考核评价机制	本科	514	3.679	0.885	F = 18.333 P = 0.000 ***	F = 18.335 P = 0.000 ***
	高职	515	3.920	0.923		
	总计	1029	3.800	0.912		
有灵活的创业学分互认机制	本科	514	3.741	0.931	F = 3.275 P = 0.071 *	F = 3.275 P = 0.071 *
	高职	515	3.847	0.937		
	总计	1029	3.794	0.935		
有先进的支撑创新创业教育的实验室、实训中心等载体	本科	514	3.767	0.924	F = 0.002 P = 0.968	F = 0.002 P = 0.968
	高职	515	3.769	0.972		
	总计	1029	3.768	0.948		

注：*** 、* 分别代表1%、10%的显著性水平。

强调跨学院或跨学科的创业教育合作机制、积极落实各级政府出台的创业支持政策、大学生创业园或众创空间有良好运行机制、有灵活的创业学分互认机制、有先进的支撑创新创业教育的实验室实训中心等载体这5个题项。由于满足方差齐性，采用单因素方差检验，方差分析结果P值均大于0.05，因此统计结果不显著，不同类型高校间不存在显著差异。

在设有充足的创业教育工作经费上本科与高职的均值分别为3.691/3.971；由于不满足方差齐性，采用Welch's方差检验，方差分析结果P值为 0.000 < 0.05，因此统计结果显著，说明创业教育工作经费上存在显著差异，高职教师的认可度更高。

建立校企协同的创业教育机制上的均值分别为 3.829/4.056；由于满足方差齐性，采用单因素方差检验，方差分析结果 P 值为 0.000 < 0.05，因此统计结果显著，说明建立校企协同的创业教育机制上存在显著差异，校企协同产教融合方面高职教师对学校的认可度高于地方本科院校。二级学院的考核包含创业教育业绩、有合理的师生共创的考核评价机制指标方面结论相同。

（三）学校扶持大学生创业政策措施

学校扶持大学生创业政策措施方面，主要是无息贷款、创业奖学金等措施，如表 4 - 46 所示，多选排序题的统计方法多元，此处运用加权平均法求得每一选项的权重，一选题项赋值最高为 3，二选题项赋值为 2，三选题项赋值为 1，然后计算加权平均值得各题项权重。

表 4 -46　　　　学校扶持大学生创业政策措施统计

项目	一选人数（人）	一选比例（%）	二选人数（人）	二选比例（%）	三选人数（人）	三选比例（%）	加权比例（%）
无息贷款	1071	29.725	302	8.382	348	9.659	38.533
创业奖学金	1397	38.773	1067	29.614	374	10.380	61.976
推免研究生	293	8.132	566	15.709	478	13.267	23.027
入驻创业园	592	16.431	873	24.230	831	23.064	40.272
学分互认	164	4.552	277	7.688	565	15.681	14.904
其他	86	2.387	54	1.499	38	1.055	3.738

由表 4 - 46 可知，学校扶持政策中创业奖学金占比最高，说明实施的广度方面具有一定覆盖性，得到学生的大致认可，在实施力度上也有一定深入性和强度，项目宣传力度较大，立志创业的学生普遍了解该信息。入驻创业园是学生进行创新创业实战的关键，学校提供政策和平台，帮助学生企业孵化并获得多方资源支持，提高学生的创业成功率。无息贷款是学生创新创业实践的重要一环，资金支持对于初创学生企业至关重要，故不少本科学生将其作为第一选择，且一些高校确实有经费资助和帮助学生获

得经费资助的途径、方法。学分互认对学生的吸引力并不是很大，一方面学分互认的机制需要完善，能互认的课程种类、门数偏少，门槛偏高；另一方面，学分互认课程有限，也无法双重保障学生求学和创业的时间精力，个别学生如果全身心投入创新创业活动，需要休学创业。

三、应用型高校创新创业教育激励机制

（一）描述性统计

为了提升双创教育的普及率，需要更多专任教师和创业导师的参与。激励他们参与的动力之一是二级学院的考核包含创业教育业绩指标，有66.147%的受访教师比较赞同或完全赞同这一观点。政、企、校合作共同推动应用型高校双创教育的成功范式，协同创新和合作激励是主要手段。相关的描述性统计如表4-47和图4-16~图4-19所示。教师认为政府部门推动作用（赞同人数占68.677%）要高于行业、企业的推动作用（赞同人数占60.895%）。为了提升师生投入创新创业教育和活动的热情，学校建立了专业教师参与创业教育教学的激励机制（62.646%的教师赞同）、相对独立的针对创业教师的职称晋升机制（50.194%的教师赞同）以及鼓励师生共同开展科研创业项目的政策（68.483%的教师赞同）。应用型高校的双创氛围较浓厚，鼓励基于创新的创业或高端技术的创业（68.872%的教师赞同）；师生合作开展创新实验、发表论文、获得专利和自主创业等活动（70.234%的教师赞同）。

表4-47　　　　　　　应用型高校双创教育激励机制

变量名	样本量	最大值	最小值	平均值	标准差	中位数	方差	峰度	偏度
有政府部门推动高校创业教育的激励机制	514	5	1	3.922	0.839	4	0.703	-0.580	-0.290
有行业企业推动高校创业教育的激励机制	514	5	1	3.796	0.889	4	0.791	-0.556	-0.206
有专业教师参与创业教育教学的激励机制	514	5	1	3.774	0.874	4	0.764	-0.133	-0.337

续表

变量名	样本量	最大值	最小值	平均值	标准差	中位数	方差	峰度	偏度
学校有鼓励师生共同开展科研创业项目的政策	514	5	1	3.885	0.840	4	0.706	-0.300	-0.355
有相对独立的针对创业教师的职称晋升机制	514	5	1	3.484	1.098	4	1.205	-0.422	-0.373
鼓励基于创新的创业或高端技术的创业	514	5	1	3.901	0.874	4	0.764	-0.107	-0.474
鼓励师生合作开展创新实验、发表论文、获得专利和自主创业等活动	514	5	1	3.947	0.846	4	0.717	-0.516	-0.365

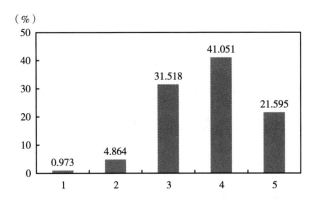

图 4-16 有专业教师参与创业教育教学的激励机制

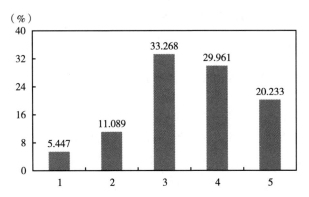

图 4-17 有相对独立的针对创业教师的职称晋升机制

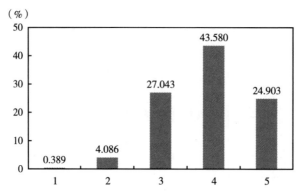

图 4 - 18　学校有鼓励师生共同创业的政策

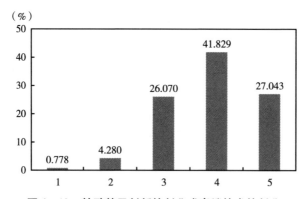

图 4 - 19　鼓励基于创新的创业或高端技术的创业

由表 4 - 47 和图 4 - 16 ~ 图 4 - 19 可知，与创业教育教师相关的激励机制，包括专业教师参与创业教育教学的激励、创业教师职称晋升的激励、鼓励师生共同创业的激励、加强教师创业教育教学能力的激励、考核评聘创业教育教师的激励、培训和到企业挂职锻炼的激励等。

（二）不同类型高校激励机制差异性分析

激励机制部分 7 个题项的样本采用 Shapiro - Wilk 检验，显著性 P 值为 0.000，水平上呈现显著性，拒绝原假设，因此数据不满足正态分布，其峰度绝对值小于 10 并且偏度绝对值小于 3，结合正态分布直方图等分析可知，近似满足正态分布。需要进行方差齐性检验，P > 0.05，满足方差齐性，进行单因素方差分析；反之，P < 0.05，不满足方差齐性，进行 Welch's 方差检验，由此可得表 4 - 48 的方差分析结果。

表 4 – 48 方差分析结果

变量名	变量值	样本量	平均值	标准差	方差检验	Welch's 方差检验
有政府部门推动高校创业教育的激励机制	地方本科院校	514	3.922	0.839	F = 0.124 P = 0.725	F = 0.124 P = 0.725
	高职院校	515	3.942	0.940		
	总计	1029	3.932	0.891		
有行业企业推动高校创业教育的激励机制	地方本科院校	514	3.796	0.889	F = 8.145 P = 0.004***	F = 8.145 P = 0.004***
	高职院校	515	3.953	0.883		
	总计	1029	3.875	0.889		
有专业教师参与创业教育教学的激励机制	地方本科院校	514	3.774	0.874	F = 10.114 P = 0.002***	F = 10.115 P = 0.002***
	高职院校	515	3.951	0.912		
	总计	1029	3.863	0.897		
学校有鼓励师生共同开展科研创业项目的政策	地方本科院校	514	3.885	0.840	F = 0.781 P = 0.377	F = 0.782 P = 0.377
	高职院校	515	3.934	0.927		
	总计	1029	3.910	0.885		
有相对独立的针对创业教师的职称晋升机制	地方本科院校	514	3.484	1.098	F = 41.313 P = 0.000***	F = 41.301 P = 0.000***
	高职院校	515	3.895	0.946		
	总计	1029	3.690	1.045		
鼓励基于创新的创业或高端技术的创业	地方本科院校	514	3.901	0.874	F = 0.046 P = 0.831	F = 0.046 P = 0.831
	高职院校	515	3.913	0.901		
	总计	1029	3.907	0.887		
鼓励师生合作开展创新实验、发表论文、获得专利和自主创业等活动	地方本科院校	514	3.947	0.846	F = 0.129 P = 0.719	F = 0.129 P = 0.719
	高职院校	515	3.967	0.896		
	总计	1029	3.957	0.871		

注：***代表1%的显著性水平。

地方本科院校与高职院校在有政府部门推动高校创业教育的激励机制上的均值分别为3.922/3.942；由于满足方差齐性，采用单因素方差检验，方差分析结果 P 值为 0.725 > 0.05，因此统计结果不显著，说明两类型高校在有政府部门推动高校创业教育的激励机制上不存在显著差异。同理，在鼓励基于创新的创业或高端技术的创业方面，鼓励师生合作开展创新实验、发表论文、获得专利和自主创业等活动方面不存在显著差异；地方本科院校与高职院校在学校有鼓励师生共同开展科研创业项目的政策上的均值分别为3.885/3.934；由于不满足方差齐性，采用 Welch's 方差检验，方

差分析结果 P 值为 0. 377 ＞ 0. 05，因此统计结果不显著，也不存在显著
差异。

地方本科院校与高职院校在有行业企业推动高校创业教育的激励机制
上的均值分别为 3. 796/3. 953；由于不满足方差齐性，采用 Welch's 方差检
验，方差分析结果 P 值为 0. 004 ＜ 0. 05，因此统计结果存在显著差异，高
职院校教师在有行业、企业推动高校创业教育的激励机制方面要比地方本
科院校更认同。同理，在有相对独立的针对创业教师的职称晋升机制方
面，结论相似。在有专业教师参与创业教育教学的激励机制上的均值分别
为 3. 774/3. 951；由于满足方差齐性，采用单因素方差检验，方差分析结
果 P 值为 0. 002 ＜ 0. 05，因此存在显著差异。由此，高职院校与地方本科
院校相比，在产教融合与行业企业合作创建校企共同体方面，不唯论文课
题等论成果的职称晋升多元化方面更具优势，专业教师更愿意参与创新创
业教育教学。进行效应量化分析，除有相对独立的针对创业教师的职称晋
升机制方面，Eta 方（η^2 值）为 0. 039，说明数据的差异有 3. 9% 来源于不
同组别间的差异。Cohen's f 值为 0. 201，说明数据的效应量化的差异程度
为小程度差异，其他差异项均为极小程度差异。

四、应用型高校创新创业教育师资建设

（一）描述性统计

在对应用型本科院校学生的问卷调查中发现，对他们创业能力提升帮
助最大的指导师是创业课程教师，占比为 30. 70%；创业成功的学长既是
学习的榜样又是富有经验的双创导师，占比为 18. 32%；辅导员等学生工
作教师与学生密切接触，从事双创系列课程教学对学生双创能力提升功不
可没，占比为 17. 07%；企业家等校外创业教师是学校聘任的双创兼职教
师，其丰富的创业经历与管理经验对处于准备期和初创期的学生弥足珍
贵，是指导学生进行创新创业实战的良师，占比为 16. 99%；学生认可度
稍低的是各专业的专任教师，占比为 14. 99%，专业教师缺乏创业相关知识，
但有丰富的从业经历，对学生技术创新和科技创业颇有帮助（如图 4 - 20
所示）。

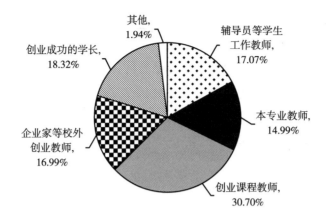

其他, 1.94%

辅导员等学生工作教师, 17.07%

创业成功的学长, 18.32%

本专业教师, 14.99%

企业家等校外创业教师, 16.99%

创业课程教师, 30.70%

图 4 - 20 创业能力提升帮助最大的指导师

对地方本科院校教师卷进行统计分析（见表 4 - 49）可知，应用型高校教师对双创教育师资的数量和专兼结合度及个人创业教育业绩纳入教师职称评聘条件的评价偏低，同时标准差也最大，说明教师的认可度不一；峰度有正有负，但绝对值偏小，说明样本数据基本符合正态分布，偏度小于 0，表示数据偏左。

表 4 - 49　　　　　　　　应用型高校双创教育师资建设方面

变量名	样本量	最大值	最小值	平均值	标准差	中位数	方差	峰度	偏度
师资的数量充足、专兼结合	514	5	1	3.589	0.953	4	0.909	- 0.219	- 0.278
有合理的校内外师资聘任管理办法	514	5	1	3.726	0.905	4	0.819	- 0.006	- 0.397
有相关教师到企业挂职锻炼制度	514	5	1	3.749	0.925	4	0.855	- 0.244	- 0.343
鼓励教师带领学生进行创新创业	514	5	1	3.889	0.838	4	0.703	0.087	- 0.406
组织教师参加校外各类创业导师培育工程	514	5	1	3.899	0.850	4	0.723	0.055	- 0.436
加强教师创业教育教学能力建设	514	5	1	3.811	0.884	4	0.781	0.134	- 0.473
将个人创业教育业绩纳入教师绩效考核标准	514	5	1	3.671	0.950	4	0.903	- 0.186	- 0.355
将个人创业教育业绩纳入教师职称评聘条件	514	5	1	3.595	1.003	4	1.006	- 0.250	- 0.380

（二）不同类型高校创业教育师资差异化分析（单因素方差分析）

根据样本数据正态性检验结果并结合统计直方图发现，8 个题项数据近似满足正态性分布，进行方差齐性分析，发现部分题项 P > 0.05，满足方差齐性，可以进行单因素方差分析，部分题项 P < 0.05，不满足方差齐性，采用 Welch's 方差检验（见表 4 - 50）。

表 4 - 50　　　　　　　　方差分析结果

变量名	变量值	样本量	平均值	标准差	方差检验	Welch's 方差检验
师资的数量充足、专兼结合	本科	514	3.589	0.953	F = 7.174 P = 0.008 ***	F = 7.174 P = 0.008 ***
	高职	515	3.750	0.963		
	总计	1029	3.670	0.961		
有合理的校内外师资聘任管理办法	本科	514	3.726	0.905	F = 2.111 P = 0.147	F = 2.111 P = 0.147
	高职	515	3.810	0.949		
	总计	1029	3.768	0.928		
有相关教师到企业挂职锻炼制度	本科	514	3.749	0.925	F = 6.123 P = 0.014 **	F = 6.122 P = 0.014 **
	高职	515	3.889	0.894		
	总计	1029	3.819	0.912		
鼓励教师带领学生进行创新创业	本科	514	3.889	0.838	F = 0.628 P = 0.428	F = 0.628 P = 0.428
	高职	515	3.932	0.898		
	总计	1029	3.911	0.869		
组织教师参加校外各类创业导师培育工程	本科	514	3.899	0.850	F = 1.801 P = 0.180	F = 1.801 P = 0.180
	高职	515	3.971	0.872		
	总计	1029	3.935	0.861		
加强教师创业教育教学能力建设	本科	514	3.811	0.884	F = 12.413 P = 0.000 ***	F = 12.412 P = 0.000 ***
	高职	515	4.002	0.852		
	总计	1029	3.907	0.873		
将个人创业教育业绩纳入教师绩效考核标准	本科	514	3.671	0.950	F = 27.39 P = 0.000 ***	F = 27.385 P = 0.000 ***
	高职	515	3.967	0.860		
	总计	1029	3.819	0.918		
将个人创业教育业绩纳入教师职称评聘条件	本科	514	3.595	1.003	F = 13.971 P = 0.000 ***	F = 13.97 P = 0.000 ***
	高职	515	3.823	0.953		
	总计	1029	3.709	0.984		

注：*** 、** 分别代表 1%、5% 的显著性水平。

运用单因素方差分析，P > 0.05，在有合理的校内外师资聘任管理办法、在鼓励教师带领学生进行创新创业、组织教师参加校外各类创业导师培育工程方面不存在显著差异，师资的数量充足、专兼结合方面，P < 0.05，存在显著差异，差异量极小。

在相关教师到企业挂职锻炼制度、加强教师创业教育教学能力建设、将个人创业教育业绩纳入教师绩效考核标准、将个人创业教育业绩纳入教师职称评聘条件方面，采用 Welch's 方差检验，P < 0.05，因此统计结果显著，存在显著差异，高职院校均值均高于本科院校，作效应量化分析，差异量极小。

（三）不同类型高校不同职称不同类型创业师资的差异化分析

对应用型高校双创师资按照学校类型、师资类型、职称等进行三因素方差分析，主要考察将个人创业教育业绩纳入教师绩效考核标准、将个人创业教育业绩纳入教师职称评聘条件两方面。

1. 将个人创业教育业绩纳入教师绩效考核标准题项

如表 4 - 51 所示，三因素方差分析结果显示，对于变量截距、双创教师类型、双创教师职称，从 F 检验的结果分析可以得到，显著性 P 值分别为 0.000、0.001、0.002，水平上呈现显著性，对将个人创业教育业绩纳入教师绩效考核标准有显著性影响，存在主效应。对于变量高校类型，显著性 P 值为 0.085，水平上不呈现显著性，对将个人创业教育业绩纳入教师绩效考核标准没有显著性影响，不存在主效应[①]。

对于交互项高校类型与双创教师类型，从 F 检验的结果分析可以得到，显著性 P 值为 0.092，水平上不呈现显著性，对将个人创业教育业绩纳入教师绩效考核标准没有显著性影响，不存在交互作用。同理，高校类型与双创教师职称、双创教师类型与双创教师职称不存在交互作用，高校类型、职称、双创教师类型间也不存在交互作用。

---

① 郭萍. 三因素方差分析的原理及应用 [J]. 沈阳大学学报（自然科学版），2015，27（1）：40 - 43.

表 4 – 51 三因素方差分析结果

项目	平方和	自由度	均方	F	P	R²	调整 R²
截距	3892.153	1	3892.153	4855.684	0.000 ***		
高校类型	2.387	1	2.387	2.978	0.085 *		
创新创业课教师类型	16.271	5	3.254	4.060	0.001 ***		
双创教育教师职称	13.294	4	3.324	4.146	0.002 ***		
高校类型 · 双创教师类型	7.618	5	1.524	1.901	0.092 *	0.101	0.049
高校类型 · 职称	6.664	4	1.666	2.078	0.082 *		
双创教师类型 · 职称	19.681	20	0.984	1.228	0.222		
高校类型 · 双创教师类型 · 职称	22.582	20	1.129	1.409	0.109		
误差	779.123	972	0.802		NaN		

注：*** 、 * 分别代表 1% 、 10% 的显著性水平。

图 4 – 21、图 4 – 22 展示了三因素方差分析的均值结果，通过比较不同分组变量的均值以及交叉情况（通常有交叉则有交互作用），可以挖掘

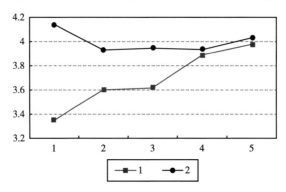

图 4 – 21 不同类型高校均值对比

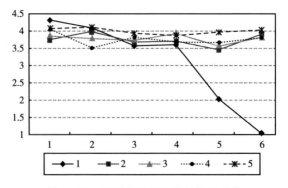

图 4 – 22 不同类型创业教师均值对比

其差异关系。由此，本科（代码1）、高职（代码2）图形没有交叉。创新创业课教师类型包括：辅导员等负责学生工作的教师（代码1）、创业领域的专业教师（代码2）、非创业领域的专业教师（代码3）、校外创业教师（代码4）、未上过创业课（代码5）、其他（代码6）。

由表4-52可知，将个人创业教育业绩纳入教师绩效考核标准方面，创业领域的专业教师与辅导员等学生工作的教师间事后比较，P > 0.05，没有呈现显著性变化，差距偏大的是创业领域的专业教师与非创业领域的专业教师、辅导员等学生工作的教师与非创业领域的专业教师、辅导员等学生工作的教师与未上过创业课的老师等，不同类型教师的绩效考核有所不同，对该题项的认同程度也不相同，往往创业领域的专任教师和辅导员认可度更高。

表 4-52　　　　　　　　　双创教师类型事后多重比较结果

双创教师类型（I）	双创教师类型（J）	平均值差值（I-J）	标准误差	P	95% 置信区间	
					下限	上限
创业领域的专业教师	未上过创业课	0.306	0.114	0.008 ***	0.082	0.530
创业领域的专业教师	非创业领域的专业教师	0.195	0.105	0.064 *	-0.011	0.400
辅导员等学生工作的教师	未上过创业课	0.333	0.087	0.000 ***	0.162	0.504
辅导员等学生工作的教师	非创业领域的专业教师	0.222	0.074	0.003 ***	0.077	0.367
其他	未上过创业课	0.281	0.127	0.025 **	0.033	0.529

注：*** 、** 、* 分别代表1%、5%、10%的显著性水平。

由表4-53可知，随着职称级别越高，教师绩效考核标准中创业教育业绩所占比重越低，故对于副高级或正高级职称而言，绩效考核会更多倾向于学术类型，包括教学学术和科研，增强双创教育业绩比重有助于更好推动双创教育发展。

表 4-53　　　　　　　　　职称类型事后多重比较结果

职称（I）	职称（J）	平均值差值（I-J）	标准误差	P	95% 置信区间	
					下限	上限
初级	中级	0.151	0.079	0.056 *	-0.003	0.306
初级	副高级	0.187	0.094	0.050 *	0.002	0.372
未定级	中级	0.251	0.081	0.003 ***	0.091	0.410
未定级	副高级	0.286	0.096	0.004 ***	0.098	0.475

注：*** 、* 分别代表1%、10%的显著性水平。

2. 将个人创业教育业绩纳入教师职称评聘条件题项

三因素方差结果（见表4－54）显示：对于变量截距、双创教师类型、职称从F检验的结果分析可以得到，显著性P值均小于0.05，水平上呈现显著性，对将个人创业教育业绩纳入教师职称评聘条件有显著性影响，存在主效应。高校类型对将个人创业教育业绩纳入教师职称评聘条件没有显著性影响，不存在主效应。

表4－54　　　　　　　　　三因素方差分析结果

项目	平方和	自由度	均方	F	P	R^2	调整 R^2
截距	3743.581	1	3743.581	4009.032	0.000***		
高校类型	0.505	1	0.505	0.541	0.462		
双创教师类型	18.793	5	3.759	4.025	0.001***		
教师职称	15.861	4	3.965	4.246	0.002***		
高校类型·双创教师类型	10.689	5	2.138	2.289	0.044**	0.089	0.036
高校类型·职称	8.860	4	2.215	2.372	0.051*		
双创教师类型·职称	23.386	20	1.169	1.252	0.203		
高校类型·双创教师类型·职称	19.219	20	0.961	1.029	0.424		
误差	907.641	972	0.934	NaN			

注：***、**、*分别代表1%、5%、10%的显著性水平。

对于交互项高校类型与双创教师类型，从F检验的结果分析可以得到，显著性P值为0.044，水平上呈现显著性，对将个人创业教育业绩纳入教师职称评聘条件有显著性影响，存在交互作用，其余两两题项间均不存在交互作用（见图4－23～图4－25和表4－55）。

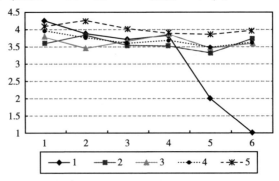

图4－23　创业教师类型均值对比

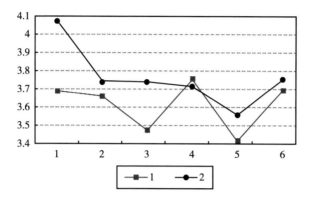

图 4 - 24　高校类型均值对比

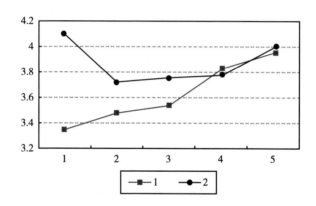

图 4 - 25　职称类型均值对比

表 4 - 55　　　　　　　双创教师类型事后多重比较结果

双创教师 类型（I）	双创教师 类型（J）	平均值差 值（I－J）	标准 误差	P	95% 置信区间	
					下限	上限
创业领域的专业 教师	未上过创业课	0.228	0.128	0.074 *	－ 0.024	0.479
辅导员等学生 工作的教师	未上过创业课	0.373	0.094	0.000 ***	0.188	0.557
辅导员等学生 工作的教师	非创业领域的 专业教师	0.234	0.078	0.003 ***	0.080	0.388
其他	未上过创业课	0.251	0.135	0.061 *	－ 0.013	0.515

注：*** 、* 分别代表 1% 、10% 的显著性水平。

　　将个人创业教育业绩纳入教师职称评聘条件方面，辅导员等学生工作的教师与非创业领域的专业教师、未上过创业课的教师间的观点差距最大，辅导员等学生工作系列比非创业领域的专业教师在职称评聘中更考虑个人创业教育业绩指标，未上过创业课的教师在双创教育业绩获得方面稍显薄弱，则在职称评聘中加入创业教育业绩一项认同感稍低。由表4－56可知，未定级与中高级教师间的差距、初级与副高级间的差距较明显，前者对个人创业教育业绩纳入教师职称评聘条件的呼声更高。

表4－56　　　　　　　　　职称维度事后多重比较结果

职称（I）	职称（J）	平均值差值（I－J）	标准误差	P	95%置信区间	
					下限	上限
初级	中级	0.163	0.084	0.058*	－0.001	0.327
初级	副高级	0.224	0.100	0.028**	0.027	0.420
未定级	中级	0.348	0.086	0.000***	0.180	0.516
未定级	初级	0.185	0.100	0.069*	－0.012	0.382
未定级	副高级	0.409	0.102	0.000***	0.209	0.608

　　注：***、**、*分别代表1%、5%、10%的显著性水平。

五、应用型高校创新创业教育中观生态系统建设困境

　　虽然各应用型高校基本成立了"创业学院"，甚至成立了"创业教育研究中心"等，但由于创新创业教育涉及的工作内容多，具有跨学院跨学科性质，事务工作比较繁杂，多部门共建共抓机制未能很好形成，双创教育组织过程中经常会出现职责不清、分工不明和互相推诿等问题。

　　组织架构和顶层设计方面，学校虽然成立了相关工作领导小组，但系统的创新创业教育发展专项规划还不完善，创业学院建设人员配备方面，专任创业教育师资和管理人员略显不足。创新创业教育的组织机构有的高校设在教务处、有的设在创业学院、有的设在管理学院；组织各类创新创业活动和竞赛的机构多且存在交叉重复，如"挑战杯"在团委、互联网双创大赛在创业学院、职业规划和就业指导类大赛又在学生处或管理学院等；组织形式也存在重复和空隙，缺乏较统一的组织机构统筹推进，领导

机制和协调运行机制还不健全。高校结合双创教学工作开展形式多样的讲座、社团活动，参观创业型企业和孵化器、众创空间等，但无法兼顾各学科专业学生，于是陷入了有组织但无有效系列活动、有活动但又无法普及各专业学生，无法真正形成全校性创业教育的困境。

运行保障机制方面，师生对创业教育工作经费、先进的支撑创新创业教育的实验室、实训中心等载体建设认可度偏低；合理的师生共创的考核评价机制、灵活的创业学分互认机制、跨学院或跨学科的创业教育合作机制等都有所不足。建立校企协同的创业教育机制，高职教师对学校的认可度高于地方本科院校。学分互认的机制需要完善，能互认的课程种类、门数偏少，门槛偏高，学分互认课程有限，学生的求学和创业的双重时间精力无法得到保障。

双创教育激励机制方面，政企校合作共同推动是应用型高校双创教育的成功范式。政府部门推动作用要高于行业、企业的推动作用，校企协同深度合作机制又一次被质疑。学校建立了专业教师参与创业教育教学的激励机制，以及鼓励师生共同开展科研创业项目的政策，但相对独立的针对创业教师的职称晋升机制还未明确。调查表明，高职院校与地方本科院校相比，在产教融合、与行业企业合作创建校企共同体方面，不唯论文课题等成果的职称晋升多元化方面更具优势，专业教师更愿意参与创新创业教育教学，这也是应用型高校需思考的方面。

应用型高校双创教育师资建设方面，师资的数量和专兼结合度评价偏低，创业课程教师、辅导员等学生工作老师为主要师资力量，认可度差距偏大的是创业领域的专业教师与非创业领域的专业教师，专业教师的参与度和创业理论与实践知识偏少。有教师但无双创专业理论研究、有双创研究机构但缺乏系列研究成果也是普遍存在的现象。随着职称级别越高，教师绩效考核标准中创业教育业绩所占比重越低，由此，创新创业教育开展对教师的业绩激励和保障条件还不健全。将个人创业教育业绩纳入教师职称评聘条件方面，教师评价偏低，辅导员等学生工作的教师与非创业领域的专业教师、未上过创业课的教师间的观点差距最大，前者比后者在职称评聘中更多被考虑个人创业教育业绩指标，由此，专业教师从事创新创业教育的热情大打折扣，激励不足、制度不健全也是需要突破的困境。

第四节　应用型高校创新创业教育微观生态系统创建现状与困境

一、微观课程和课堂教学生态

(一) 课程体系等建设概览

应用型高校的创新创业课程体系涉及多个学科知识,属于交叉学科内容,包括介绍创业的基本概念、流程、模型和理论的创业基础知识,帮助学生了解创业的基本原则;商业模式设计与计划书撰写,需要市场分析、财务预测、竞争分析等,以及不同商业模型的研究;创新管理,培养学生的创新思维,探讨创新的战略、过程和方法以及如何管理创新项目;市场营销和销售,学习市场调研、定位、推广和销售技巧,以及构建品牌和制定市场策略;创业融资,介绍不同的融资选项,包括风险投资、天使投资、众筹、贷款等,以及如何准备融资提案;创业法律与知识产权,了解创业相关的法律问题,包括注册、知识产权保护、合同法等;创业伦理与社会责任,讨论创业伦理、社会责任和可持续发展,培养学生的社会意识;创业案例分析,通过研究真实创业案例,学习成功和失败的经验教训,借鉴他人的经验;创业项目实践,鼓励学生在实践中应用他们所学的知识和技能开展创业项目;创业沟通与领导力,提高学生的沟通技能,培养团队合作和领导能力;创业生态系统和资源,介绍创业生态系统,包括孵化器、投资者、导师和合作伙伴,以及如何获取支持和资源;创业心理学,探讨创业者面临的挑战、压力和情感,帮助学生处理创业过程中的心理问题。这些课程以必修或选修等形式供学生选择。

微观课程和课堂教学生态方面,对应用型本科院校教师卷进行深入分析,得到如表 4-57 所示的整体概况,包括双创教育课程体系、专创融合情况、在线开放课程建设、双创教材、教育教学研究项目设置等方面。

表 4 - 57   教育教学创新

变量名	样本量	最大值	最小值	平均值	标准差	中位数	方差	峰度	偏度
建立了分层分类的创新创业教育课程体系	514	5	1	3.716	0.937	4	0.878	-0.182	-0.405
将创新创业教育与专业教育相融合	514	5	1	3.784	0.899	4	0.809	-0.142	-0.384
面向全体学生开设创新创业教育课程	514	5	1	3.887	0.906	4	0.822	-0.176	-0.485
建有结合专业的创业教育专门课程群	514	5	1	3.724	0.929	4	0.863	-0.058	-0.420
建有创业类慕课、案例库等在线开放课程	514	5	1	3.724	0.937	4	0.879	-0.323	-0.322
编有满足学生多样化学习需求的创业教材	514	5	1	3.564	0.943	4	0.890	-0.116	-0.277
设有创新创业教育教学研究项目	514	5	1	3.704	0.956	4	0.914	-0.164	-0.413

评价度最高的选项是面向全体学生开设创新创业教育课程，调查的所有高校都开设了创新创业相关课程，说明多数高校已启动全校性创业教育模式，均值为 3.887，中位数为 4，标准差相较其余几项偏小，说明学生的观点偏差不大，数据近似正态分布，峰度绝对值较小且为负值，说明数据峰值要小于正态分布峰值。评价度偏低的是课程体系建设，分层分类的双创教育课程体系还在不断完善阶段。针对不同范围的学生讲授不同的课程内容，结合专业设置创业教育专门课程群，教师赞同比例有所提升，平均值为 3.724，为专创融合模式奠定基础。但编写满足学生多样化学习需求的创业教材方面稍显薄弱，均值为 3.564，与其他几项相比偏低些，且标准差较大，说明高校间的差异较大，高校在创新创业教育教学研究和教学改革方面的力度需加大，教学研究项目设立的重视程度要与科研项目设立等同。

(二) 讲授方式

对应用型本科学生卷的课程体系建设及授课情况进行统计，得到

表4-58。高校双创教育课程体系已经建立，讲授的相关课程类型多样，均值为3.515，表明大多数学生对学校课程建设的认可性，包括创新创业基础课程、创新思维课程、创业就业指导课程、专创融合课程等，在后续的案例章节中会有详尽的描述。

表4-58　　　　　　　　　　课程体系和授课方式

变量名	样本量	最大值	最小值	平均值	标准差	中位数	方差	峰度	偏度
创业教育课程类型多样	3603	5	1	3.515	0.969	3	0.939	-0.042	-0.285
教师授课方式多样	3603	5	1	3.561	0.957	4	0.916	0.037	-0.328
教师具有创业经历	3603	5	1	3.497	1.000	3	1.001	-0.187	-0.277
教师具有丰富的创业教育教学经验	3603	5	1	3.604	0.954	4	0.910	-0.114	-0.318
创业课程内容与自己所学专业知识结合紧密	3603	5	1	3.361	1.012	3	1.025	-0.301	-0.143
创业课程内容与时代前沿趋势结合紧密	3603	5	1	3.589	0.948	4	0.900	-0.057	-0.339

基于协同视角，众多高校都积极尝试将创新创业教育融入专业教育中。常见的方式一般为创业课程内容与专业知识相结合、创业课程内容与时代专业前沿趋势耦合；另外是实践环节，创业实践项目或者创业竞赛项目与专业的结合度情况。由学生反馈可知，实践项目与专业的耦合度要高于创业竞赛项目与专业的结合度。

由表4-58可知，创业课程内容与自己所学的专业知识结合紧密度方面，样本均值为3.361，中位数为3，有41.88%的学生比较同意或非常同意创业课程内容与专业知识结合紧密，标准差为1.012，被调查学生的看法不一致，多数认为创业课程内容与专业知识结合程度一般。究其原因，一方面创业课程的讲授者多为通识课程教师，非专业教师，较难做到很好融合；另一方面，专业课程讲授中也极少渗透创业知识，专创融合教育的有效实施大打折扣。有53.59%的学生较同意或非常同意创业课程内容与时代前沿趋势结合紧密。

对选项进行加权比例统计，在统计中计算平均数指标时，对各个变量值具有权衡轻重作用的数值就称为权数，按照权数合理计算出来的平均数即为加权平均数。多选排序题示例中的一选、二选、三选就是变量值，为权衡其间轻重就需要进行赋权，一选赋 3，二选赋 2，三选赋 1。运用赋予的权数进行的选择比例计算即为"加权比例平均数"，通过把每个选择比例与权数相乘后计算平均比例，最后得到总的加权比例，结果如表 4 - 59 所示。

表 4 - 59　　　　　创业课程教学模式多选排序题各选择结果统计

项目	一选人数（人）	一选比例（%）	二选人数（人）	二选比例（%）	三选人数（人）	三选比例（%）	加权比例（%）
课堂讲授	1086	30. 142	197	5. 468	364	10. 103	37. 155
案例教学	973	27. 005	1295	35. 942	502	13. 933	55. 611
小组讨论	253	7. 022	765	21. 232	788	21. 871	28. 467
模拟实践	1175	32. 612	773	21. 454	838	23. 258	54. 667
网络课程	42	1. 166	75	2. 082	139	3. 858	3. 840
专题讲座	53	1. 471	143	3. 969	312	8. 659	7. 003
其他	21	0. 583	3	0. 083	8	0. 222	0. 712

尽管课堂讲授这种教学方式一直在创新创业教育实践者中有争议，但不可否认依旧是高校创业教育教师首选的授课方式，约 30.142% 的教师首先选择，其中往往结合案例教学，共有 27.005% 的教师首选该方式，或者进行小组讨论，限于授课班级人数，往往在小班化课堂能够采纳。从加权平均比例来看，比重最高的是课堂理论知识传授所用的案例教学，比例为 55.611%，其次是实践活动方面的模拟实践，比例为 54.667%，传统课堂讲授方式仍占有一席之地，比例为 37.155%，但网络课程和专题讲座无论是设置数量还是学生认可度都偏低。

（三）考核方式

对应用型本科教师问卷中的多选排序题按加权平均比例处理数据，得到表 4 - 60。

表 4 - 60　　　　　创业课程考核方式多选排序题各选择结果统计

项目	一选人数（人）	一选比例（%）	二选人数（人）	二选比例（%）	三选人数（人）	三选比例（%）	加权比例（%）
理论考试	524	14.543	57	1.582	133	3.691	16.828
创业计划书撰写	842	23.369	530	14.710	507	14.072	37.866
创业项目展示	704	19.539	1106	30.697	672	18.651	46.221
创业模拟实战	1158	32.140	939	26.062	662	18.374	55.639
创业竞赛获奖	194	5.384	404	11.213	597	16.570	18.383
创办公司	155	4.302	176	4.885	313	8.687	10.454
其他	26	0.722	5	0.139	11	0.305	0.916

课程考核方式，表 4 - 60 显示多数高校教师主要采用创业模拟实战（首选占 32.140%，加权比例高达 55.639%）；其次是创业项目展示（46.221%）、创业计划书撰写（37.866%）和创业竞赛获奖（18.383%）；理论考试无法全面考核学生所学的创业知识、创新创业能力，故仅有 16.828% 的教师选择，而创办公司对学生来说难度较大，故只有 4.302% 的教师首选，加权占比为 10.454%，但不失为对创业综合知识应用和能力展现的实战考核方式。

二、双创实践项目和活动

（一）提升双创能力的教学活动概览

1. 有助于学生提升创业能力的实践活动

有助于学生提升创业能力的实践活动中（见表 4 - 61），最常见的是校内创业园实践和创业竞赛，分别有 21.760% 和 30.530% 的学生首选，加权比例分别为 40.485% 和 36.562%；企业管理岗位实习能提升一定的管理经验和能力，其他如营销、策划、市场推广等方面的经历经验，为以后创办企业奠定坚实基础，有 11.490% 的学生首选，加权比例为 27.116%；创业模拟训练营和校外创办公司受到资金、政策、学业等多方面的影响，参与者并不多，但也是致力于创业的大学生提升能力的极佳实践活动。

表4-61　　　　实践活动多选排序题各选择结果统计

项目	一选人数（人）	一选比例（%）	二选人数（人）	二选比例（%）	三选人数（人）	三选比例（%）	加权比例（%）
创业竞赛	1100	30.530	201	5.579	250	6.939	36.562
校内创业园实践	784	21.760	831	23.064	362	10.047	40.485
校外创办公司	343	9.520	486	13.489	422	11.712	22.417
企业管理岗位实习	414	11.490	604	16.764	481	13.350	27.116
创业模拟训练营	253	7.022	355	9.853	607	16.847	19.206
没有	709	19.678	41	1.138	41	1.138	20.816

2. 对学生创业项目落地最有帮助的活动

由表4-62的加权平均比例来看，比例最大的是大学生创业园实践，有36.664%的学生将其作为第一选择，加权比例为63.345%，说明学生的创意和创业项目要落地亟须相关支持平台，大学生创业园设有基础设施、孵化器、双创导师、先进设备，能帮助学生初创企业孵化成长。"互联网＋"创新创业大赛、"挑战杯"、大学生创新创业训练计划等各类双创竞赛的开展，能从实践中锻炼创业能力，积累工作经验；参与老师的科研项目占比31.345%，学生进行科技攻关或技术服务为科技创业奠定基础，可以师生共创，也可以师导生创等，这在后续策略章节进行深入探讨；创业课堂教学对创业项目落地的帮助略小些，占比为29.836%，理论知识的讲授无法替代实践实战的能力培养，传统理论灌输的局限性不言而喻；资本对接会有其独特优势，但高校作为链接方积极性有待提升，资本对接会能帮助学生获得创业资本，解决融资难问题，14.922%的学生选择该选项，并不是否认其重要性，而是开展的此类活动偏少，学生掌握的资源尤其是金融资源偏弱。

表4-62　　对学生创业项目落地最有帮助的活动多选排序题各选择结果统计

项目	一选人数（人）	一选比例（%）	二选人数（人）	二选比例（%）	三选人数（人）	三选比例（%）	加权比例（%）
创业课堂教学	866	24.036	149	4.135	329	9.131	29.836
各类创业竞赛	851	23.619	867	24.063	543	15.071	44.685
大学生创业园实践	1321	36.664	1157	32.112	570	15.820	63.345
教师/学生科研项目	331	9.187	760	21.094	875	24.285	31.345
资本对接会	182	5.051	257	7.133	553	15.348	14.922
其他	52	1.443	42	1.166	23	0.638	2.433

3. 创新创业竞赛

高校的创新创业竞赛种类多样，如由教育部主管的"挑战杯"全国大学生创业计划竞赛、"互联网＋"大学生创新创业大赛，共青团主办的"创青春"大赛，国务院侨办主办的中国创新创业大赛，各省市和地区举办的科技创新创业大赛，一些地方政府和非营利组织会组织面向青年创业者的青年创新创业大赛，以人工智能为主题的 AI 创新创业大赛等。应用型本科学生对创新创业竞赛的评价和认知较为中肯，尤其是竞赛对拓展人际关系网络和提升团队合作能力方面，平均值较高，分别为 3.822 和 3.887；其次是双创竞赛对真实创业有比较重要的帮助，提升了学生的创业自信心和创业能力，平均值分别为 3.731、3.730 和 3.697，且标准差值适中，说明学生的评价差异并不大；认同感偏低的是双创竞赛项目与专业结合度以及参加的双创竞赛项目较容易落地，平均值分别为 3.465 和 3.438，同时标准差偏大，尤其是竞赛与专业结合度方面，标准差为 0.982，学生评价不一，有 46.930% 的学生认同创业竞赛项目与专业结合度较高，说明从竞赛视角看专创融合情况还需进一步提升（见表 4–63）。

表 4–63　　　　　　　　双创竞赛描述性统计

变量名	样本量	最大值	最小值	平均值	标准差	中位数	方差	峰度	偏度
创业竞赛种类多样	3603	5	1	3.692	0.927	4	0.859	0.083	-0.425
参加的创业竞赛项目较容易落地	3603	5	1	3.438	0.958	3	0.918	-0.091	-0.171
创业竞赛项目与专业结合度较高	3603	5	1	3.465	0.982	3	0.963	-0.124	-0.257
创业竞赛提升了创业能力	3603	5	1	3.697	0.918	4	0.843	0.094	-0.458
创业竞赛提升了创业自信心	3603	5	1	3.730	0.915	4	0.837	0.135	-0.466
创业竞赛拓展了人际关系网络	3603	5	1	3.822	0.908	4	0.825	0.399	-0.612
创业竞赛提升了团队合作能力	3603	5	1	3.887	0.889	4	0.791	0.658	-0.695
创业竞赛对于真实创业有较大帮助	3603	5	1	3.731	0.921	4	0.849	0.199	-0.478

4. 在校期间参与的公益（社会）创业活动

公益（社会）创业作为创新创业活动的重要类型，越来越受到学生的欢迎。公益创业是指创立或参与组织和项目，旨在解决社会问题（如贫困、教育不平等、环境保护、健康护理、社会公平等），改善社会状况或推动社会进步，而非仅仅为了追求个人或组织的经济利益。公益创业者通常以社会使命为导向，他们致力于提供可持续的解决方案，同时也考虑项目的财务稳定性，注重创新性，包括技术创新、社会创新和商业模式创新。合作伙伴关系对于公益创业项目的成功至关重要。与政府、非政府组织、企业和其他社会部门合作，可以整合资源和专业知识，以更好地实现社会使命。社会创业是指以解决社会问题和提高社会福祉为主要目标的商业活动或创新实践。与传统的营利性企业不同，社会创业者将社会使命置于赢利之上，他们努力在获得经济可持续性的同时创造社会价值。

公益创业与社会创业既有联系又有区别，公益创业和社会创业的共同点是，它们都以社会使命为导向，强调创新，关注可持续性，进行社会影响评估。它们间最大的区别，其一是组织形式，公益创业通常采用非营利性组织的形式，如慈善机构、非政府组织等，其主要目标是提供社会服务或解决社会问题，而不是盈利。社会创业则可以采用多种形式，包括社会企业、混合模式企业或以营利性形式运营的企业，但其社会使命仍然是核心。其二是盈利目标，公益创业通常不以营利为首要目标，而社会创业通常在追求社会价值的同时也追求经济可持续性和盈利，社会创业者倾向于将社会目标与商业目标相结合，以确保长期的社会影响。其三是资金来源，公益创业通常依赖于捐赠、基金会资助和政府拨款等非营利性资金，而社会创业者通常会寻求多元化的资金来源，包括社会投资、风险投资和销售收入。其四是法律和法规，公益创业通常受到非营利组织相关的法律法规监管，而社会创业者则可能需要遵守更多与商业运营相关的法规。

由表 4 - 64 多选排序题可知，应用型高校学生在校期间参与的公益（社会）创业项目占比最高的是公益创业讲座，加权比例为 38.745%。其次是公益创业活动，加权比例为 30.502%，包括：（1）社会创新项目，涵盖了各种社会问题，从社会企业到非营利组织，以及新的社会项目和倡议，试图改善社会问题的现状，提供创新的解决方案；（2）志愿者活动，可以在各种社会活动中参与，如支援弱势群体、环境保护、文化传承等；
（3）社会创业竞赛，以鼓励创新者和初创企业提出解决社会问题的创意，
获得支持和资源；（4）环保活动，旨在保护环境和可持续资源利用，包括
树木种植、垃圾回收、清洁能源推广等；（5）教育倡议，教育是一个关键
领域，有许多公益创业活动致力于提供教育机会、改善教育质量和普及教
育资源。

表 4 - 64　　　　　公益创业项目多选排序题各选择结果统计

项目	一选人数（人）	一选比例（%）	二选人数（人）	二选比例（%）	三选人数（人）	三选比例（%）	加权比例（%）
公益创业讲座	1226	34.027	168	4.663	174	4.829	38.745
公益创业活动	501	13.905	759	21.066	276	7.660	30.502
公益创业竞赛	422	11.712	511	14.183	483	13.405	25.636
公益创业课程	309	8.576	452	12.545	516	14.321	21.713
创办公益创业工作室	92	2.553	131	3.636	216	5.995	6.975
未参加过	1053	29.226	56	1.554	45	1.249	30.678

公益创业竞赛加权比例为 25.636%，"互联网 + "双创大赛、"挑战
杯"、"创青春"中都涵盖公益创业项目，鼓励学生积极参与；公益创业课
程既包含创业相关内容（创业和商业管理课程、经济学和财务课程、非营
利组织法律和伦理相关课程等），又需要了解社会学、政治学、心理学、
社会工作和社会活动、沟通与人际关系等相关课程，学生参与的相关课程
占比并不高，为 21.713%；基于对公益创业的了解并不太多，创办公益创
业工作室的学生比例偏少，为 6.975%；不少学生没有参加过与公益创业
相关的项目，占比为 30.678%，需要增强公益创业活动的宣传力度，鼓励
师生投入更多创新创业领域。

（二）双创实践支持体系

应用型高校的创新创业实践支持体系一般包括：孵化器和孵化平台，
提供办公空间、导师指导、资源共享等支持，帮助学生和创业团队孵化创
业项目；创业导师团队，由经验丰富的创业者、企业家或专业人士组成，
提供创业指导、咨询和培训；创业课程和培训，开设创业相关课程，教授

创业知识和技能，培养学生的创业意识；资金支持，提供创业资金，可以是奖学金、创业基金、风险投资等，帮助项目启动和发展；创新和技术转移中心，促进科研成果的商业化和技术转移，将科研成果应用于创业项目；商业计划竞赛，组织创业比赛，激励学生提出创新创业项目，并提供资金和资源支持；创业网络和合作伙伴，建立与企业、投资者和创业生态系统的联系，帮助学生寻找合作机会和资源；举办创业活动、沙龙、展会等，提供交流和展示项目的平台；知识产权支持，提供知识产权保护的指导和支持，确保创业团队的创新成果得到合法保护。

由表4－65可知，创业实践有独立的大学生创业园，平均值得分最高，为3.821，所有受访地方本科院校都建设了大学生创业园或众创空间，内有学生企业孵化器、创新创业导师工作室等。同时，校外还有实践实训基地，均值为3.654。53.620%的学生较同意或同意创业实践项目与专业学习结合度高，均值为3.607，实践体系题项中均值最低，说明创业实践项目与专业学习的结合度有待提升，标准差为0.956，高于其他选项，学生的评价具有一定差异性。学校提供一体化创业实践服务样本数据较符合正态分布，均值为3.657，有专项的创业实践支持，均值为3.696，说明应用型高校在双创实践的支持和服务方面较重视，虽然还处于初级阶段，但目标是极力打造一站式服务体系或平台。

表4－65　　　　　　　　　　总体描述结果

变量名	样本量	最大值	最小值	平均值	标准差	中位数	方差	峰度	偏度
创业实践有校内外指导教师	3603	5	1	3.757	0.922	4	0.850	0.086	−0.483
创业实践有专项创业基金支持	3603	5	1	3.696	0.932	4	0.868	0.085	−0.433
学校提供一体化的创业实践服务	3603	5	1	3.657	0.931	4	0.866	0	−0.344
创业实践有独立的大学生创业园	3603	5	1	3.821	0.954	4	0.909	−0.016	−0.53
创业实践有专门的校外实践基地	3603	5	1	3.654	0.937	4	0.878	−0.187	−0.277
创业实践项目与专业学习结合度高	3603	5	1	3.607	0.956	4	0.914	−0.05	−0.341

三、双创教育师资参与活动的相关调查

(一) 应用型高校教师参与双创教育活动分析和差异化比较

1. 教师参加的双创教育活动

对教师从事的双创教育活动进行分析，响应率为多选题各选项的全部选择项比例情况，普及率为有效样本下的各选项的选择比例，分析项卡方拟合优度检验的显著性 P 值为 0.000，水平上呈现显著性，意味着各项的选择比例呈现显著性差异，分布不均匀。仅有 5.9%（高职 5.5%）的双创教育一线工作教师有创办企业经历，这和创新创业导师理论知识丰富但实践实战经验偏少情况不谋而合。双创教育活动主要为创新创业教育指导师，占比为 30.9%（高职为 29.4%）；创新创业课程的专业教师占比为 15.1%（高职为 20.4%）；创新创业教育组织管理者占比为 18.4%（高职为 15.9%），而从事创新创业教育研究的教师偏少，仅占 15%（高职为 13.7%）。学生卷中，68.9% 的被访学生认为师生共创过程中教师扮演的角色应为协助者，仅有 14.0% 的学生认为教师应是主导者，15.7% 的学生认为教师在共同完成创业项目的过程中参与就行，其他为 1.4%（见表 4 - 66）。

表 4 - 66   应用型高校教师参与的双创活动

多选题题项	N（计数）	响应率（%）	普及率（%）	X^2	P
创新创业课专业教师	118	15.100	23.000		
创新创业教育指导师	241	30.900	46.900		
创新创业教育研究者	117	15.000	22.800		
创新创业教育的组织管理者	143	18.400	27.800	154.928	0.000 ***
自身创办过企业	46	5.900	8.900		
其他	114	14.600	22.200		
总计	779	100.000	151.556		

注：*** 代表 1% 的显著性水平。

帕累托图是"二八原则"的图形化体现，80% 的问题是由 20% 的原因所致。结合图形，找出累计比率为 0 ~ 80% 对应的选项（"至关重要项"），创新创业专业教师、指导者、研究者、组织管理者为重要项；累计比率在

80%~100%对应的选项，其为"微不足道项"，自身创办过企业和其他项教师承担得较少（见图4-26）。

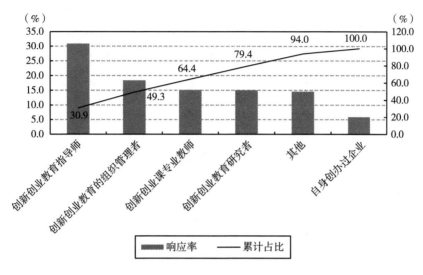

图 4-26　帕累托图

2. 不同类型高校、不同学历、不同年龄、不同职称、不同创业教师类型的教师参与双创教育活动的交叉分析

使用地方本科院校与高职院校教师调查的合并数据来进行不同类型高校等差异性分析，对合并后的数据进行多重响应频率分析，得到表4-67。

表 4-67　　　　　教师参与的双创教育活动多重响应频率分析

多选题题项	N（计数）	响应率（%）	普及率（%）	X^2	P
创新创业课专业教师	275	17.800	26.700		
创新创业教育指导师	467	30.200	45.400		
创新创业教育研究者	222	14.300	21.600		
创新创业教育的组织管理者	265	17.100	25.800	290.481	0.000 ***
自身创办过企业	88	5.700	8.600		
其他	231	14.900	22.400		
总计	1548	100.000	150.400		

注：*** 代表1%的显著性水平。

与前表相比，教师参与双创教育开展最多的活动仍是双创指导教师，与之前差距明显的是加入高职院校教师数据后，双创专业教师的比例明显提升，但双创教育研究者的比例明显下降，由此可知，高职院校双创教师在双创教育研究方面要明显弱于地方本科院校教师，且自身创办企业方面响应率依然低迷，占比仅为5.7%，双创教师尝试创业的人数极少。

模型的多重响应分析交叉表显示，卡方检验的显著性P值为0.000，在α=0.05时水平上呈现显著性，拒绝原假设，说明不同的年龄在参与双创教育活动的选择上具有显著性差异。双创教育指导师和组织管理者的年龄分布较均匀，30周岁及以下青年教师参与略少。双创课专业教师则以青年教师为主，双创教育研究者和自身创办企业占比最多为41周岁及以上的教师，分别为18.241%和10.749%（见表4－68）。

表4－68　　　　　　　　　不同年龄多重响应频率交叉分析

分组题项	创新创业课专业教师	创新创业教育指导师	创新创业教育研究者	创新创业教育的组织管理者	自身创办过企业	其他	总数	X²	P
30周岁及以下	104 (21.053%)	127 (25.709%)	70 (14.170%)	78 (15.789%)	17 (3.441%)	98 (19.838%)	494		
31～35周岁	72 (17.561%)	132 (32.195%)	55 (13.415%)	76 (18.537%)	17 (4.146%)	58 (14.146%)	410		
41周岁及以上	40 (13.029%)	95 (30.945%)	56 (18.241%)	49 (15.961%)	33 (10.749%)	34 (11.075%)	307	51.255	0.000 ***
36～40周岁	59 (17.507%)	113 (33.531%)	41 (12.166%)	62 (18.398%)	21 (6.231%)	41 (12.166%)	337		
总计	275	467	222	265	88	231	1548		

注：*** 代表1%的显著性水平。

模型的多重响应分析交叉表（见表4－69）显示，卡方检验的显著性P值为0.000，在α=0.05时呈现显著性，拒绝原假设，说明不同学位教师在创新创业课专业教师、创新创业教育指导师等的选择上具有显著性差异。由于从事双创教育的硕士学位教师偏多，故结果中从事双创指导和组织工作的硕士学位教师占比偏高。博士学位教师主要从事的是双创教育指导师、双创课专业教师和研究者角色，同时创办企业占比也最高，为9.406%。

表 4 – 69　　　　　　　　不同学位多重响应频率交叉分析

分组题项		创新创业课专业教师	创新创业教育指导师	创新创业教育研究者	创新创业教育的组织管理者	自身创办过企业	其他	总数	X²	P
最高学位	硕士	167 (17.093%)	316 (32.344%)	122 (12.487%)	189 (19.345%)	48 (4.913%)	135 (13.818%)	977	77.827	0.000 ***
	博士(博士后)	32 (15.842%)	69 (34.158%)	47 (23.267%)	15 (7.426%)	19 (9.406%)	20 (9.901%)	202		
	学士	41 (19.903%)	57 (27.670%)	28 (13.592%)	38 (18.447%)	13 (6.311%)	29 (14.078%)	206		
	其他	35 (21.472%)	25 (15.337%)	25 (15.337%)	23 (14.110%)	8 (4.908%)	47 (28.834%)	163		
总计		275	467	222	265	88	231	1548		

注：*** 代表 1% 的显著性水平。

模型的多重响应分析交叉表（见表 4 – 70）显示，卡方检验的显著性 P 值为 0.000，在 α = 0.05 时呈现显著性，不同职称教师在各题项选择上具有显著性差异。中级职称教师主要集中于双创指导师和组织管理者定位；副高级教师集中于双创指导师和双创教育研究者两项工作中；正高级教师则热衷于双创课程专业教师和双创指导师，其三才是双创教育理论与实践研究。

表 4 – 70　　　　　　　　不同职称多重响应频率交叉分析

分组题项		创新创业课专业教师	创新创业教育指导师	创新创业教育研究者	创新创业教育的组织管理者	自身创办过企业	其他	总数	X²	P
职称	中级	124 (17.270%)	224 (31.198%)	90 (12.535%)	149 (20.752%)	39 (5.432%)	92 (12.813%)	718	126.046	0.000 ***
	初级	51 (21.795%)	64 (27.350%)	29 (12.393%)	40 (17.094%)	8 (3.419%)	42 (17.949%)	234		
	未定级	28 (16.000%)	31 (17.714%)	22 (12.571%)	18 (10.286%)	10 (5.714%)	66 (37.714%)	175		
	副高	55 (15.988%)	121 (35.174%)	66 (19.186%)	48 (13.953%)	27 (7.849%)	27 (7.849%)	344		
	正高	17 (22.078%)	27 (35.065%)	15 (19.481%)	10 (12.987%)	4 (5.195%)	4 (5.195%)	77		
总计		275	467	222	265	88	231	1548		

注：*** 代表 1% 的显著性水平。

模型的多重响应分析交叉表（见表 4 - 71）显示，卡方检验的显著性 P 值为 0.000，P 值小于 0.05，在 α = 0.05 时呈现显著性，各题项具有显著性差异。从事创业教育工作年限较短的教师，一般以担任双创教育指导师和双创课专业教师为主；从事创业教育工作年限较长的教师，比如 6 ~ 9 年，则以担任双创教育指导师和双创教育组织管理者为主。随着从事双创教育工作的年限增长，教师从事双创教育研究的比例并没有显著差异，呈现稳定性，说明投入实践层面的教师偏多，成果产出明显，但投入理论研究的教师偏少，产出不易。

表 4 - 71　　　　　　　不同工作年限多重响应频率交叉分析

分组 题项		创新创业课 专业教师	创新创业教 育指导师	创新创业教 育研究者	创新创业教 育的组织 管理者	自身创办 过企业	其他	总数	X^2	P
从事创业教育工作年限	3 ~ 5 年	93 (20.306%)	155 (33.843%)	74 (16.157%)	85 (18.559%)	19 (4.148%)	32 (6.987%)	458		
	2 年 及以 内	92 (17.726%)	128 (24.663%)	70 (13.487%)	78 (15.029%)	24 (4.624%)	127 (24.470%)	519		
	10 年 及以 上	51 (17.172%)	87 (29.293%)	40 (13.468%)	45 (15.152%)	29 (9.764%)	45 (15.152%)	297	87.109	0.000 ***
	6 ~ 9 年	39 (14.234%)	97 (35.401%)	38 (13.869%)	57 (20.803%)	16 (5.839%)	27 (9.854%)	274		
总计		275	467	222	265	88	231	1548		

注：*** 代表 1% 的显著性水平。

3. 思考不同类型高校、不同学历、不同年龄、不同职称和不同创业教师类型的教师双创教育动机

表 4 - 72 显示，卡方拟合优度检验的显著性 P 值为 0.000，P 值小于 0.05，拒绝原假设，意味着各项的选择比例呈现显著性差异，分布不均匀。自身兴趣爱好是教师从事双创教育的最主要的动机，响应率为 27.5%，

其次是个人价值实现，比例为 18.6%，主观因素占据主导地位；另外是学校政策导向的激励，响应率为 16.9%；自身所从事专业的要求，占 16.3%；行政安排占 15.3%；物质奖励占比最少，仅为 5.4%。由此根据帕累托原则可知前四项为主要动机，而后两项为次要动机。

表 4-72　　　　　　　　　　　教育动机多重响应频率分析

多选题题项	N（计数）	响应率（%）	普及率（%）	X^2	P
自身兴趣爱好	561	27.500	54.500		
物质奖励	110	5.400	10.700		
个人价值实现	380	18.600	36.900		
学校政策导向的激励	345	16.900	33.500	305.814	0.000 ***
学校行政行为的安排	313	15.300	30.400		
自身所从事专业的要求	334	16.300	32.500		
总计	2043	100.000	198.500		

注：*** 代表 1% 的显著性水平。

对双创教育动机进行高校类型的多重响应频率交叉分析，$X^2 = 2.958$，$P = 0.706 > 0.05$，在 $\alpha = 0.05$ 时水平上不呈现显著性，接受原假设，说明不同高校类型教师在双创教育动机方面不存在显著性差异。

模型的多重响应分析交叉表（见表 4-73）显示，P 值为 $0.003 < 0.05$，在 $\alpha = 0.05$ 时呈现显著性，拒绝原假设，说明具有显著性差异，除自身兴趣爱好各职称类型教师均首选外，正高级和中级教师选择个人价值实现，副高级教师则认为是自身所从事专业的要求，而初级职称的教师倾向于学校政策导向的激励这一选项。基于马斯洛的需要层次理论，强动机使低层次需求转向高层次需求，在投身双创教育事业过程中，学校的激励机制和教师本身对知识技能的诉求都是关键一环。

表4-73　　　　不同职称教师教育动机的多重响应频率交叉分析

分组题项		自身兴趣爱好	物质奖励	个人价值实现	学校政策导向的激励	学校行政行为的安排	自身所从事专业的要求	总数	X²	P
职称	中级	247 (26.819%)	44 (4.777%)	166 (18.024%)	160 (17.372%)	163 (17.698%)	141 (15.309%)	921		
	初级	89 (25.000%)	22 (6.180%)	57 (16.011%)	78 (21.910%)	57 (16.011%)	53 (14.888%)	356		
	未定级	85 (31.599%)	19 (7.063%)	58 (21.561%)	37 (13.755%)	36 (13.383%)	34 (12.639%)	269	42.203	0.003***
	副高	114 (27.737%)	17 (4.136%)	82 (19.951%)	59 (14.355%)	49 (11.922%)	90 (21.898%)	411		
	正高	26 (30.233%)	8 (9.302%)	17 (19.767%)	11 (12.791%)	8 (9.302%)	16 (18.605%)	86		
总计		561	110	380	345	313	334	2043		

注：*** 代表1%的显著性水平。

模型的多重响应分析交叉表（见表4-74）显示，P值为0.000，在α=0.05时呈现显著性，说明最高学位不同的教师双创教育动机也有差异，但差异不大。自身兴趣爱好和个人价值实现仍占据前二地位；博士及博士后学位认为自身所从事专业的要求促使进行双创教育，占比18%，激励政策也很关键，占比14%，行政安排和物质奖励的因素偏弱；硕士和学士学位老师则受学校政策和行政安排两个因素影响较大。由此可知，专业性和政策性因素在教师选择动机中呈现一定决定性影响。

表4-74　　　　不同学位教师教育动机的多重响应频率交叉分析

分组题项		自身兴趣爱好	物质奖励	个人价值实现	学校政策导向的激励	学校行政行为的安排	自身所从事专业的要求	总数	X²	P
最高学位	硕士	353 (26.702%)	59 (4.463%)	233 (17.625%)	231 (17.474%)	227 (17.171%)	219 (16.566%)	1322		
	博士(博士后)	81 (32.400%)	13 (5.200%)	56 (22.400%)	35 (14.000%)	20 (8.000%)	45 (18.000%)	250	42.644	0.000***
	学士	67 (26.172%)	12 (4.688%)	51 (19.922%)	46 (17.969%)	41 (16.016%)	39 (15.234%)	256		
	其他	60 (27.907%)	26 (12.093%)	40 (18.605%)	33 (15.349%)	25 (11.628%)	31 (14.419%)	215		
总计		561	110	380	345	313	334	2043		

注：*** 代表1%的显著性水平。

不同年龄阶段进行双创教育的动机存在差异，除自身兴趣爱好外，随着年龄增大，物质奖励占比逐渐下降，青年教师更倾向于个人价值实现，排序为第二；中年教师则考虑到职称晋升、专业要求等因素，将此排第二；青年教师受到学校政策的激励和价值观影响，投入双创教育的积极性大增，而 36~40 岁的中年教师则更多受行政行为的安排影响较大，这为学校制定相关政策提供依据（见表 4-75）。

表 4-75 不同工作年限教师教育动机的多重响应频率交叉分析

分组题项		自身兴趣爱好	物质奖励	个人价值实现	学校政策导向的激励	学校行政行为的安排	自身所从事专业的要求	总数	X²	P
年龄	30 周岁及以下	195 (27.778%)	54 (7.692%)	131 (18.661%)	130 (18.519%)	104 (14.815%)	88 (12.536%)	702		
	31~35 周岁	154 (27.648%)	25 (4.488%)	109 (19.569%)	103 (18.492%)	90 (16.158%)	76 (13.645%)	557	47.389	0.000 ***
	41 周岁及以上	100 (28.571%)	14 (4.000%)	69 (19.714%)	41 (11.714%)	44 (12.571%)	82 (23.429%)	350		
	36~40 周岁	112 (25.806%)	17 (3.917%)	71 (16.359%)	71 (16.359%)	75 (17.281%)	88 (20.276%)	434		
总计		561	110	380	345	313	334	2043		

注：*** 代表 1% 的显著性水平。

（二）基于调研的区域应用型高校师生共创现状

应用型高校师生共创研究偏少，对师生共创的内涵和实践的认识不足，多基于案例分析探讨其实施策略和存在的问题，较少有实证分析明晰目前师生共创活动的"瓶颈"和症结所在、其要素构成及影响机理，以及分别从教师角色与学生角色来探讨师生共创内在规律和运行模式。

1. 学生加入教师科研创业团队的基本情况

由学生问卷可知，地方本科院校学生有创业实践经验的占 21.40%（低于高职院校的 22.90%），其中二年级学生占有创业实践经历学生的 66.94%（高职为 62.40%），三年级学生占 11.80%（高职为 25.60%），四年级学生占 15.93%，其他年级和已毕业学生占 5.33%。鉴于老师科研项目的复杂性、专业性和综合性等特点和师生获取信息的不对称性，有 66.90%（高职为 78.98%）的受访学生反馈，从未参与老师的科研团队或加入老师的课题组，进一步显现了与普通本科院校学生相比，高职学生科创能力相对薄弱；受升学和就业的双重压力影响，四年级学生占比仅为1.20%，很少参与教师项目，而一年级、二年级的学生较多，占比分别为11.80%和15.90%。另外，教师在被问及"学生加入科研创业团队最合适时间"，认为进入大学的新生在专业知识和技能的掌握方面还有所欠缺，故占比较低，为14.20%；四年级学生面临就业和升学的双重选择，无暇顾及课题研究，所以为5.84%；而二年级、三年级既有知识储备、能力提升，又有一定的可支配时间，故占比分别为51.56%和28.41%。

2. 师生共创的合作方式

目前高校师生共创合作方式可以是老师指导、学生创业；也可以是老师注资、学生创业；还可以是师生共同研发和运营等。师生共创过程中，教师一般参与较多的是指导创业（占比为29.600%），或者负责科技产品研发（占比为11.200%），或与学生共同研发、学生运营（占比为17.200%），为学生企业注资入股并不多（占比为9.400%），教师自身运营企业较少（占比为8.800%），多数是与学生共同运营（占比为15.200%）或由学生运营。也有极个别（占比为3.100%）的创业项目缺乏师生合作，将共创模式流于形式，其他还有一些并不普遍的合作方式，此处不赘述（见表4－76）。

表4－76　　　　师生共创合作方式的多重响应频率分析（本科学生视角）

多选题题项	计数	响应率（%）	普及率（%）	X²	P
老师指导，学生创业	2180	29.600	60.500		
老师注资，学生创业	693	9.400	19.200		
老师研发，学生运营	822	11.200	22.800		
老师运营，学生参与	644	8.800	17.900		
师生共同研发，学生运营	1266	17.200	35.100	2850.83	0.000***
师生共同研发，共同运营	1117	15.200	31.000		
创业团队中没有师生合作	227	3.100	6.300		
其他	411	5.600	11.400		
总计	7360	100.000	204.274		

注：*** 代表1%的显著性水平。

表4－76显示分析项卡方拟合优度检验的显著性P值为0.000，说明

各项的选择比例呈现显著性差异，分布不均匀。结合表中数据，根据帕累托原则找出累计响应率为 0~80% 对应的选项，老师指导学生创业、师生共同研发由学生运营或共同运营、老师研发学生运营、老师注资学生创业为较为普及的师生共创形式，其他情况占比较少。

3. 师生共创的障碍

师生共创过程中也会遇到许多困难，问卷调查分析发现有两个方面：一方面 20.8% 的学生认为各类课程太多，精力不足，说明师生共创的项目与专业的相关性有待提升，学分绩点的认定应多样化，专创融合需增加深度和适切度；另一方面是科研产出困难，约 17.5% 的学生选择，技术转移和衍生需要较高的技术水平，对教师和学生的科研能力提出很大挑战。

学生想要从事相关创业活动，尤其是科技创业项目，从响应率来看，占比最多的是没参与教师的科创项目，占 25.800%。囿于地方本科院校师生科创研究和项目信息分享机制还未建立以及学生的科研水平和知识掌握情况亟待提升，科研产出困难（占比为 17.500%）、无法获得教师创业项目信息（占比为 14.800%）和精力不足（占比为 20.800%）成为主要障碍。学校目前还没有出台相应的政策文件或者有相关激励导向，基于成果导向的创业活动被扼杀，约 12.900% 的学生认为这方面也是诟病之处；极少数学生（约占 5.300%）认为，师生共创还存在利益分配不均的问题或其他相关情况，若能妥善解决学生所面临的这些困境，必然能带动师生共创向更创新、更完善的方向迈进（见表 4-77）。

表 4-77　　　　　　　　师生共创的障碍（学生视角）

多选题题项	计数	响应率（%）	普及率（%）	X^2	P
没参与	1693	25.800	47.000		
科研产出困难	1149	17.500	31.900		
无法获得教师创业项目信息	968	14.800	26.900		
学校没有相应的政策导向	848	12.900	23.500	1839.966	0.000***
课程太多，精力不足	1364	20.800	37.900		
利益分配不均	346	5.300	9.600		
其他	185	2.800	5.100		
总计	6553	100.000	181.876		

注：*** 代表 1% 的显著性水平。

从教师视角来看师生共创面临的挑战与学生视角不谋而合（见表4-78），卡方拟合优度检验的显著性P值为0.000，各项选择比例具有显著性差异。约29.800%的创业教师认为，学生课程太多难以保证参与时间；另一个合作存在困难的原因是学生的科研水平有限，对科创项目的开展缺乏原动力，约27.200%的教师选择该选项；另外还有学生参与兴趣不高，存在投入专业学习保证就业的传统思路，有19.400%的教师选择；学校没有相应的政策导向（占比为16.500%）和师生利益难以分配（占比为3.700%）则是教师认为的其他师生共创障碍类型。结合帕累托原则，找出"至关重要"影响项，从教师视角来看，学生科研水平有限、学生课程太多难以保证参与时间、学生参与兴趣不高为主要因素。

表4-78　　　　　　　　师生共创的障碍（教师视角）

多选题题项	计数	响应率（%）	普及率（%）	X^2	P
学生科研水平有限	281	27.200	54.700		
学生参与兴趣不高	201	19.400	39.100		
学生课程太多，难以保证参与时间	308	29.800	59.900		
学校没有相应的政策导向	171	16.500	33.300	394.255	0.000 ***
师生利益难以分配	38	3.700	7.400		
其他	35	3.400	6.800		
总计	1034	100.000	201.167		

注：*** 代表1%的显著性水平。

四、应用型高校创新创业教育微观生态系统建设困境

一是课程体系方面，有些应用型高校课程开设缺乏整体性设计，面向全校开设的双创课程门数偏少，选修课程又多为依托于经济、管理、艺术、计算机等学科原有的专业课程，冠以"创业"二字，无论是时代前沿趋势渗透，还是专业知识结合都未达到效果，专业课程与创业教育课程没有深度融合，课程开发数量不足，创业实践课程更是寥寥无几，还没有建成依次递进、有机衔接、科学合理的课程模块或课程群，创新创业教育贯

穿于应用型人才培养的全过程未能很好体现。

二是课程内容方面，创业教育尚未成为一级学科，一般隶属于管理学，课程缺乏科学指导思想，在教材编写使用、课程安排、教学内容设计等方面存在模仿性、随意性。调查显示，编写满足学生多样化学习需求的创业教材方面明显薄弱。应用型高校创新创业教育教材体系参差不齐、交叉重复，也没有形成针对应用型高校的高质量教材体系。创新创业教育教学研究和教学改革的力度需加大，双创教学研究项目设立未受到重视。

三是课堂教学与评价方面，教学效果并不理想，理论与实践结合得不够紧密。教学方法比重最高的是课堂理论知识传授、案例教学，其次是实践活动方面的模拟实践，网络课程和专题讲座无论是设置数量还是学生认可度都偏低。课程评价主要采用创业模拟实战、创业项目展示、创业计划书撰写等。教师相关创业理论水平有限，不能把国际前沿学术发展、最新研究成果和实践经验融入课堂教学，学生积极性不高、互动性不强、创业意识薄弱，过程性评价和终结性评价过于松散，缺乏有效约束力，学生收获一般，没有明显体会到双创知识技能的提升。

四是双创实践活动方面，创业课堂教学对创业项目落地的帮助偏小已形成共识。创业模拟训练营和校外创办公司是最佳方式，可限制条件颇多，学生的创意和创业项目要落地亟须相关支持平台，但基础设施、孵化器、先进设备等缺乏。不少学生还未参加过与公益创业相关的项目，缺乏对公益创业的了解，相关工作室创办数量极少，该创新创业领域需鼓励更多师生参与。资本对接会等方式有助于初创者融资，但高校作为链接方积极性有待提升。双创竞赛方面，学生认可其对真实创业的帮助，能对人际网络和能力有极大提升，但竞赛项目与专业关联度低、项目落地性差已成为要突破的重点、难点，专创融合困境凸显。

五是双创教师方面，研究发现，教师参与的双创教育活动以课程专业教师、指导师和组织管理者为主，双创教育理论研究偏少且以中年教师为主，青年教师较少从事研究工作，各类型教师创办企业更是凤毛麟角。承担双创教育课程的教师多为"理论派"，以辅导员等行政人员，经济、管理和教育学等相关学科教师为主，拥有一定理论知识，但缺乏创业实践经历和经验，企业实践或培训等专业成长机会少，限制能力发展。在课堂教学中，不能广泛应用有效教学方法，如体验式教学法、项目教学法、基于问题的教学法等，无法对不同学科、不同专业、不同经历、不同个性特征的学生因材施教，一视同仁的课程准备使学生难以找到自身在课堂生态系统中的生态位。由于投入双创实践层面的教师偏多（尤其是青年教师以更大的热情参与），成果产出明显，而理论研究成果产出艰难，故投入教师人数日益减少，这对创新创业学科的发展极为不利。

六是师生共创方面，由于强动机使教师从低层次需求转向高层次需求，学校的激励机制和教师本身对知识技能的诉求，专业性和政策性因素在教师选择动机中呈现决定性。青年教师受到学校政策的激励和价值观影响，投入双创教育的积极性大增。而学校缺乏相应的政策导向则成为一大困境。通过调查可知，师生共创的项目与专业的相关性偏低，学生既要投入专业学习又要实施创业项目，精力不足；学分互认机制不健全，导致学生不得不疲于应付相关课程，完成学分绩点，难以保证参与项目的时间；学生科研产出困难，较难做到高难度技术攻关从而形成技术转移；学校信息共享平台建设不完善，学生无法获得教师创业项目信息，信息不对等下师生共创的人员选择成为难点。众多困境需要制定相关政策制度，搭建平台，加以建设完善。

第五节　本章小结

本章主要对应用型高校创新创业教育生态系统建设现状进行问卷调研和分析，调查院校为区域地方本科院校，同时也调查了高职院校，问卷分学生卷和教师卷，覆盖了区域近 20 所高校，样本数据容量能较真实反映生态系统建设情况。

宏观生态系统建设方面，应用型高校强调社会合作，积极与政府、行业、非营利机构等建立合作关系，以提供实际的创新和创业机会。营造氛围浓厚的创新创业文化以及创建全省或全国的创业教师关系网络交流群。中观生态系统建设涵盖了教育机构内部的各种组成部分和支持体系，需构建一个有机的、内部协作的生态系统，以促进学校内部各部门之间的合作、创新和可持续发展。运行保障机制，如强调跨学院或跨学科的创业教育合作机制、大学生创业园或众创空间的良好运行机制、灵活的创业学分互认机制等，对参与双创教育和活动的师生的激励机制也在推陈出新。

微观生态系统建设是指在应用型高校内部建立有序的教育生态系统，以促进学生的创新创业能力培养和创新创业项目的孵化与推进。高校已积极开发和推广创新创业相关的课程，包括创新创业基础、创业管理、市场营销、创新思维、商业计划和风险管理等，同时加强在线开放课程建设、双创教材建设，改革教学模式和考核方式，积极探索专创融合路径；学校经常举办创业竞赛、创新活动和企业家讲座，以鼓励学生积极参与创新创业领域，并提供机会展示他们的创意和项目；学校通常会提供创新创业导师，对创新创业教育的成果进行评估，包括学生的创业成功率、创新项目的发展情况等，以不断改进和优化教育生态系统。

应用型高校双创教育生态系统的建设，是为了培养创新创业人才和推动创新创业活动的发展，在建设的过程中难免存在一些问题和挑战，与企业、政府和其他机构的合作伙伴关系需要更深入、更有战略性，以提供更多的资源和支持；突破传统学科框架，更多地鼓励学科交叉和跨领域合作，系统规划和整合双创课程并完善课程体系，提供更多的孵化器、创业基地、实习机会等资源，以支持学生的实际创业活动；多措并举促进成熟的竞赛项目或实践项目落地，适应不断变化的创新创业环境；双创教育如何针对产业、行业、企业的需求和社会用户的需求痛点，提出专业的解决方案，如何解决学科专业领域前沿创新难点课题，均需进一步探索和实践。

第五章

比较视野下应用型高校创新创业教育生态系统的构建

创新是引领发展的第一动力,创新型人才培养是建设创新型国家的战略支撑。党的二十大报告指出,到 2035 年,我国发展要实现高水平科技自立自强,进入创新型国家前列,强调着力造就拔尖创新人才,坚持创新在我国现代化建设全局中的核心地位。在世界经济论坛的《全球竞争力报告》(*Global Competitiveness Report*)和世界知识产权组织的全球创新指数(Global Innovation Index)中,以色列和美国常年跻身全球创新国家行列,并且在产学合作和科研转化能力等指标上名列前茅①。这与政府的高度重视、全社会浓厚的创新创业文化以及高校普遍重视创新创业教育密不可分。两国应用型高校创新创业教育生态系统的构建路径和策略也为我国同类型高校创业型学院建设、双创教育开展带来一定启示和思考。

第一节　以色列创业型大学创新创业教育生态系统构建

一、以色列国家创新发展和高等教育简介

(一)以色列国家的创新发展

2020 年经济合作与发展组织(OECD)调查发现:研发投入占 GDP

---

① 郄海霞,赵蓓.以色列特拉维夫大学创新创业教育生态系统的构成及运行[J].现代教育管理,2022(3):30-39.

比例最高的国家是以色列（见图 5-1），高于韩国的 4.8%、瑞典的 3.5%、美国的 3.5%。2021 年全球创新指数以色列位于第 15 位，比两年前最高位减少 5 个位次（见图 5-2），高科技工作者所占比例没有增加，维持在 4.7%。2021 年 4 月至 2022 年 4 月，以色列纳斯达克上市的技术型企业的市场价值大幅减少 10%，高科技企业在全球经济影响下面临一定挑战。以色列高科技企业在吸引科技人员方面具有一定优势，雇员的薪水增长率比其他行业高 8 倍，2021 年 MEGA 基金资助超过了 100 万美元①。

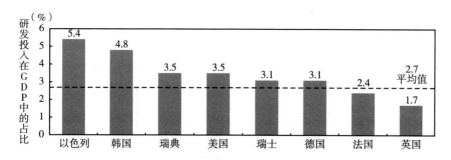

图 5-1　各国研发投入占 GDP 比例

资料来源：全球创新指数（Global innovation index）。

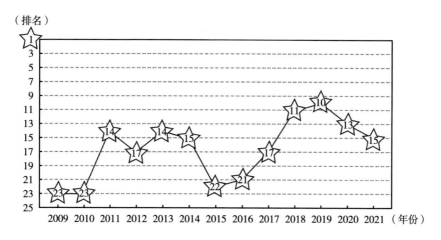

图 5-2　创新指数全球排名

资料来源：全球创新指数（Global innovation index）。

---

① 资料来源：全球创新指数（Global innovation index）。

　　以色列高科技雇员占比处于世界领先（见图5-3），高于英国（5.5%）、德国（5.3%）、法国（4.6%）等发达国家。每年初创公司产值提升超过25亿美元（2021年800个公司增加了27亿美元），56%的投资者投资软件（25.3%）、网络（13.7%）和金融科技（16.9%）三类公司①。

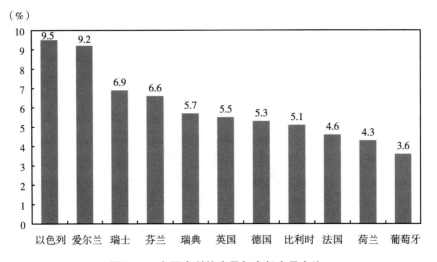

图5-3　各国高科技雇员与全部雇员占比

资料来源：全球创新指数（Global innovation index）。

　　以色列产学研合作情况已经位于世界领先（见图5-4），全球创业指标数据显示，产学研发合作以色列世界排名第1，但是研发和学术水平在下降，分别排名为第8和第32。根据英国的QS评价机构对超过1000所全球知名学术机构的排名得出，以色列国内三所顶尖大学的排名在不断下降。虽然技术创业类公司创办数量在减少，但学术创业公司在缓慢增长，2016年有34家、2017年有39家、2018年增长为56家、2019年和2020年分别为76家和75家。

---

　　① 资料来源：全球创新指数（Global innovation index）。

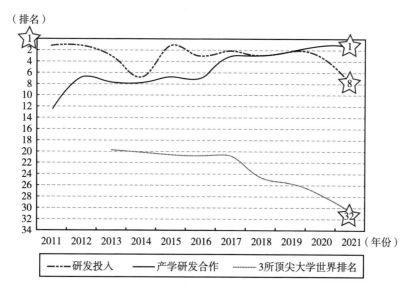

（排名）

图5-4 以色列产学合作和研发在世界的排名
资料来源：全球创新指数（Global innovation index）。

（二）以色列高等教育机构简介

以色列有10所大学和51所学院，受到以色列高等教育委员会的认可和学术监督①。10所大学包括耳熟能详的以色列理工学院、希伯来大学、特拉维夫大学等，归属于研究型大学；51所学院中包括29所学术学院和22所教师教育学院②，这些学院相较于研究更强调专业技术教育和培训。其他国家类似的学校有德语国家的应用科技大学，韩国的初级学院和北欧国家的职业技术教育学院等③。以色列是世界上工程师占人口比例最高的国家，人均研发开支也居于世界首位④，而工程师人才的培养离不开包括布劳德工程学院（Braude College of Engineering）在内的工程技术类学院。

———————————

①② The Council for Higher Education in Israel. Institutions［EB/OL］.［2023 - 12 - 13］. https：//che. org. il/institutions/.

③ 朱晓琳. 以色列职业教育发展特点与挑战［J］. 职业技术教育，2020，41（9）：76 - 79.

④ 丹·塞诺，索尔·辛格. 创业的国度：以色列经济奇迹的启示［M］. 王跃红，韩君宜，译. 北京：中信出版社，2010：9.

加强产学合作是以色列高等教育的特色。产学合作主要基于一定规模且具有能负担长期发展所需重要现金流的公司，尤其是技术公司和跨国公司。这些公司通过与以色列的研究机构合作，产生了世界级的研究成果，吸引了有全球部署的大公司的兴趣。目前以色列高科技行业正经历的波动导致初创企业的减少，也会导致研发质量的下降。由此，需加强学术机构和高科技公司间的合作。为进一步促进产学合作，以色列创新局开发了一些联盟项目。2010~2021 年，共有 38 个联盟成立，数百家大公司、中小企业和几十所以色列大学紧密合作。

二、以色列创新创业相关政策

作为一个创新型国家，以色列在不同领域展现出的创新能力一直吸引着全世界的目光。以色列每年的初创公司数量位居世界第一，政府把创造良好的宏观经济环境作为创新创业发展的关键因素并不断努力，通过创设良好环境鼓励创新型企业成长，吸引国外投资，支持创新和大型项目研发，促进高科技发展①。

（一）设立专门机构执行创新创业政策

以色列政府在鼓励创新和发展创业方面起着积极推动的作用。20 世纪 60 年代，在经济产业部下属设立专门政府机构首席科学家办公室（Office of the Chief Scientist，OCS），2016 年后改名为以色列创新局（Israel Innovation Authority，IIA），负责协助初创项目技术孵化及提供技术创新支持，为成长型企业提供研发基金，为大型公司提供研发资金支持等。

1. 以色列创新局下属部门职责

以色列创新局下设创业和业务发展部（The Startup and Business Development Division）、发展部（The Growth Division）、国际合作部门（The

---

① Petrović D. Makroekonomski Ambijent U Funkciji Podsticanja Inovacija I PreduzetniŠtva – Primer DrŽave Izrael [J]. Megatrend Review, 2016, 13 (1)：1 – 34.

International Collaboration Division）、技术基础设施部门（The Technological Infrastructure Division）和先进制造部（The Advanced Manufacturing Division）。

创业和业务发展部支持处于构思阶段的早期创业者和初创公司，以及有兴趣通过技术孵化器和创新实验室的合作接触开放创新的公司。该部门协助创业者从最初的技术想法开发到完整产品的推进，以达到融资和销售的高级阶段。此外，部门还实施了各种支持计划，旨在鼓励市场联合，通过制订创新计划和举措来推进人力资本领域发展。发展部支持初创公司和处于成长阶段的公司、成熟公司以及在以色列各地运营的研发中心。该部门有助于提高公司的竞争力和技术领导力，提高其成长速度和潜力，其项目包括研发基金、政府联合支持高科技创新（试点）项目、辅助技术项目。

国际合作部门通过研究与创新领域的国际合作，帮助以色列公司创造竞争优势。该部门努力促进知识获取、全球研究和创新伙伴关系建立，与跨国公司、公共实体以及全球领先的研究机构合作实施市场试点项目。负责创新管理局的全球联系，以促进战略问题上的研究和创新合作，包括与国际合作伙伴的研发激励项目、国际合作伙伴试点项目、两国基金激励项目和地平线欧洲项目。

技术基础设施部门负责推进突破性的通用技术和产品技术的发展，将知识从学术界商业化，并转移到产业界，建设研发基础设施并支持军民两用防御技术的发展。该部门的项目向创业者、公司和研究机构开放，用于个人或合作研究，涵盖学术知识转移项目、知识商业化项目等。

先进制造部协助有兴趣开发产品和实施创新技术的制造业公司与工厂。该部门致力于通过应用研发流程和创新来提升制造业竞争力，涵盖研发准备项目、制造业的研发项目、从开发到生产的过渡项目等。

2. 以色列创新局创业相关激励项目

创新局负责执行政府支持国民经济创新创业发展的政策，促进以色列创新生态系统和整体经济发展，最大限度地开发以色列的科学潜力，刺激和支持有潜力创造附加价值的研究与开发计划，鼓励和资助国际层面的研究和开发领域的合作，解决高科技行业技能人才短缺问题①。一系列基于以色列国家政府经济政策的永久性支持计划，使以色列能够促使高科技初创公司成为创新和创业发展的中心（见表5-1）。

表5-1　　　　　　　　　以色列创新局创业相关激励项目

部门	部门激励项目	激励子项目	项目描述
创业和业务发展部（startup and business development division）	初创企业项目（startup program）	构思项目（ideation program）	该项目旨在为那些有兴趣推进创新技术理念的初创者提供帮助，用于概念验证（POC）的准备和（或）初始原型的构建。该项目的目标是协助创业项目证明其技术概念创新和商业适用性，从而使其能够筹集私人资金和（或）招募商业合作伙伴进一步发展。对初创企业进行前期指导和提供资金支持（85%），初创期最初12个月可获得政府最高拨款为10万新谢克尔，第二个阶段的拨款为10万新谢克尔（生物融合领域的创新解决方案最高可翻倍）
		种子项目（seed program）	该项目适用于处于种子阶段的初创公司，这些初创公司正在开发监管复杂、实施时间较长的技术或不断发展的技术，该支持将授予那些筹集资金不超过500万新谢克尔的公司，以及那些已经与有高风险投资经验的风险投资者签署谅解备忘录的公司，投资者有兴趣对初创公司进行种子投资
		技术孵化器项目（technological incubators programs）	该项目旨在通过创建一个支持系统来支持科技公司早期阶段的投资，该系统将加快初创者将创新技术理念发展为适合继续投资的先进创业公司。项目还旨在鼓励技术创业和开创性技术的商业化，从研究机构到复杂和高风险领域的行业，并加强以色列在种子投资领域的技术创新环境。该项目还旨在帮助独特和复杂技术领域的高科技公司制定和测试产品，提供概念验证技术，进行引导测试。孵化器提供的综合支持包括技术和商业指导，与战略合作伙伴、其他投资者和潜在客户的联系，场地和基础设施，行政服务，法律咨询和金融服务。作为该项目的一部分，企业家不需要财政投资——85%的预算由管理局资助、15%由孵化器运营商资助

① Petrović D. Makroekonomski Ambijent U Funkciji Podsticanja Inovacija I Preduzetništva – Primer DrŽave Izrael [J]. Megatrend Review, 2016, 13（1）: 1-34.

部门	部门激励项目	激励子项目	项目描述
创业和业务发展部（startup and business development division）	初创企业项目（startup program）	外围创业孵化器项目（entrepreneurial incubators in the periphery program）	该项目旨在通过专门指定的孵化器与高等教育机构、学生、企业家和创业公司之间的合作，促进以色列地理位置边缘地区的创新体系、技术创业和就业的发展。这种合作是通过基于当地倡议的孵化器公司的研究活动、技术开发和商业化来实现的。在孵化器内运营的地方项目将有权获得创新管理局批准预算的85%的拨款，最高预算为100万新谢克尔。创新管理局提供60%的赠款，第二年的活动最高预算为100万新谢克尔。创业者不需要金融投资——孵化器提供补充资金，也可以帮助后续资金。孵化器提供的全面支持包括技术和商业指导、与战略合作伙伴、投资者和潜在客户的联系、场地和基础设施、行政服务、法律咨询和金融服务
		技术创新实验室（technological innovation labs）	该项目旨在为处于创新初期的企业家提供服务，他们需要独特的基础设施和专业知识来证明技术理念的可行性。该项目也适用于有兴趣与以色列初创公司合作的公司。通过行业领先公司运营的创新实验室，通过开放式创新模式为企业家提供帮助。该项目使初创公司能够获得先进的大学技术、基础设施、市场见解以及大学营销和专业知识渠道，从而证明将技术理念转化为商业产品的可行性。该项目提供高达核定预算85%的补助金，最多可获得核定预算50%的赠款，金额为100万新谢克尔，还可延长一年（数字健康子项目最多可获得300万新谢克尔，为期2年）
		促进海法的技术创业（advancing technology entrepreneurship in haifa）	该项目旨在巩固和加强海法市作为以色列双创生态系统高科技产业中心的地位，并促进该市的技术创新；增加海法市初创公司和技术创业者的数量；鼓励市政厅、学术界、产业界、商业部门和非营利部门等主要城市协调中心间的协同合作；加强城市基础设施和城市战略资产的使用，鼓励创业各方的独立性；融合少数民族、极端正统派、妇女和埃塞俄比亚裔以色列人等人口，加强海法创业社区建设
		青年创业项目（young entrepreneurship program）	与教育部合作推出的一项创业激励项目，鼓励和教育青年在商业、科学和技术领域创业。项目参与者获得开发知识和产品的实践经验，同时利用教育部的科学和技术基础设施，如"Eshkol"（集群）和"Tapuah"（苹果）科学中心和科学博物馆，作为将技术理念转化为经济价值产品举措的一部分

续表

部门	部门激励项目	激励子项目	项目描述
创业和业务发展部（startup and business development division）	新项目（new project）	促进创业和种子阶段创业的项目（programs to promote entre-preneurship and seed – stage scartups）	项目旨在创建一个支持创业的创新生态系统，并增加种子前期阶段和种子阶段的投资者数量。通过3个子项目鼓励创业，并从种子阶段增加倡议和新公司的数量：a. 建立天使俱乐部的计划；b. 建立技术创新中心的计划以及增加促进高科技就业活动；c. 建立技术加速器的计划。作为项目的一部分，每年将为天使俱乐部的3年特许经营权提供高达90万新谢克尔的赠款；每年200万新谢克尔用于建立技术创新中心的5年特许经营权；如果提案包括促进高科技就业的活动，则每年再增加100万新谢克尔；对于建立技术加速器的特许经营权，每年100万新谢克尔，为期2～4年
技术基础设施部门（technological infrastructure division）	学术知识转移项目（academic knowledge transfer program）		该项目鼓励2年一次的应用研究，具有源自学术界的创新技术可行性，并将其发展到以色列工业公司作为商业产品开发的阶段。该项目的目标是弥合学术界和行业需求间的知识差距，将项目引导至吸引商业实体和兴趣的方向，最终与研究机构达成商业化协议。允许项目研究和设想与具备商业潜力的公司合作。该项目包括3个子项目：伴随企业的知识转移、无企业的知识转让，以及允许3年一次活动的首选制药研究。此外，还将通过管理局的专家分包商为核准项目分配一名技术业务专家，帮助研究人员开展科学和商业活动，并使其适应市场需求。这项活动将为外部服务实验室提供资金，展示技术开发，并为行业带来价值，最终使项目商业化并向行业转移知识
	知识商业化项目（knowledge commercialization program）		促进学术研究小组与以色列工业公司合作的项目，旨在证明初步学术研究成果的技术可行性，使公司能够吸收学术机构开发的知识，并使其适应开发开创性产品的需求。该项目包括研究结果的重复、验证、对工业条件的适应和工业应用

资料来源：以色列创新局官网，Israel Innovation Authority. Annual Innovation Report State of High – tech 2022 ［R］. http：//www. matimop. org. il/tnufa. html.

　　创新局还设有 NOVUS 项目，通过混合型、研究型和实践型的教育为创业者提供相关知识和创新实践。加速器项目有 JVP Play 加速器、Junction

加速器、Startup East 加速器和 The Nest 加速器等。其一是与跨国公司合作，为初创公司提供市场验证和业务指导等；其二是为初创企业在加速期内实现技术提升、产品迭代和业务目标；其三是帮助初创企业打入并渗透目标利基市场，与亚洲加速器项目合作；其四是与高科技公司合作，打造创业生态系统，为初创公司提供指导和业务支持。

（二）出台财政政策激励创新能力和创新精神培养

为创新创业发展营造良好、有吸引力的宏观经济环境，需要政府与公民建立伙伴关系。以色列政府通过制定财政政策鼓励和支持国家创新创业能力提升。1969 年通过了《资本投资鼓励法》第 26 号及第 69 号补充修正案，并于 2010 年 12 月 9 日纳入当时通过的《2011—2012 年经济政策法》。2015 年，政府为高科技产业公司制定了法律依据，并明确规定了税收优惠政策。以色列的标准企业所得税税率为 26.5%，而资本利得税率为20%[①]，但政府允许符合一定条件的企业降低企业所得税和资本利得税，因此公司及其股东有更多可用的金融资源可以用于投资和发展企业，这直接减少了双重征税带来的负面影响。

根据《以色列研究与开发法》，跨国公司可以获得非排他性许可，即可以在以色列境内外使用以色列初创公司的新专有技术，但前提是不会对自己的新专有技术的使用和开发产生负面影响。微小型初创公司在技术创新方面取得了巨大成功，但它们没有足够的资本在市场上生存，通常很快就会被出售给感兴趣的国内外投资者，而且通常是以相对较低的售价售出。创新局为了改善上述情况，为初创公司拥有市场竞争力出台了专门的激励措施，帮助初创公司成长为中型企业或有能力聘用更多专家的新大型企业，从而有助于提高高科技领域的就业率。政府针对上述问题设立了"微型投资基金"，投资处于成立和启动初期的微型企业。通过这种方式，以色列为小企业提供了获得资本的机会。除小额基金外，以色列政府还为小微创新企业提供了另一种创新的融资方案，通过聚集大量富有经验的投

---

① Petrović D. Makroekonomski Ambijent U Funkciji Podsticanja Inovacija I PreduzetniŠtva – Primer DrŽave Izrael ［J］. Megatrend Review, 2016, 13（1）: 1－34.

资者的资金（众筹），堪称"智能投资"的典范，不到两年的时间，就筹集了 9000 万美元，向 55 家公司投资，吸引了 6000 多名投资者①。

有关创新创业科技产品的研发政策包括《研发法案》《首席科学家制度》《产权法》《商标条令》《专利法》《产业研究与开发促进法》《产业创新促进法》等，进一步保障了科研工作者的权利，实施技术转移"TTO"（Technology Transfer Office，TTO）计划，激励知识产权开发和科技成果转化②。

（三）政府充当中间人作用推动市场创新

政府充当中间人作用，将国内中小型创业公司与具有更强财力、技术、研发及营销能力的国内和国际的大公司联系起来，帮助国内初创企业存活并发展，推动市场创新；出台国际合作政策，促进以色列与其他国家在研发、技术创新以及市场布局、专家交流等领域建立伙伴关系并缔结合作协议③。

政府为初创公司（创新者）提供了进入规模经济的机会，即与拥有强大的技术生产和营销能力、在世界各地拥有发达的信息、分销和销售基础设施的跨国公司合作，支持创新产品的开发和营销。与全球公司合作计划的主要特点是：政府机构首席科学家办公室（OSC）和跨国公司共同承诺对预先选定的研发项目进行平等投资，这些项目由以色列公司和跨国公司共同实施，这样研发领域的风险就分散在政府、跨国公司和初创企业间；跨国公司可以通过直接投资资金、技术指导、出借设备、提供实验室、以较低价格许可软件、就法规提供建议或为初创公司提供融资等方式向初创公司提供支持；初创公司和跨国公司联合项目中的创新产品的知识产权可以通过 3 种方式对待：作为以色列公司的专有财产，作为向跨国公司授予非专有许可，或作为以色列公司和跨国公司的共同知识产权。

①③　Petrović D. Makroekonomski Ambijent U Funkciji Podsticanja Inovacija I PreduzetniŠtva – Primer DrŽave Izrael［J］. Megatrend Review，2016，13（1）：1 – 34.

②　何霖俐. 以色列理工学院创新创业教育实施路径及启示研究［J］. 西南科技大学学报，2023（4）：97 – 104.

三、以色列布劳德工程学院创新创业教育生态系统构建

以色列布劳德工程学院成立于 1987 年，是以色列领先的工程技术学院，也是该地区高科技产业发展和进步的重要推动力量[①]。布劳德工程学院旨在为以色列民众提供平等受教育的机会，弥合社会经济差距；通过落实工业 4.0 的理念来提高以色列工业的生产力。布劳德工程学院认为工程师必须跳出框架思考，表现出主动性，拥有广阔的视野、自学和团队协作技能，最重要的是想象力、创造力和专业精神[②]。为了确保学生做好充分准备，满足现代劳动力的需求，布劳德工程学院构建了以产教融合为基础的创新创业教育生态系统（见图 5-5），培养创新型工程人才。因此，深入分析布劳德工程学院创新创业教育生态系统的构成和运行，可以为我国本科层次职业教育构建创新创业教育生态系统、培育创新型技术技能人才提供借鉴。

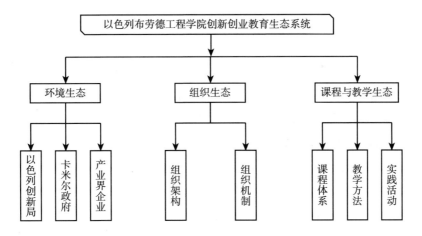

图 5-5 以色列布劳德工程学院创新创业教育生态系统

---

① 阿利·马哈沙克，金恩喜，田小勇. "工业 4.0" 浪潮下高等教育新场景、新要求与新合作——访以色列布劳德工程学院校长阿利·马哈沙克 [J]. 世界教育信息，2023，36（5）：11-17.

② BRAUDE. Strategy Statement & Vision. [EB/OL]. [2023-08-08]. https：//w3. braude. ac. il/about -2/mission/?lang = en.

（一）环境生态

布劳德学院及加利利中心形成了一个包括行业专家、学者、企业家、投资者、教育机构和政府机构的创新社区，以建立一个全面的技术生态系统，旨在支持和促进人们对先进生产方法提高生产力的重要性的认识①，同时初步形成了创新创业教育宏观生态系统。

1. 学院与政府的联系与合作

在以色列，小型初创公司产出了数量最多的创新解决方案和技术突破。这些公司的特点是研发活动具有极大的灵活性、创造力和高效率。然而，由于资金有限、市场基础设施稀缺，初创公司最常见的问题是新产品的商业化。相比之下，大型企业尤其是领先的跨国企业，在技术、产能、营销、新产品投放等方面具有较强的优势。以色列政府明确鼓励初创企业与国内外大公司合作，首席科学家办公室（OCS）制订了全球企业合作计划，为初创企业提供了非常有利的合作框架。

政府部门积极支持布劳德工程学院开展创新创业活动，如以色列经济产业部工业管理局先进制造研究所与布劳德工程学院合作创立了加利利创新和先进制造中心有限公司，而加利利加速器是布劳德工程学院与学校所在地卡米尔政府等共同创建并管理的一项基于以色列经济产业部支持的国家级建设项目，帮助初创企业成长。

2. 学院与产业界、企业合作

布劳德学院与许多公司签订了全球性协议。如果学校教授有原创性想法，但由于高昂的成本无法实现或发展这一想法时，学校会为其提供帮助，律师负责与跨国公司谈判，使教授和公司间达成协议。

在布劳德工程学院，企业参与了学校诸多方面的运转，学校也非常欢迎和鼓励企业的参与。例如，一些企业参与了各个系所的"咨询委员会"（Consulting Comities）活动，为学科课程的规划建言献策；一些企业在学生和教职员工的研究和项目研发过程中，提供了外部指导和帮助；企业为

---

① BRAUDE. Galilee Center for Innovation and Advanced Manufacture in Israel Ltd. ［EB/OL］. ［2023－12－21］. https：//w3. braude. ac. il/galilee－ecosystem/galilee－center/?lang＝en.

新项目的议定提供支持，使项目获得以色列高等教育委员会（Israeli Council for Higher Education）的批准；学院还会邀请一些以创新精神闻名的著名实业家开办研讨会和课程讲座。此外，布劳德教育的基石是"创新实习计划"，学生通过实践经验和接触各个行业来培养最先进的技能。学校的学生与所在的实习公司建立了密切的关系，由于这些相互联系，布劳德的毕业生因出色的工程技术能力和工程领导能力获得了优于其他候选人的声誉，他们实习过的许多以色列领先公司非常乐意在其毕业后雇用他们，提升了该校学生的就业率。

3. 学院营造创新文化和弘扬创业精神

文化是创新的土壤，布劳德学院非常重视学生创新培养，这也与以色列"包容异质""允许失败"的文化传统相关。学校创新创业中心最早由校长牵头设立，整个学院在充满挑战、竞争和活力的环境中运作。

以色列有义务兵役制度，大多数大学生生源都受过严格的军事训练，由此高效务实、创造性解决问题成为导向。创新创业中心通过牵头课程教学改革，锻炼学生的创造力。例如，将游戏化融入到课程当中，以提高学生对某项活动的积极性和参与度，而有趣的活动所带来的乐趣是行动、学习和提高创造力的"催化剂"。

（二）组织生态

1. 组织架构

布劳德工程学院为了解决学生创新创业的理论与实践问题，将产、学、研真正融合在了一起，同时提高了地区工业能力和服务区域经济发展的能力，与其他学术机构、当地产业、青年组织和企业家开展合作，学院建立了两个先进平台，一个是创新创业中心，即"工程教育和创业中心"；另一个是加利利系统，设有创业孵化器和加速器，其中代表性的机构有3个：以色列加利利创新与先进制造中心有限公司（Galilee Center for Innovation and Advanced Manufacture in Israel Ltd.，以下简称加利利中心）、加利利加速器（Galilee Accelerator）和奥菲克·埃斯科洛特研究开发有限公司（Ofek Eshkolot Research Development Ltd.）（见图5-6）。

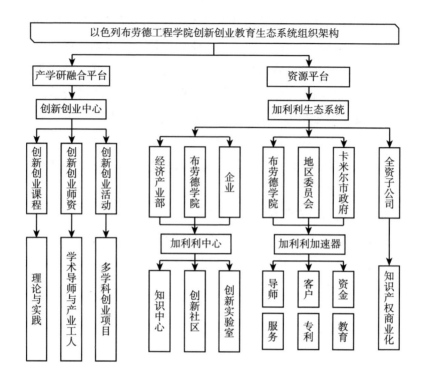

图5-6   布劳德工程学院双创教育生态系统组织架构

2. 政校企合作平台和资源

（1）特色产学研融合平台——创新创业中心。布劳德学院非常重视学生的创新培养，创新创业中心（工程教育和创业中心）最早由校长牵头设立，是布劳德学院努力实现其愿景并培养最能满足以色列工业需求的毕业生的先锋[1]，为学生提供可以进行学分转换的创新型课程和项目，支持、鼓励学生开展创新创业实践。不仅会邀请有经验的工程师向学生教授相关工程概念以及如何开展市场实践，而且为激励学生的创造性实践，学生实现产品转化将获得4～6个学分，约等于每学期计划学分的1/4[2]。在创新创业中心，当教师带着想法来授课时，他们自身也能得到进一步的

---

[1] BRAUDE. Center for Engineering Education and Entrepreneurship. [EB/OL]. [2023 - 12 - 21]. https://w3. braude. ac. il/e3/.

[2] 阿利·马哈沙克，金恩喜，田小勇."工业4.0"浪潮下高等教育新场景、新要求与新合作——访以色列布劳德工程学院校长阿利·马哈沙克 [J]. 世界教育信息，2023，36（5）：11 - 17.

发展。

该中心除了提供创新创业课程外，作为枢纽还协助学生和校友开展创业活动，将大学各项赛事活动与不同领域创新创业系统的主要参与者、企业和组织联系起来。在服务于学生创新创业的同时，创新创业中心还同社区保持着密切联系，为社区成员尤其是儿童和老年群体提供其所需的帮助。中心设有专门部门负责研究社区面临的困难，为其提供针对性、个性化、量身定制的解决方案。因对社区的贡献，学院还获得了高等教育委员会的奖励。

（2）资源平台——加利利系统。①以色列加利利创新与先进制造中心有限公司。加利利创新与先进制造中心有限公司（以下简称加利利中心）是布劳德学院及其商业合作伙伴（经济产业部工业管理局先进制造研究所、TEFEN 集团和 ESI Comtigo 公司）合作共建的企业，致力于提高整个以色列工业生产率，特别是增强传统工业的生产力和竞争力。加利利中心作为国家中心，为各行业提供机器人、3D 打印、大数据、算法、物联网（IoT）、工作流程数字化等领域的诊断和咨询服务①。由于布劳德学院的性质，它在这种伙伴关系中承担着"工业—学术"的角色。加利利中心建立了一个知识中心，汇集了以色列和世界各地与"工业 4.0"相关的所有现有专业知识。加利利中心还与国内外类似的机构和组织广泛合作，通过其网站上发布的文章以及在中心举办的高级课程和研讨会，向所有制造商企业提供信息。加利利中心的另一个重要层面是建立了一个创新实验室，配备最先进的设备，包括协作机器人（cobot）、3D 打印机、模拟软件等先进设施。该实验室还举办各种创业活动，比如"黑客"马拉松以及各种聚会活动，旨在吸引有兴趣发现和体验最新生产技术的初创公司、学生及行业专家②。②加利利加速器。加利利加速器是由布劳德工程学院创立，智能工业孵化器 i4valley、米斯加夫地区委员会和卡米尔市政府共同管理的合资企业③，旨在培育将制造业转变为智能、可持续、灵活和高效的初创企业，是一项得到了以色列政府（经济和工业

①②③ BRAUDE. Galilee Center for Innovation and Advanced Manufacture in Israel Ltd[EB/OL]. [2023 – 12 –21]. https：//w3. braude. ac. il/galilee – ecosystem/galilee – center/?lang = en.

部）支持的国家级计划。该加速器拥有 32 名企业家和领域专家组成的导师团队①，利用先进技术在制造、维护、工厂管理和节能、供应链和物流、安全、质量等方面进行创新，助力以制造商为客户的初创公司开发能够改变以色列制造业的解决方案和商业模式②。加利利加速器为初创企业提供了导师、客户、资金、实物服务、专利、教育六个方面的服务，不仅为每个企业配备具有针对性的专业导师并帮助其与制造商建立联系，还为企业提供专利检索和注册的专业服务，以及实践讲座和研讨会等教育资源。同时，加速器还能够为企业争取政府资金，并帮助其征求专家以及注册会计师和法律顾问等合作伙伴的建议③。以色列各地的企业家和导师都可以加入，加速器向所有人开放，加速器不获取任何股权或知识产权④。③奥菲克·埃斯科洛特研究开发有限公司。布劳德工程学院还拥有一家全资子公司奥菲克·埃斯科洛特研究开发有限公司，负责促进实用研发并将布劳德工程学院相关人员开发的知识产权进行商业化。该公司通过为学术、科学和技术与投资者和企业家搭建桥梁，在学校和企业之间建立起双赢的商业伙伴关系。布劳德工程学院承担专利开发的全部资金，因此知识产权的 70%~80% 归学院所有，学生、教师及其他人员占 20%~30%。⑤

　　以色列布劳德工程学院实施产学研深度合作模式，在"工业 4.0"时代，加利利中心狠抓机遇，与国内外研究机构、跨国公司、其他组织等广泛合作，集结了高教机构、企业家、学者、行业专家、金融投资者、政府机构等多方共建创新创业生态系统，实施产品研发、技术服务、信息服务、创新创业项目培育等，在加速器的帮助下，制造业方面的初创企业获得了导师、专利、教育、资金、客户等多种资源的服务，从制造、管理、物流、质量保障各个维度获得创新发展。

---

① Galil Accelerator. About us[EB/OL]. [2023-12-21]. https://galil-accelerator.org.il/.

②④⑤ BRAUDE. Galilee Accelerator[EB/OL]. [2023-12-21]. https://w3.braude.ac.il/galilee-ecosystem/galilee-accelerator/?lang=en.

③ 阿利·马哈沙克，金恩喜，田小勇."工业 4.0"浪潮下高等教育新场景、新要求与新合作——访以色列布劳德工程学院校长阿利·马哈沙克［J］.世界教育信息，2023，36（5）：11-17.

（三）课程与教学生态

1. 课程体系

今天行业所需的工程师已与昨日的需求不同，布劳德学院朝着下一个十年努力奋进，培养未来的工程师。未来的工程师必须能够融入团队工作，在整个职业生涯中不断学习并成长，能够在复杂环境下处理复杂问题。此外，他必须是一名企业家并拥有"开放的思想"，能够广泛知晓不同领域的知识。为了培养未来的工程师，布劳德工程学院建立了创新创业中心——工程教育与创业中心，该中心为学生提供最好的现代教学方法，以培养他们成为"勤思考""有智慧"的工程师，能够设计出"创造性"的工程解决方案。

布劳德工程学院创新创业中心主要提供三个方面的课程，一是创新和创造性思维类，学习创新思维、设计思维，掌握创新思维工具、创造性思维工具；二是传授创业领域的理论知识，涵盖创业认知、机会识别、商业模式设计、组织管理、领导力、支持产权和专利等创办管理企业所需的知识能力；三是专创融合课程（实践为主），体现专业内容与创业内容的整合，增加学生实现创业想法的实践经验，表 5 - 2 是创新创业中心开设的课程。

表 5 - 2　　　　　　　创新创业中心开设的相关课程

课程分类	课程名称	学分	课程简介
创新和创造性思维类课程（进阶过程）	创造性思维	2	为学生提供创造性思维的初级实用工具，帮助创新解决问题，这些工具被英特尔、洛克希德·马丁、丰田、三星等大公司使用
	系统的创造性思维	2	为学生提供系统创新思维（SIT）方法的工具，并体验其他创造性思维工具。在这些工具的帮助下，学生能够体验系统分析和有创意的过程，在开发新产品和在先进技术环境中解决问题这两个关键领域提出新想法
	产品和设计思维	2	为学生提供产品管理的基础知识、用户体验，以创业形式将课堂课程和产品开发的实际工作结合起来，类似初创公司的第一阶段。在课程中，学生将根据设计思维方法论的各个阶段分组工作，识别"问题"并开发解决该问题的"产品"，同时运用计算机交互及应用模型来评估界面和技术，以改善用户的使用体验。课程结束时，学生将展示他们开发的产品（原型）并作产品说明

续表

课程分类	课程名称	学分	课程简介
创新和创造性思维类课程（进阶过程）	原型开发课程	2	在课程中提供原型构建的理论和实践工具，学生学习和体验产品开发过程，从想法到技术转移到生产，同时使用工程工具，并与来自不同部门的学生合作
创业类课程	创业概论	1	以企业家和各领域专家讲座形式开展，主题涵盖企业家的特点、什么是好创意、以色列的高科技、战略商业计划、融资、专利和知识产权管理、市场渗透战略等
	初创企业的商业规划	2	商业规划的各个要素包括从战略规划开始，通过确定商业模式、规划和开发初创企业的产品/服务过程、创业和创新管理、风险控制和管理，以及制订适合初创企业的销售计划。课程实施项目制教学，开课伊始学生就被要求提出创业想法，该想法将伴随团队课程学习全过程，并以小组形式实施模块化项目
	创业工程——精益创业方法	2	创业工程涉及快速定义初创公司的业务战略，识别其商业模式中最危险设定以及企业管理中系统性和迭代的进展，以验证与客户和其他合作者的商业模式等内容。目标是找到一种可持续且快速增长的商业模式，防止浪费并避免在进行充分的市场验证前投入产品开发和营销产生的大量费用。这个创新理念是基于以色列过去十年创业者和世界领先大学课程开发的经验，课程后期将重点关注创新想法验证和客户开发：深入了解客户市场、价值主张、需要问题和营销渠道等
	知识产权概论	2	课程内容包括：创业领域理论、知识产权保护、专利起草和注册、创业机会评估（营销、财务、管理规划和运营）和管理企业的第一阶段。要求学生根据课程中学到的原则，参考知识产权和商业计划对创业想法进行指导评估，课程结束考核以学生介绍企业和商业模式为主
	创业与专利	2	该课程将讨论推动和实现创业想法的工具，包括检查创新和原创性、保护知识产权的能力、商业模式和商业环境、营销和财务可行性的关键因素，以及新企业建立和管理的关键层面
	创新管理和组织内创业概论	2	讨论管理私营和公立部门组织创新和创业的工具，将创业者的想法转化为可行的企业，同时克服管理方式和组织创新方面的障碍。从组织和各级管理者的角度来看创新、创业以及管理者，组织内部管理对组织本身成功的重要性以及组织激励机制的创设。学生将运用他们在课程中学习的工具开发创新管理模型，应用于现有组织（如商业、公共、社区、学术和城市组织）等

续表

课程分类	课程名称	学分	课程简介
创业类课程	管理与启动高科技组织的创新	2	创业学是近年来兴起的一个新的管理学术领域，它包括模型和管理工具，帮助管理者和员工从最初层面上管理表征并在整合组织中的所有因素基础上创新。本课程涉及管理高科技组织中创新的启动和实施各个方面，并将介绍理论模型以及高科技组织创新过程中面临的实际情况
	创业发展与管理	2	该课程教授学生有关开发创意过程的知识，制定项目的商业创意直至实施阶段，并定义提出商业计划和筹集资金所需的工具和必要的信息
	中国营销创业	2	面向参加中国教育之旅的学生，在旅行期间以团队形式准备一份中国业务渗透计划。去中国之前，学生将自学中国的技术和商业，复习基本的创业和营销材料。此外，学生将选择一家现有公司或提出一家新公司，该公司将通过新的或改进的产品或服务渗透到中国市场。在学生旅行之前，他们将提交背景研究；在中国之行期间，学生将验证他们的基本假设和战略计划；旅行结束后，学生将在有关渗透营销和商业策略的演讲中完成他们的学习
	创业项目（支持青少年创业）	5	该课程是与"以色列青年企业家"协会合作举办的，并且可以用作期末项目的替代。每个大学生指导一群青少年进行创业实践，包括确定商业理念、建立公司、发展商业理念、创造产品或实现商业理念和营销。学生通过每两周一次与项目主管的个人会议及整学年的小组会议等进行指导
专创融合类课程（创业教育与工程教育相结合）	基本工程技能	2	该课程以工程技能分析的形式进行，结合专业为学生提供解决问题、观察和分析团队合作以及通过有效演示推广想法的基本方法工具
	第三代工程师	2	以大学生创客形式开发跨学科的工程和创业方法，并通过让学生面对老龄化的挑战，思考工程师工作能为社会带来观念上的变化。该课程分两个阶段进行，第一阶段包括整个学期的4次会议，学生将接触老年世界、处理老年人需求、使用快速工具构建原型、跨学科的设计等相关内容；第二阶段是为期4天的体验式的实训，在创客空间完成产品原型
	学习型领导者培训	2	该课程面向参加过学习领导者培训研讨会并担任学习领导者的学生，采用基于问题的学习方法（PBL）构建。学生以团队形式合作，面对专业教学领域的项目，进行问题的识别和定义，规划将用作问题解决方案的数字产品，对主题进行文献调查，构建产品并进行实验，建立和实施反馈，分析市场反馈并进行反思，最后呈现产品和反馈结果

续表

课程分类	课程名称	学分	课程简介
专创融合类课程（创业教育与工程教育相结合）	跨学科项目	2	课程采用基于问题的学习方法，学生以跨学科小组形式寻找工程解决方案来应对来自工业、商业或其他组织（医院、协会、各种企业家）的实际挑战。目标是开发问题的技术解决方案，建立一个解决方案的原型，在现场进行测试并概述实施和使用计划。课程期间，学生接受学术导师和客户代表导师的指导，课程评估基于课堂项目报告
	总结项目（实践课程）	3	学生通过自主创业实践学习期间获得的知识和技能，在工作中，将所学知识应用到实际问题或理论问题中，并以清晰易懂的方式在实际工作中呈现，该项目是在学院专业教师的指导下进行的
	商业工程创新项目	5	旨在推动经典传统产业创新，具体内容包括对公司在产品/市场战略、竞争定位和内部创新能力方面进行战略评估；制定提高公司竞争地位和增加利润的建议；提出具体改进项目的建议，包括预期结果、时间表、所需资源和预算；提出可接受且可行的实施计划，包括组织变革计划。分两个学期进行，3 名学生组成一个团队。第一学期学习"管理与启动高科技组织的创新"课程并接受系主任指导。第二学期选择开展的具体项目，由企业管理层、学术导师和业界顾问共同参与，进行最终报告，由专业导师对企业进行战略评估

资料来源：BRAUDE. Engineering Yearbook 2022—2023［EB/OL］.［2023 - 12 - 28］. https：// w3. braude. ac. il/calander – newsletter/.

2. 教学项目和教与学的模式

创新创业中心开发和推广各种项目，以改善布劳德工程学院的教学和学习方法，帮助毕业生为就业做好准备，重点培训学生关于工程、创业和多学科融合所需的技能。

（1）工程教育中的混合学习活动（engineering for learning blended active）。该方法强调以学生为中心的主动混合学习，强调工程教学目标，提倡使用多种学习方法鼓励学习者独立、主动、对学习负责。

（2）PBL 课程开发项目（PBL course development project）：基于问题的学习法（problem – based learning，PBL）是通过自我探究进行学习，是理论学习和体验学习的结合，是一种以解决问题为目标的应用学习方式。创新创业中心帮助教师开发基于问题学习方法的课程，课程中将学生分成小组，教师参与其中一起设计方案、解决工程问题，解决方案可能在两天内完成也可能在两个月内完成，学生们可以自由发挥出最好的想象力、才能和创造力。

（3）培养学生工程所需技能项目（developing skills for students in engineering project）：工程所需技能项目是所有大学一年级学生的学术必修课。该项目是让学生在学习之初就了解工作世界中的问题，并为他们提供解决问题、团队合作和有效沟通的技能，以便以后在学术生涯中能够深化和实践这些技能。该课程以事件分析的形式进行，为学生提供解决问题、观察和分析团队合作以及通过有效演示推广想法的基本方法工具。

（4）创业与多学科项目（entrepreneurship and multidisciplinary project）：以多学科的方式培养学生的创业思维，让来自不同工程领域的学生共同体验创业过程和创业指导。在跨学科环境中有效工作的能力和创业方法是21世纪工程师所需的技能。同时，学科内容和工程领域的创新拓展了高等工程教育课程中必要的学习内容。当然项目开展中需要重新审视内容，思考学科间内容选取的协调以及优先考虑主题的必要性。

（5）学习领导者项目（learning leaders project）：由优秀学生主持的研讨会，学院的各种课程教学过程中同时开展此类研讨项目。研讨会以小组形式在个人和支持性的氛围中进行，重点是提供解决问题的工具，同时鼓励主动学习。在中心工作的学习领导者通过专门课程接受培训，并接受课程讲师的持续指导。此外，学习领导者融入讲座、练习和实验室，通过主动学习方法帮助教学人员。

（6）游戏化教学模式开发项目（gamification teaching mode development project）：创造性思维、批判性思维、倾听、自我调节和合作等技能是在工作世界取得成功的关键，将它们融入课程并以一种有趣且激励人心的方式进行教学或学习非常重要。游戏化是让学生避免填写表格等无聊或乏味活动的方法之一，这是因为它涉及在非游戏环境中使用游戏元素，有多种游戏技术，如积分、徽章、挑战、排行榜等①，可以使用其中任何一种或不同组合，以提高学生对某项活动的积极性和参与度。有趣的活动所带来的

---

① Braude. Engineering Yearbook 2022—2023［EB/OL］.［2023 - 12 - 21］. https：//w3. braude. ac. il/calander - newsletter/.

乐趣和兴奋是行动、学习和提高创造力的杠杆。

3. 实践活动

除了研讨会、讲座等实践活动外，作为创新创业中心的一部分，学院与海法大学（University of Haifa）和特尔海学院（Tel - Hai College）合作，与业界导师一起举办创业活动、"黑客马拉松"和多学科创业等项目。"黑客马拉松"是黑客和马拉松的组合（也称为黑客日、黑客节、数据马拉松或代码节），是人们在相对较短的时间内（如 24 小时或 48 小时）参与快速协作工程的活动。"黑客"（Hack）意味着解决问题，在这项活动中指为某一问题设计出解决方案。"马拉松"则代表着这项活动是在紧凑的时间内持续进行的过程，同时也是一场比赛。布劳德工程学院每年举办三次"黑客马拉松"，参与者除了学生和指导教师，还包括来自社区的技术人员。首先，学院将邀请行业专家授课，并为比赛提出一个前沿问题。其次，参与者将会分为多个小组，围绕该问题各自设计解决方案。最后，将由评委团队从中选择最佳解决方案，该方案将获得私有部门的资金援助以及具有重要意义的奖项。正如马哈沙克校长所强调的，"'黑客马拉松'的全过程都是由创新和创业意识主导的"①。

4. 师资力量

创新创业中心指导人员既包括拥有扎实理论知识的学术导师，也包括拥有丰富实践经验的行业导师，中心共有教职员工 26 人，其中博士 15 人。教职员工包括中心主任、副主任、专任教师、创业和跨学科领域学术协调员、教学协调员、学习技术协调员等②。中心通过适当的培训，促进讲师的角色从传授知识转变为学生导师，鼓励布劳德工程学院学生动机、个人能力感、积极思考以及个人和职业愿景的发展。

学院还制定并实施了讲师培训项目，旨在促进学院工程教育和工程领导力的培养实力，通过工程教育教学和学习的培训课程和研讨会，针对讲师和兴趣小组的个人教学和技术教学、指导和咨询、吸收和培训新讲师，是以色列独一无二的年度培训项目。

---

①② BRAUDE. Engineering Yearbook 2022—2023［EB/OL］.［2023 - 12 - 21］. https：//w3. braude. ac. il/calander - newsletter/.

第二节 美国创业型社区学院创新创业教育生态系统构建

美国社区学院改革经历了三次浪潮：第一次浪潮是综合性社区学院的兴起；第二次浪潮涉及创业方法，包括对劳动力发展的高度关注；第三次浪潮则被认为是社区学院进入经济和教育全面合作的时代，并连接必要关系以支持机构在发展道路上完善前进。

一、创业型社区学院组织变革成因

（一）新思潮的冲击和制度性利益的形成

学者菲佛和萨兰基克（Pfeffer & Salancik）指出："组织生存的关键在于获得资源和维持资源的能力，组织长期目标是获取独立的自主权，取消对资源提供者的依赖以保证持续的稳定和均衡。"① 美国社区学院作为一个开放组织，亟须外界环境的支持，与政、企、校、生乃至基金会等外部资源相互依赖，形成竞争共享的共同体。最主要的资源包括财政、人力、信息和知识、产品和服务。受 20 世纪 80 年代的新自由主义经济政策的影响，联邦政府和州政府对学院的财政资助不断减少，且资助形式改变，赋予了更多的条件，资源依赖理论（Resource Dependence Theory）提出，当某一组织失去了关键资源则将会开辟新的路径，寻找其他资源代替损失的资源。政府经费的大幅削减、社区学院间竞争激烈、生源压力巨大都迫使美国社区学院寻求外部如政府、企业或行业的资金援助。

新制度主义理论（Neo – Institutional Theory）则解释了美国社区学院 20 世纪 60 ~ 80 年代从人文教育转向职业教育的制度性利益形成，并呈现组织趋同现象。从模仿场域内的成功组织结构形态、行为模式等到场域内组织成员长期形成共同观念和思维（专业化进程），共享观念指导组织共

---

① 希拉·斯劳特，拉里·莱斯利. 学术资本主义：政治、政策和创业型大学［M］. 北京：北京大学出版社，2008：62.

性发展的规范性机制，促成了趋同现象，越来越多的创业型社区学院涌现①。迈伦（Myran，2013）证实了这一观点，称"一些州的社区学院正在考虑转型成为创业型学院——摆脱州级法规和资金的侵扰性限制"②。

（二）利好政策的制定和法案的颁布

1993 年出台了先进技术教育项目（advanced technological education）关注两年制学院的劳动力教育计划，重点涵盖先进制造业、生物技术、能源等行业，鼓励与企业合作，为高技能劳动力培训提供资助。2009 年的《贸易调整援助社区学院及其职业培训》（30 亿美元的联邦劳动力投资）、2014 年的《劳动力创新与机遇法案》（the Workforce Innovation and Opportunity Act），在州和地方设立劳动力发展委员会（Workforce Development Board），鼓励有培训资质的学院向委员会申请资助，建设职业类课程。

2018 年《加强 21 世纪生涯与技术教育法案》（the Strengthening CTE for the 21st Century Act）为社区学院指明了方向，构建职业教育利益共同体，申请法案拨款。拜登政府重视社区教育，提倡公民拥有进入社区学院接受免费教育的机会，提出投资 500 亿美元用于搭建州和地方政府、行业企业、学院、工会等的合作关系及"注册学徒计划"③。

2022 年 3 月出台的《联邦综合开支法案》（Federal Omnibus Spending Bill）提出贝尔奖学金资助的最大额度生均提升 400 美元，2022～2023 财年增加到 6895 美元，这是自 2009 年《美国复苏和再投资法案》（American Recovery and Reinvestment Act）颁布以来奖金的最大增值。法案规定为地方政府和非营利组织提供专项资金——社区项目资金。超过 9500 万美元将用于全国社区学院的技术升级、提高学生服务水平、发展新的学术项目等方面。社区学院项目的平均资助额为 88.3 万美元，其中北弗吉尼亚社区学院（Northern Virginia Community College）获得单个项目最高拨款额 510 万美

---

① 保罗·迪马吉奥，沃尔特·鲍威尔. 组织分析的新制度主义［M］. 上海：上海人民出版社，2008：67－68.

② Myran G. The New Community College Business and Finance Model［J］. New Directions for Community Colleges，2013（162）：93－104.

③ Joe Biden's Official Campaign. The Biden Plan for Education Beyond High School［EB/OL］.（2022－06－10）［2023－07－12］. https：//joebiden. com/beyondhs/2022－06－10.

元，扩大劳动力培训；俄勒冈州波特兰社区学院（Portland Community Col-lege）将获得 80 万美元，用以雇用教职员工提高人工智能项目的能力和购买 AI 设备用于学生培训①。

（三）学术资本主义和学术创业下的创业型学院发展

一系列法案出台后，社区学院展现了强大的生命力，寻求劳动力培训和区域经济发展。高等教育市场呈现像营利性大学这样的强劲对手，以为学生创造更大价值来赢得竞争优势，由此社区学院内部管理体系、组织形式势必调整变革，院校及其教师通过类似市场的行为和面向市场的活动来扩大收入，面向市场的活动包括通过专利与许可以及成立分拆公司等形式与行业合作。与之前的学术资本主义行为类似的还有日益增长的高校学术创业现象，在这种现象中，大学从事的活动可以增加现有资源或产生新的收入，注重市场渗透、市场开发、市场定位、产品开发等多样化的商业活动②，越来越多的社区学院通过组织变革转型为创业型学院。

二、冲突和应对：创业型社区学院创新创业教育的组织变革

伯顿·克拉克（Burton R. Clark，2003）指出：大学怎样从一个被动的模式转变为一个主动的模式？需要有创业型反应，首先是加强的驾驭核心，由为整个大学寻找资源的人物组成；其次是提高的发展外围，大学推向一个基层单位的双重结构，这种矩阵式结构使传统学院得到与外界有联系的中心的补充；再次是自行处理的资金基地和激活的心脏地带；最后是创业的信念③。

美国社区学院早期采用科层制这种金字塔形的治理模式，偏中心化、等级化，内部治理主要由校长及一部分管理者进行决策，负责高校运营、

① Earmarked Funding Will Boost Community College Projects ［J］. Community College Journal. April/may，2022 Vol. 92/issue 5.

② Roueche J. E.，Jones B. R. Profits in a Non – profit World：Celebrating Entrepreneurship in the Community College ［J］. Community College Journal，2005，75（6）：23 – 30.

③ 伯顿·克拉克. 建立创业型大学：组织上转型的途径 ［M］. 北京：人民教育出版社，2003：167 – 175.

资源分配等，学院董事会对某些重要事项具有权威性决策权，教师对课程与教学事项具有决策权；而后渐渐演变成工会化、共同治理模式，强调非中心化、相互结盟合作，相互制衡；到如今的创业型学院治理模式，绩效导向、决策中心化和管理扁平化，内外不同利益相关者纳入院校治理结构。这些社区学院如何通过组织变革、搭建平台成为创业型学院，又采取何种策略改变组织文化、不断完善创新创业教育组织结构，力图成为更好的创业型乃至创收型机构，开展创新创业教育和社会服务，这需要进一步探索。

（一）共同治理模式向创业型学院治理模式转变：平衡还是冲突

共同治理模式下董事会是决策主体，成员由州政府选举或任命，主要由学院教育工作者、该领域企业人士、城市官员、律师等校内外不同领域的利益相关者构成，对外任务是宣传使命目标、游说政策、募集资金和法律事宜，对内任务是任命校长及对其考核、制定相关政策和发展规划、做好经费预算和绩效评价等重大事项的决策工作，校长是董事会代理人，创设了风险营销团队，帮助学校盈利。另外有学术评议会和教授评议会，由教师群体组成，与以校长为核心的管理层进行权力博弈[①]。各治理主体共同参与学校治理过程中，行政权力与学术权力在不断冲突、碰撞，前者关注迎合市场需求，注重管理的实效性和成果，对外界多变的复杂环境作出及时回应；后者更注重学科、专业，以传播知识、提升教学质量为己任。这种非中心化、相互制衡的模式在重大问题决策中比较迟缓，缺乏灵活性和应对市场变化和突发问题的机制。密歇根州哈里森市的中密歇根社区学院（Mid Michigan Community College）成立了一个共享治理委员会，该委员会由校长主持，成员包括教师、学生、企业人士等，旨在成为学院内部发起变革努力的机构，该委员会在帮助学校开展创业活动方面发挥了重要作用。

社区、学院、校企合作愈发深入，商业因素愈发影响学院的决策，学术要素很难拥有绝对话语权，在合同培训、学徒制项目中尤为明显，教师

---

① 沈陆娟. 美国创业型社区学院创业生态系统探析——以马萨诸塞州斯普林菲尔德技术社区学院为例 [J]. 高等工程教育研究，2013（3）：120 – 126.

观念与市场需求相悖时，创业行动难以开展。创业型学院治理模式不能采取自上而下的形式，基层学术单位需转变成创业单位，并组建强有力的中央驾驭核心小组或机构。关键策略是将大学扁平化，使学院高层与基层单位对话，这种去掉中层组织的方式能减少高层行政人员与基层学术教学人员间的隔阂。同时，实现学院高层行政事务专业化，成立学校最关键的决策机构，增强上下层级的权威与责任，优化学院内部决策结构，决策部门应对政府、市场和学院间的竞争作出迅速灵活的行动①。平衡学术力量、市场力量和内部行政力量是创业型社区学院调整内部组织结构的根本准则，里瑟尔·芭芭拉（Risser Barbara）指出内部治理有三个核心：积极作为的领导力、协调创业部门和学术部门、具有创业精神的教师群体②。

（二）创业型社区学院的内涵和本质

传统型社区学院聚焦于技术技能型人才培养，提供学位和证书项目、职业课程，为社区劳动力市场提供人才储备，为社区民众提供非学分继续教育计划，履行社区服务职能。创业型社区学院从直接的教学服务社区乃至区域的限制性角色，衍生为开放性的"教育机会经理人"角色，关注三个方面发展：一是劳动力发展，"对人力资本发展体系持续性重构"，尤其是对学生提供多元化活动和订单培训，实施区域民众技能提升计划，获得可持续发展，体现终身学习理念；二是经济发展，面向企业合同培训、帮助小企业发展以及参与地区经济发展规划，满足当地经济发展需要，提升经济活力；三是社区发展，与企业、政府和非营利机构建立密切合作，为社区提供多样化课程和活动服务，改善社区就业。

已采用商业模式或混合商业模式的创业型学院遵循三个关键原则：经济利益并不是学院唯一重要的价值主张，更重要的是学院及其平台组织支持校内外学生的学习，促进能力提升；明智地管理资源，整合利益相关者是其重要部分；寻求多渠道营利方式对组织变革成功至关重要。基于商业

---

① 朱剑. 西方大学内部治理模式的嬗变：从学院式走向创业型［J］. 华东师范大学学报（教育科学版），2020（1）：85-96.

② Risser Barbara. Faculty Governance at the Entrepreneurial Community College ［D］. University of Pennsylvania，2007：170-176.

模式基本范式，迈伦（Myran）提出创业型学院有四个相互制约的要素，见表5-3①。

表5-3　　　　　　　　基于商业模式的创业型学院四要素

元素	描述
客户价值主张	学院如何为学生、商业市场、产业、政府和社区客户提供有价值的服务
价值网络或价值链	学院如何与社区合作伙伴、支持者、供应商、立法者、监管机构和其他关键的利益相关者协作建立客户价值主张
学院资源和流程	教师、资金、设施、技术等资源的管理；实施项目和服务改进、战略规划、预算制定等管理流程
金融策略	为学院未来发展，商业和金融模式如何提供收入和支出间的战略补贴，为学院及其客户提供最大价值

基于三大关键原则，社区学院增加与四年制大学间的合作，这不仅有利于完善美国的高等教育系统，也有利于社会经济发展。位于佛罗里达州圣彼得堡的圣彼得堡学院（St. Petersburg College，SPC）积极与SPARK公司合作，提供学术项目和其他商业服务，以支持企业和企业家的成功，支持社区公民的创业。SPC利用其劳动力研究所和协作实验室来支持当地企业，使其能够继续蓬勃发展，同时学院与该地区的企业建立联系，帮助毕业生更容易在社区内的企业就业。密歇根州哈里森市的中密歇根社区学院（Mid Michigan Community College）的企业和继续教育部门提供短期培训、专业发展、商业和产业定制培训、实习和学徒制培训、终身学习以及密歇根小企业发展中心，设计了"引导路径"项目，在学习期间将学生锁定在其想参与的创新创业项目中，在规定的时间内完成学业。

（三）商业化运营：革新创新创业教育组织结构

创业型社区学院及其治理模式在革新双创教育组织机构管理中得到了很好的体现，建立了各种类型的创新创业中心，具备强有力的驾驭核心，协调各方力量，宣扬了创新创业精神和合作精神。有别于其他传统的学术

---

① Myran G. The New Community College Business and Finance Model［J］. New Directions for Community Colleges，2013（162）：93-104.

机构，中心对市场反应灵敏，且拥有独立的行政管理人员和教职人员，旨在通过创设和发展教学、研究、推广和支持活动，支持各个年龄段的创业者，提高区域民众创新创业能力，壮大整个区域的创业者队伍，既有面向学校内部和社区提供的学分式、非学分式教育的整合型创业中心，也有推动并服务小企业发展的"小企业发展中心""先进技术中心"，面向企业合同培训和地区劳动力发展培训的"劳动力发展中心""继续教育中心""职业中心"，还有连接学院与当地社区组织的"合作伙伴关系发展中心"。

1. 学院创业中心或企业中心

马萨诸塞州斯普林菲尔德技术社区学院（Springfield Technical Community College，STCC）的安德鲁·希贝利（Andrew M. Scibelli）创业中心与区域内其他社区学院、行业企业、州和地区政府、区域 K-12 学校建立合作关系，打通资源获得多种途径、渠道，通过联合办公和资源整合节约成本，避免资源重复，推动各种类型的经济活动，为拓展中的产业企业提供培训项目、小型企业项目，培育新企业，创造就业机会，提升就业率。企业中心采用扁平化的组织架构，围绕创新创业教育、社区经济服务、劳动力发展服务等搭建多个平台①，如图 5-7 所示。

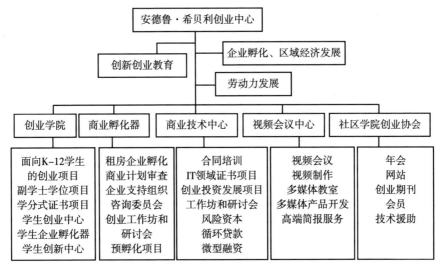

图 5-7 创业中心平台组织架构及开展的创新创业教育项目和活动

---

① Viniar, Barbara, Stettinius, Martha. Proceedings from the Conference "The Entrepreneurial President" [C]. New York: Institute for Community College Development, 2006: 8.

（1）创新创业教育教学中心——创业学院。开发创业方向的副学士学位项目、证书项目，形成整合的课程体系，为学生创办创业型企业做好准备；此外，为 K - 12 年级设计了"一天的创业者""青年创业卓越""年轻的创业型学者"等项目，提供集成课程，关注包含创新创业知识技能的综合素养；学生创新、创业中心和学生企业孵化器，指导学生参与商业计划竞赛，加速推动学生创办创新型企业。学生创业竞赛具有双重目的，既成为学生学习的工具，其商业计划书又是向政府、风险资本融资时呈现的资料。学生企业孵化器系统促使新创企业的产生，探索他们的兴趣，捕捉他们的才能和理念。

（2）社区和劳动力发展中心——商业技术中心。商业技术中心将与雇主、社区服务机构、非营利组织、政府机构和其他需要雇员培训的机构合作。培训既可为特定企业组织，也可以通过 IT 领域的证书项目或其他专业课程传授社区成员普遍关心和适用的技术技能。设计定制化的培训计划，通过研讨会、工作坊的形式，提高劳动者创新创业等知识技能学习的积极性和效率。同时创设创业投资发展项目，帮助中小微企业获得风险资本、循环贷款、微型融资以及政府资助等。德利索视频会议中心将为社区提供视频会议和远程学习设施、可获得的多媒体资源实验室、多媒体产品开发资源库、区域和国家的商业信息、学术创业组织的信息等。

（3）创业活动中心——商业孵化器。以孵化器系统为特征，配备经验丰富的专业人员，为初始阶段创业的商业人士提供援助和建议，帮助他们成功迈入市场。建立商业孵化器的最大初衷是支持外延拓展服务，为新创企业者提供所需办公环境，举办创业工作坊和研讨会，它是一个特殊的信息交换场所，与小企业局（Small Business Administration，SBA）、小企业发展中心（Small Business Development Center，SBDC）、退休工商领袖服务团（Services Corps of Retired Executives，SCORE）合作，拥有咨询委员会，已批准入驻的企业也会与商业支持机构（财务顾问、政府代表、商业顾问）等合作，获得财务管理、营销、政府采购和援助等特定问题的咨询建议。STCC 教职员工深入企业技术服务，尤其是在计算机系统工程技术、机械工程技术、电子系统工程技术等领域，为孵化器内租住的公司提供最新技术指导和企业经验分享。同时，学院还与劳动力发展组织、经济发展组织、行业企业、金融机构、小企业发展中心、区域内高校等建立了虚拟孵化器网络合作项目①。开设创业名人堂，致力于奖励在商业、工业、政治和社会改革中的先驱者。商业孵化器的运作对区域经济发展具有积极促进作用。

（4）创业研究中心——社区学院创业协会。创立社区学院创业协会（National Association for Community College Entrepreneurship，NACCE）这一非营利组织，与社区学院协会（American Association of Community Colleges，AACC）、创业教育联盟（Entrepreneurship Education Alliance）、青年创业（Youth Venture）、青年成就（Junior Achievement）、科尔曼创业中心（Coleman Entrepreneurship Center）等非营利机构合作，通过年会、专题讨论会、创办期刊等创新的方式提供教育规划学习和研究交流的机会。那些希望变革、从创业机会中寻求更直接追求的创业者，将从规划中获得益处。鼓励社区学院与大学的创业实践者联系，进行创业研究和成功实践，学生将不断接受挑战，利用他们的才能来探索梦想。规划使社区服务和学习变得规范，教师在教学中将创新创业精神融入课堂，不断增多的实习和工作机会能帮助学生积累经验，极速提升了师生的知识生产能力和经济开发能力。

2. 学院创业生涯中心

休斯敦社区学院（Houston Community College，HCC）的创业生涯中心沿袭了传统生涯中心的服务内容，包括为学生提供生涯方向选择咨询，规划生涯发展，获得行业、企业岗位和劳动力市场数据、就职的信息和方法等。另外，学生通过在创业项目和课程中辅修学分来弥补学位证书学分的缺失，获得导师指导、接洽社区资源，参与中心组织的系列研讨会，促成创业活动或实践②。

休斯敦社区学院的最初目标是为企业成功创设和发展提供商业资源、专业技术支持和必要的创业知识和技能。2009 年，学院成立了创业生涯中心这一平台组织，下设生涯规划和咨询中心、学位项目、高级证书等学分

---

① 沈陆娟. 美国创业型社区学院创业生态系统探析——以马萨诸塞州斯普林菲尔德技术社区学院为例［J］. 高等工程教育研究，2013（3）：120–126.

② Sandra Louvier，Maya Durnovo. Building a Program from the Ground Up：Seven Key Strategies ［J］. Community College Entrepreneurship，winter/spring，2012：10–11.

式项目办公室、继续教育中心、孵化器、加速器、小企业局设立的办事处
等，建立企业咨询委员会，中心组织架构如图 5 - 8 所示①。

图 5 - 8   休斯敦社区学院创业生涯中心的组织架构和项目

学位项目办公室、证书项目办公室与继续教育中心合作，开设研讨会
和讲座，为不追求学位的社区学生提供获得技能的最佳方式；为学院学生
提供文学副学士学位教育（Associate of Arts，AA）、理学副学士学位（As-
sociate of Science，AS）和证书项目、应用科学学士学位项目（Bachelor of
Applied Science，BAS），同时将继续教育部分的培训也纳入其中，所有的
核心创业教学都由创业者教授；为想要开创企业但不知如何启动的社区成
员，根据其经验和关键技能水平，提供不同程度和深度的培训证书项目，
既提供学院的学分路径，又提供继续教育途径。

与区域经济发展机构、社区组织、商会等建立战略伙伴关系，使商业
社区与学院形成不断壮大的合作纽带关系。促进其伙伴沟通和市场营销的

① Heather，Van S. The Value of Entrepreneurship Education at Community Colleges ［R］. Nation-
al Association for Community College Entrepreneurship，2008：17.

关键模式是开发充满活力的网站以展示学院的创业倡议。保持创新，不断更新成果、产品和各类创业活动是学院创新创业教育成功的标志之一。建立企业咨询委员会，理解其杠杆作用。全面开展创业计划大赛，致力于企业孵化，提供四个方面有价值的资源：为商业比赛的获胜者提供奖金、志愿的创业导师、经验丰富的创业导师培训、竞赛评判者①。

3. 学院创业创新中心

创业创新中心这一平台组织具有一定的特色和聚焦性。洛雷恩县社区学院（Lorain County Community College）的创新创业机构除提供工商管理方向的副学士学位外，也与考夫曼基金会合作，接受学院的创新基金，致力于构建东北俄亥俄州创新创业生态系统，影响辐射全国；圣巴巴拉城市学院沙因菲尔德创业创新中心（Scheinfeld Center for Entrepreneurship & Innovation）创设技术能力奖（Skills Competency Award，SCA），其中核心技术能力奖颁给完成学术项目所要求课程后再选修与专业相关创业课程的学生，帮助学生专注于某个特定学科的创业技能，是对学生承诺和从事终身学习的正式认可。中心为学生的具体专业发展需要和目标量身定做、设计课程，也为校园内跨学科领域开发课程，并创设更多的创业技术能力奖。

4. 小企业中心

小企业中心一般由州政府出资建设，较多设在四年制大学和社区学院，如维克技术社区学院（Wake Technical Community College）小企业中心成为北卡罗来纳州小企业中心网络的一员。与此相同的还有该州的万斯 - 格兰威社区学院（Vance - Granville Community College）、沙丘社区学院（Sandhills Community College）等。其规模较整合型创业中心要小，学分式创业教育服务较少，而非学分式创业教育类型丰富多样，为小企业主提供开创或扩张企业所需的信息和帮助。

同时，中心提供多种便捷服务：免费的一对一专家辅导，缩短了创业者学习的曲折历程，为创业者在复杂商业环境中生存指明了方向，增加了创业成功概率；基于商业规划专业方向专家的帮助，为准备撰写商业计划书的创业者提供快捷、廉价的指导服务；高品质、有经验的战略合作伙

---

① Sandra Louvier, Maya Durnovo. Building a Program from the Ground Up: Seven Key Strategies [J]. Community College Entrepreneurship, winter/spring, 2012: 10 - 11.

帮助创业者创建商业计划，获得商务财务软件（QuickBooks）咨询和其他服务；与 SCORE 有经验的导师联系获得免费指导，能帮助创业者成长。特定行业的专家将会指导初创者，解答市场营销、会计、法律等方面的复杂问题，为其指明正确的方向并沿着该方向前进①。

5. 商业发展中心

商务信息中心由中小企业管理局（SBA）地区办公室指导，在各州选择社区学院，在其内部创建，提供各类信息、咨询和技术服务，加强与企业行业的合作，但不进行学分式、非学分式创业教育。商业发展中心与商务信息中心服务内容基本相同，但增加了人力资源培训解决方案服务，对相关人员的咨询给予反馈，并帮助规划其所需的培训。

以斯库克拉夫特学院的商业发展中心（Schoolcraft College Business Development Center）为例，该中心机构设置较独特，致力于促进密歇根州东南部经济的发展，为初创企业和成长型企业的发展提供解决方案，维护企业的商业利益，如图 5-9 所示，与大峡谷州立大学密歇根州小企业发展中心合作，专注于劳动力发展，增加机会，研究、分析和规划，财务和法律问题四大模块。

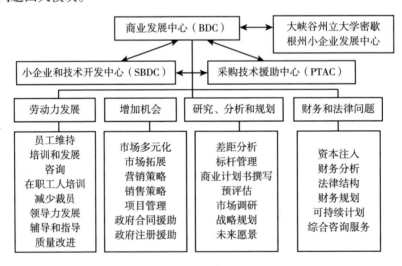

图 5-9　斯库克拉夫特学院商业发展中心的组织架构和项目

---

① Small Business Center. Classes/Certificate（Non-credit）[EB/OL].（2020-06-14）[2023-07-20]. http://www.wctc.edu/business_resources/small_business_center/noncred.php.

下设密歇根州小企业和技术开发中心（The Michigan Small Business & Technology Development Center）和采购技术援助中心（The Procurement Technical Assistance Center）两个机构。前者为密歇根州各类型小企业提供全方位的服务和支持，包括新的风险公司、既有小企业、新的科技公司和创新者。中心帮助不熟悉资助来源和支援服务的创业者利用当地资源发展壮大公司，善于发现机会，构建与其他组织的关系。还提供额外援助：一对一与有经验的企业顾问交流，接受辅导；为当地创业者提供各类型培训，如培训研讨会，介绍如何获得融资、营销和法律问题等；另外，还进行市场调查研究，将行业规模、特征、市场形势、竞争、外贸和顾客人口统计等信息提供给创业者①。

采购技术援助中心由国防后勤局、密歇根州经济发展公司和学院共同资助，无偿援助企业为联邦政府、州政府和当地政府提供产品与服务，包括政府合同、一对一的辅导指导、现场协助、研究和支持、投标匹配（通过电子邮件联系采购机会）、培训研讨会和工作坊、采购历史和规范、标准和图纸、联邦出版物、联邦政府总务管理局（The General Services Administration）的援助等。

三、北艾奥瓦州社区学院创新创业教育生态系统构建

北艾奥瓦州社区学院（North Iowa Area Community College，NIACC）是一所建校历史悠久的乡村社区学院，是美国创业型社区学院的典范，是美国社区学院创业协会的成员单位，是艾奥瓦州实施创新创业教育和培训的中坚力量之一。学校成立于 1918 年，坐落于梅森市，1966 年从初级学院更名为社区学院。1985 年小企业发展中心入驻校园内，提供非学分式创业教育项目和创业技能培训，1997 年成立帕帕约翰创业中心（John Pappajohn Entrepreneurial Center），该中心提供创新创业教育（包括创业课程和学位项目）、企业家和商业支持以及合作以刺激创业。该中心的服务包括

---

① Business Development Center［EB/OL］．［2023 - 06 - 20］．https：//home. schoolcraft. edu/bdc/about.

创业和扩张服务、技术援助、通过 Wellmark 风险投资基金获得资本——种子和风险基金、创建创业型社区和地区。在创业中心的努力下近 5 年地区新创业公司的成功率为 79%。整个艾奥瓦州只有 51%，全国只有 49%①。

下面基于克拉克（Clark，1998）的理论框架（加强管理核心、增强的发展外围、多样化的资金基础、受刺激的学术中心地带以及综合创业文化五个原则）来分析北艾奥瓦州区社区学院的创新创业教育生态系统。

（一）创业型学院宏观创新创业教育生态系统构建

NIACC 实施政行企校合作，创业中心从宏观视角建立了广泛的合作伙伴体系，与联邦政府和州政府相关机构、行业企业、辖区内 K - 12 学校、艾奥瓦大学等高校密切联系，创建了覆盖全国的创新创业网络、就业网络。

1. 增强的发展外围——多元合作伙伴构建

增强的发展外围即宏观生态系统构建，致力于政校合作、知识转让、产业联系、知识产权开发、继续教育、筹款，甚至校友事务等。克拉克的研究揭示了发展商业界的联系、大学和行业之间的知识共享、创建认证培训项目和筹款的重要性，增强了学校的边缘发展。社区学院成为新创业公司的孵化器，也使校友作为捐赠者重返校园连接更多合作。学院通过与地方政府和企业建立关系，为社区服务，发展周边地区。小企业发展中心使学院与外部行业建立联系，满足了学院与企业的需求。

（1）政府加盟合作伙伴体系。州政府如州劳动力发展机构、艾奥瓦经济发展局、振兴乡村艾奥瓦农业局（Renew Rural Iowa Farm Bureau）和县政府、市政府、其他州的经济发展公司、北部地区政府委员会、中北艾奥瓦联盟（North Central Iowa Alliance）等是生态系统的一员。商务部下属的经济发展局负责为乡村地区拨款，其下属的就业培训项目成为就业网络平台的重要组成部分；贸易信息中心则提供进出口交易渠道和信息，州税务局设立的创新基金实施税收抵免政策，帮助乡村企业融资；小企业局主推"社区快速行动计划"，资助社区民众创业，小企业创新研究项目（Small

①　Handel Fraser. Education Entrepreneurship：How do Leaders in Two Community Colleges Foster and Support Innovation & Entrepreneurship［D］. Boston，Massachusetts：Northeastern University，2019（3）：62 - 64.

Business Innovation Research，SBIR）和小企业技术转移项目（The Small Business Technology Transfer，STTR）资助乡村科创企业①。

（2）就业创业网络平台搭建。成立于1963年的工业研究与服务中心（The Center for Industrial Research and Service，CIRAS）也是合作伙伴，是艾奥瓦州立大学的工业推广部门，旨在通过帮助企业及其社区繁荣发展来提高艾奥瓦州工业绩效。NIACC与艾奥瓦州劳动力发展部合作，成立了劳动力发展伙伴关系，其目的是为客户企业提供定制的劳动力发展和培训服务。劳动力发展伙伴关系办公室位于梅森市和NIACC校园内（北艾奥瓦州职业中心）。定制的劳动力招聘与培训解决方案包括积极与北艾奥瓦州的现有和新企业合作，帮助他们确定并确保成功所需的优质劳动力。艾奥瓦州通过北艾奥瓦地区社区学院提供了几个职业培训项目，以帮助企业降低培训新员工或在职员工的成本。

创业网（Venture Net Iowa）将创意与资源、管理和投资者联系起来，帮助社区民众在艾奥瓦州创造就业机会和建立企业。该网络师生与艾奥瓦州的一些顶尖专家和成功的高层管理候选人建立了关系，帮助创业者开发产品、创建新的管理模式并组建有效的管理团队，将新公司提升至更高水平，尤其是生物科学、先进制造、农业增值、信息技术领域的创业者。

（3）行业企业与创业中心合作。创业中心与企业家、早期创业公司和成熟企业一对一合作，使产品、服务创新并不断迭代升级，帮助企业继续扩展和建立可持续的商业模式。Bio Connect Iowa正在与全州的创新者和企业家合作，创建一个首屈一指的本土生物科学产业。在生物产品、作物遗传学、人类和动物健康等生物科学领域，州拥有许多世界级的研究人员和创新者，创业中心与Bio Connect Iowa合作，支持这些先驱追求卓越并获得国家和国际认可，帮助艾奥瓦州企业家准备联邦小企业管理局的小企业创新研究和技术转让（SBIR/STTR）计划的获奖申请，该计划将资金奖励给符合条件的企业，以刺激美国的高科技发展，满足国家的研发需求②。另

---

① 沈陆娟. 创业型学院创新创业生态系统促进乡村振兴路径研究——以美国NIACC乡村社区学院为例［J］. 中国职业技术教育，2020（4）：61-70.

② Innovation & Acceleration. Business Plan – NIACC Pappajohn Entrepreneurial Center［EB/OL］.［2023-11-12］. https：//www.pappajohncenter.com/entrepreneurs/.

外，创业中心与艾奥瓦州资本投资公司、州商业增长公司等合作，愿景是建立艾奥瓦州的创业生态系统，通过刺激州专业风险投资和私募股权行业的发展，投资初创企业或具有快速增长潜力的成熟公司。

（4）非营利机构与创业中心密切合作。其他非营利机构也积极投身于创新创业生态系统的建设，包括艾奥瓦州中北部营销联盟。该联盟是一个由7个县的发展专业人士组成的联盟，在执行成功项目方面有着丰富的经验，提供免费的技术援助，帮助创业者消除障碍，加快流程；经济发展组织——艾奥瓦中心，帮助社区民众创办、管理和发展小企业；有策略的营销服务——由具有多年研究和行业经验的高技能项目经理组成，大量有才华的教师顾问具备营销研究知识和实践经验；乡村创新发展中心——通过数据分析、企业风险管理、法规管理等团队，构建战略合作伙伴，改变乡村社区。其他还有艾奥瓦工商协会、商业委员会、农场局联盟、农村发展委员会、社区学院创业协会、全国独立企业联合会、独立企业联盟、中北农村发展中心、美国小企业和创业协会等。

（5）创业中心与社区内其他学校合作。"被激发的学术心脏地带"这一原则基于传统的教育方式，如"研究场所，特别是教学场所、基本单位及其更广泛的多部门学院成为创业工作场所的一部分"。教育中的创业并不意味着要打破传统的学习机制，而更多是作为学院的基础。然而，这将需要刺激教育管理的方法，刺激学院的学术心脏需要教师和相应的部门成为创新创业的组成部分，它融合了传统教育和创新的价值观，与其他高教机构合作，探讨创新创业理论、教学和能力培养。

帕帕约翰创业中心网络共有6所，除 NIACC 的创业中心外，还有美国艾奥瓦大学创业中心（University of Iowa John Pappajohn Entrepreneurial Center）、艾奥瓦州立大学创业中心（Iowa State University John Pappajohn Entrepreneurial Center）、德雷克大学的创业推广中心（Drake University Pappajohn Center for Entrepreneurship Outreach）、布坎南德雷克大学创业领导中心（Drake University Buchanan Center for Entrepreneurial Leadership）、北艾奥瓦大学创业中心（University of Northern Iowa John Pappajohn Entrepreneurial Center）。大学创业中心间进行积极的创业教育与培训合作，典型的项目是创业学校项目（Venture School），基于国家科学基金会创新团队开发的课

程基础，为艾奥瓦州的初创企业、小微企业、创新团队提供 8 周的培训，内容涉及市场营销、为初创者搭建与企业家交流的平台、引导创业者捕捉创意，建立社区和外部团队与创新团队的联系、链接资源，设计商业模式等。

2. 多样化的资金基础——广覆盖的资源链接

NIACC Pappajohn 中心的资助项目，从联邦美国小企业管理局的资助项目到中心设立的项目种类繁多，从贷款项目到风险投资，提供 1000 美元至 20 多万美元的资金。

（1）NIACC JPEC 资助项目。①小微贷款项目（nano loans）：是金融资助的创新，针对那些已形成商业概念但尚不具备向银行借贷条件的早期企业家设立。仅有商业概念无法满足获得传统信贷（如银行、美国农业部循环贷款基金等）的最低资格，拥有吸引力的商业概念可以借款 5000 美元，以完成初创者对商业概念的开发①。②循环贷款基金项目（revolving loan fund）：由美国农业农村发展部拨款用于协助乡村企业的发展或现有企业的扩张，NIACC 提供配套经费。具体可用于购置机械和设备、家具和固定装置，提供创业运营成本和创业营运资金、企业扩张所需资金以及技术援助。

（2）艾奥瓦州资助项目。①针对小企业的项目（targeted small business）：由艾奥瓦州经济发展局（The Iowa Economic Development Authority）设立，旨在帮助妇女、少数族裔人士、与服务相关的残疾退伍军人和残疾人克服在艾奥瓦州创办或发展小企业的一些障碍。这些项目既支持了艾奥瓦州的多元文化，又发展了艾奥瓦州的经济。②示范基金（demonstration fund）：旨在为拥有可供市场使用的创新技术或产品的公司提供援助，这些技术或产品具有明显的商业可行性和潜力。协助公司进行市场营销和业务发展活动，帮助具有高增长潜力的企业吸引后续私营部门资金，奖金高达 17.5 万美元。③小企业关联投资项目（small business linked investments program）：该项目为艾奥瓦州居民拥有和经营的小企业提供资金。分配给该项目的资金的一半将用于符合条件的小企业，这些企业 51% 或以上由一

---

① NanoLoan – NIACC Pappajohn Entrepreneurial Center［EB/OL］.［2023 – 11 – 12］. https：// www. pappajohncenter. com/entrepreneurs/financing – your – business/nanoloan.

名或多名妇女、少数民族或残疾人拥有、经营和积极管理。④州小企业信贷倡议（The State Small Business Credit Initiative，SSBCI）：这是一项 9600万美元的投资，用于发展艾奥瓦州的小企业，包括初创企业、制造商和退伍军人和来自不同背景的个人拥有的企业。这笔资金可通过美国财政部的 SSBCI 获得。这是一项通过联邦《美国救援计划法》扩大的小企业援助计划。财政部根据 IEDA 提交的计划批准了艾奥瓦州的拨款。艾奥瓦州的 SSBCI 资金将通过以下项目重点鼓励风险投资和对可扩展创新公司的投资：制造业 4.0 投资贷款参与计划（2800 万美元），帮助艾奥瓦州制造商投资于正在改变行业的新技术。小企业抵押品支持计划（1500 万美元），用于帮助小企业通过商业贷款获得资金，抵消抵押品短缺。社会和经济弱势企业可以获得高达抵押品缺口 40% 的支持，以获得 7.5 万美元至 25 万美元不等的贷款。风险投资创新基金项目（2200 万美元），用于增加该州企业家援助项目的融资机会，该基金还将提供更多资金，以解决企业在概念、启动和扩张过程中初创企业发展阶段的差距。风险投资联合投资基金计划（3100 万美元），用于处理和持有私人公司的股权投资。

（二）创业型学院中观创新创业教育生态系统构建

从中观视角组织生态方面，创业中心与小企业发展中心、劳动力发展中心、州经济发展局等合作搭建了较为完善的扁平化的组织结构，同时创设了浓厚的校园创业文化。

1. 加强的管理核心——组织变革和管理模式革新

克拉克（1998）指出，加强的管理核心实质是"协调新的管理价值观与传统学术价值观"的方式。共享治理和合作建立了一个旨在创造变革的决策过程。共享治理是领导层在复杂环境中创造变革的一种方式，合作是为了管理层继续将变革嵌入某种程度的创业相关性中。为了创造变革，管理层需要支持其核心利益，以便其利益相关者能相信机构的愿景。如果没有管理层的支持或组织领导，变革可能会产生意想不到的结果，教职员工不太可能以有意义的方式参与未来的工作①。从领导角度来看，灵活性是

---

① Clark B. R. Creating Entrepreneurial Universities：Organizational Pathways of Transformation（1st ed.）［M］. International Association of Universities and Elsevier，1998：6.

创业的一个重要因素，无力管理可能缺乏改变的能力。对不断变化的需求迅速采取行动的能力是开发新想法和新企业的先决条件，保持灵活性和动态性对于发展管理核心至关重要。

艾奥瓦州的创业者无论是学生企业、新的小企业、家族企业、创新技术初创企业，还是企业内部创业项目等，可以依靠帕帕约翰中心（JPEC）获得援助和资源，包括面向社区和在校学生的创业教育、一对一商务咨询、技术援助、开办和扩展企业服务、创新和加速服务、财务咨询和资金获取、创建创业型社区和地区等。如图5-10所示，创业中心由4部分组成，分别是创新创业教育中心、小企业发展中心、商业孵化器和商业加速器。另外，州劳动力发展中心在NIACC校园内建立了州职业中心，为学生提供劳动力市场相关信息，指导学生就业。

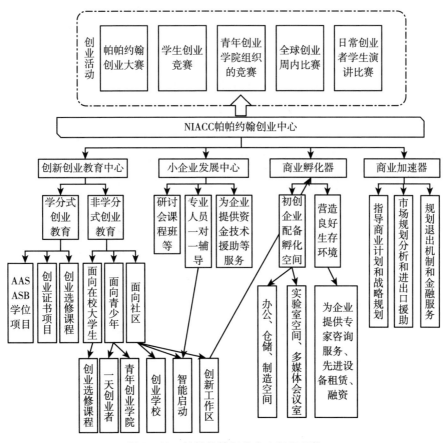

图5-10 帕帕约翰创业中心组织架构

创新创业教育中心实施学分式与非学分式创新创业教育项目和课程，由专、兼职教师共同负责讲授。学分式项目主要为在校大学生服务，如创业和小企业管理（AAS）副学士学位项目、ASB 理科副学士学位项目、创业证书项目和创业选修课程等；此外，非学分式项目包括设在中心的面向在校大学生的 CEO 俱乐部，面向青少年的一天的创业者、青年创业学院项目；面向社区民众的创业学校、智能启动和创新工作区项目。

小企业发展中心是艾奥瓦州网络区域 15 个援助中心之一，办公室也设在创业中心，为社区所有有抱负的创业者提供一对一的精准辅导、学习资源和学习活动、资金援助和其他服务等。创业中心还配有商业孵化器和加速器。前者以提供配备设备的孵化空间为主，盈利的同时也帮助初创企业存活并成长，除常规的办公设施、会议设施外还有实验室、高端仪器、制造空间、仓储空间等，同时还提供融资租赁、技术支持和继续教育课程，3 年存活率高达 90%；后者加速器与州内其他加速器密切合作，如 EDC 州商业加速器、DSM 加速器，侧重于帮助新创企业技术开发、转化、商业化，财务管理指导和筹集资金，与新波希米亚创新合作项目联系，由一流创业导师指导，配有种子资金，帮助乡村地区的农业、健康、制造等领域的初创者 3 个月内从创业理念到付诸行动，同时指导成熟企业创业者的退出战略，转战新市场的持续计划制订等。

2. 综合的创业文化

克拉克指出，创设一种拥抱变革的组织文化极其关键，新文化一开始可能是一种相对简单的关于变革的制度观念，后来发展成为校园范围的文化[①]。在高等教育机构中创设创业文化是一项艰巨的任务，需要行业、政府及学术界等与高等教育机构有密切联系的具有奉献精神的机构和个人，他们都热衷于促进经济增长和社会发展。

沙姆斯和考夫曼（Shams & Kaufmann，2016）认为，进取文化是商业成功的基础，也是经济表现的主要因素。因此理解企业文化对商业创新和

---

① Clark B. R. Creating Entrepreneurial Universities: Organizational Pathways of Transformation (1st ed.) [M]. International Association of Universities and Elsevier, 1998: 8.

价值创造系统的影响的重要性是有益的①。切普图雷亚努（Ceptureanu，2016）的研究提出，整个高等教育机构的各级（部门和行为者）都应参与支持系统的开发，从而促进学术创业的发展。为了使参与的创新活动有效，必须将组织规范和文化考虑在内②。克威克（Kwick，2016）认为"创业文化是创业转型的关键组成部分"③，创新活动水平的提高被认为是对"文化属性"的认可，在区分创业水平方面发挥着关键作用。

创业中心致力于真正帮助创建可持续的企业，赞助年度盛会如"尼尔·史密斯年度企业家奖"的颁奖典礼，设立年度青年企业家、年度企业家、创新奖和年度企业4个奖项，又新增设了学生企业家奖，旨在表彰通过企业所有权成就体现创业精神的学生企业家。中心正在通过小学倡议、学院和社区计划以及商业培训和发展来提升艾奥瓦州的创业文化。尽管该学院位于农村地区，但它仍然是该州创业活动的重要参与者。该学院还在校园内举办了NIACC表演艺术与领导力系列赛，通过其基金会每年赞助Rust Shaker山地自行车赛、Sweat Shaker山地摩托车赛、烧烤和秋季节以及汽车、卡车、自行车展和Timber Trail追逐比赛。许多活动是他们创业活动的一部分。Phi Theta Kappa荣誉协会也位于其校园内，表彰在该区域创业卓越的企业家。该学院还有一个密歇根州小企业发展中心，其大部分创业活动都是与劳动力发展中心协同开展。

（三）创业型学院微观创新创业教育生态系统构建

微观视角创新创业生态系统的构建在中心学位项目和证书项目等的创新创业课程体系建设、创新创业活动方面取得一定收获。

1. 社区学院学分式创新创业教育

学位项目体现了创新创业理论知识的跨学科性，涉及经济管理、市场

① Shams S. M. R., Kaufmann H. R. Entrepreneurial Co-creation: A Research Vision to Be Materialized [J]. Management Decision, 2016, 54 (6): 1250-1268.

② Ceptureanu E. G. How to Enhance Entrepreneurship in Universities: Bucharest University of Economic Studies Case Study [M]. The Annals of the University of Ordea, 2016: 881-887.

③ Kwick M. Academic Entrepreneurialism and Changing Governance in Universities Evidence From Empirical Studies [M]. In J. Frost et al. (Eds.), Multi-level Governance in Universities: Higher Education Dynamics, 2016: 49-74.

营销、数学、会计学等多学科领域知识，包括创业入门、管理学原理、创设企业、市场营销原理等常规课程，也包含新兴企业实践与技术、职场专业素质、保险与风险管理和自然科学商学选修课等革新课程，涵盖职业素养、通用知识、人力资源管理、财务管理等知识，满足在校大学生成为初创者的基本需求。证书项目相较学位项目（60 学时）而言，学时减少较多，为 18 学时，主干课程名称基本相同，从入门到创新实践与技术，再到创建公司，从会计学、营销学到实习，强调专创融合，理论性减弱但实战性仍保留，尤其是将创新和机会识别课程改为创业入门，讲授的内容涵盖创新思维工具、创业机会识别、商业模式设计等诸多入门知识；对新兴产业和企业讲授创业实践与相关技能远比空谈成功的创业者更有效，经过一系列课程名称和内容的改革，学位和证书项目内容精练而与时俱进，这些课程也成为各专业致力于创业的学生的选修首选，同时也对社区内有抱负的初创者和寻求进一步发展的小微企业主开放，帮助他们解决困惑，促进企业发展。创业中心对前来参加学位和证书项目的学生给予奖学金资助，且金额在提升，学位项目的奖学金为 2500 美元，证书项目是 1000 美元，而选修创业类课程也能获得 500 美元的奖学金①。

2. 社区学院非学分式创新创业教育项目

非学分式创新创业教育也是学院创业中心的一大特色，多维度满足创业者或有创业抱负的人对知识技能的渴望。

（1）面向学院在校大学生的项目。NIACC CEO 俱乐部是国家组织——大学企业家组织（College Entrepreneurs Organization，CEO）的地方分会，成立于 1983 年，每年支持 16500 多名新兴大学创业者，帮助学生创业者发展创建和运营成功的新企业所需的知识与技能，同时为校园和社区提供价值。学生可获得以下服务：与志同道合的学生建立联系；会见经验丰富的专家并接受其指导；与其他学生创业者竞争的机会；领导力培训；集思广益并实施服务项目，对校园和/或社区产生积极影响；获得 Pappajohn 创业中心员工的课程和指导。

---

① Tim Putnam. Entrepreneurial Center as Financiers［J］. Community College Entrepreneurship, fall/winter, 2007：20.

（2）面向青少年的项目。一天的创业者（the entrepreneur for a day，E4D）计划致力于向五年级学生教授创业的基本原则以及如何创业。学生们学习成为企业家和成为雇员之间的明显区别。该项目的目标之一是让孩子们思考如何成为创造就业机会的人，而不是接受工作的人，理解创业是一条可行的职业道路。在两节课程中，参与者体验了商业规划、财务知识、营销概念、工作场所概念、社会责任和团队建设技能，是将创业教育引入学校的第一步。

青年创业学院（youth entrepreneurial academy，YEA），旨在为高中生提供创业知识和成为企业家的基本技能。青年创业学院由晚间迎新会和为期 5 天的学院活动两部分组成。高中生在活动中专注于创业技能、知识和态度的发展。为期 5 天的学院项目以创业者演讲比赛结束，学生们可以在比赛中争夺现金奖励。学生将把想法和激情转化为可行的商业计划。有基金会的慷慨资助，该学院对参与者免费开放。每个参与者都将获得 500 美元的 NIACC 奖学金，并有机会在每年夏天竞争种子资金来启动他们的业务。成功完成青年创业学院学业后，如果学生选择加入 NIACC 将获得 500 美元的青年创业学院奖学金，该奖学金也可用于 NIACC 的暑期或在线课程。

另外，还有心灵工坊（mind mania）夏令营活动，专为 3~7 年级的学生开设。为期 1 周的夏令营为学生带来了创意写作、计算机等课程的教学，同时让学生通过运动锻炼头脑、体能和提升素养。

（3）面向全体社区民众。2013 年开始，创业中心与艾奥瓦大学合作，将创业学校（venture school）这一培训项目带到艾奥瓦州梅森市，旨在使艾奥瓦州的初创公司、小型企业、非营利组织和企业创新团队受益。为期 8 周的创业学校计划由斯坦福大学和加州大学伯克利分校的国家科学基金会 I‑Corps 开发的简化课程构建而成。

智能启动（start smart）是一个视频学习项目，内容为制订商业计划、进行市场调查、讨论不同类型的企业所有权，以及学习如何注册企业，由美国艾奥瓦州 SBDC 提供，视频学习结束后通过电话预约或单独与小企业发展中心顾问会面，以帮助审查商业计划或就其他问题提供指导。

创新工作区（the innovation workspace）为企业家提供了使用多种材料

进行中小型模型和原型创建的专业级数字制造设备，帮助处于各个阶段的企业家、学生和企业创建新产品和流程解决方案，克服紧迫挑战，并利用技术在北艾奥瓦州创造新机会。创新工作区目前正在开发项目，为学生和小企业做好准备，以满足未来的劳动力需求，并为现有劳动力做好证书，以满足当今"工业4.0"、先进制造业和网络安全的需求。

另外还有考夫曼基金会发起的 Fast Trac 项目，提供研讨会—创业学校—开创新企业—企业发展—企业融资—企业转让—企业重新定位等一系列服务；"艾奥瓦州发明"项目（invent iowa）鼓励艾奥瓦州教育工作者与学生合作完成创新和发明过程；启动和拓展企业项目（JPEC Launch & Grow Your Business）以课程形式指导创业者撰写商业计划书，培养创设、管理、发展企业的技能①。

3. 针对学生开展的创业竞赛和活动

（1）帕帕约翰创业大赛（pappajohn venture competition）。John Pappajohn 艾奥瓦州创业大赛旨在鼓励和促进创业活动，并提高人们对艾奥瓦州创业者可用资源的认识，鼓励创新型企业参与比赛。帕帕约翰创业中心选出评委将审查所有提交的材料，对参赛者书面陈述进行首轮评判，对于晋级后几轮的参赛者，将通过复赛路演进行评判，选取前三名，一等奖4万美元、二等奖2.5万美元、三等奖1.5万美元。

（2）学生创业竞赛（pappajohn student venture competition）。帕帕约翰学生创业大赛由 Equity Dynamics 股份有限公司和 John Pappajohn 赞助，面向有兴趣创业的艾奥瓦州的大学生。全日制或非全日制本科生和研究生都有资格参加比赛，商业计划必须仅适用于初创企业。项目评判的依据是参赛团队商业想法的可行性，商业计划竞赛获奖前三名获得种子拨款，金额为5000美元。此外，如果没有入选最高奖项，所有入围者都将获得500美元的奖金。

（3）全球创业周期间中心组织的竞赛。全球创业周（global entrepreneurship week，GEW）汇集了每年11月在170多个国家举办的数万项活

---

① 沈陆娟. 创业型学院创新创业生态系统促进乡村振兴路径研究——以美国 NIACC 乡村社区学院为例 [J]. 中国职业技术教育, 2020 (4)：61-70.

动、竞赛和活动，旨在让任何人、任何地方都更容易创办和扩大公司规模。GEW 成立于 2008 年，每年激励数百万人探索他们的潜力，同时在他们的生态系统中培养联系和加强合作，以增强企业家的能力并加强社区建设。NIACC 2023 年的主题有：每日创业者演讲比赛、NIACC 探索、NIACC 市场（与谷歌一起成长：在数字世界中蓬勃发展）、业务转型研讨会（创业者的一天、创业学校启动日比赛）、全国移民企业家峰会等。

（4）NIACC 日常创业者学生演讲比赛（everyday entrepreneur student pitch competition）。任何目前注册的 NIACC 学生，如果有在社区创办企业的想法或想扩大现有企业的规模都可以参加 NIACC 日常创业者学生演讲比赛。EEVF 为社区学院提供所需的支持，为学生提供创业教育和资金，使他们的企业从创意想法发展成为繁荣的企业。竞赛欢迎来自不同背景和研究领域的大学生上台展示他们的创业技能及商业想法。无论是经营副业，还是渴望创办自己的企业，或者怀有绝妙的可行商业想法，都可以通过路演大放异彩。

综上所述，创业型社区学院 NIACC 尝试以自己为中心，建设创新创业教育实践网络。参与地方规划和经济发展，对区域商业环境、经济状况进行现状调查和未来预测，寻求创新技术，探讨对企业有绝对影响力的新法规以及技术技能群体对经济发展的影响等，与州或地区政府、行业或私营企业、地区 K-12 学校合作，成立位于社区学院的新的协调组织，参与为社区招商引资的工作。尤其是产业集群区域，建立产业界和教育界联盟，一方面根据企业培训需求定制项目，既有企业员工的技能培训，也有面向中小企业管理者的领导力课程项目；另一方面创建小企业孵化器或加速器，为企业提供新技术、人力资源、规章制度和工作流程等方面的建议或信息，促进技术转移和科技成果转化。

第三节 若干思考和启示

一、若干思考

国别研究或比较研究的初衷是"他山之石，可以攻玉"。通过国家政策梳理和学院双创生态系统的案例剖析，其成功的路径和举措虽谈不上完善，也可以窥见一斑。

（一）创新创业生态系统宏观政策目标

梅森和布朗（Mason & Brown，2014）提出创业型生态政策目标，包括创业行动者、创业资源提供者、创业链接和创业导向四个部分。构建创业行动者网络方面，主要是为启动阶段的创业者、早期的创业者、成长阶段的创业者和退出阶段的创业者等提供支持与指导服务；搭建企业孵化器、加速器项目，建立合作网络空间；创业资源提供者方面，措施有金融支持（如银行、风险投资）、天使投资人网络服务、建设众筹和点对点借贷、小公司证券市场准入机制，以及与大公司和大学及研发中心的联系；创业链接方面，与行业协会、非营利机构合作，建立与创业俱乐部和新创企业团体、企业创业中心、企业经理人等的联系，满足投资者和被投资者的匹配服务；创业导向方面，营造创新创业文化氛围，提升自我雇佣者、小企业和创业者的社会地位，宣传创业榜样人物和容忍失败、拥抱创新的精神，鼓励高校等机构实施创新创业教育、实施技术转移、商业迁移项目等①。由此，政府、企业、行业和高校采取怎样的策略、链接怎样的资源来帮助创业型高校建立宏观创新创业生态系统至关重要。许多创业型学院承认生态系统目前正处于初期阶段的原因之一就在于宏观生态还未健全，链接渠道架设还未通畅。

（二）创业型学院组织体系和治理结构

艾伦·克雷芒·恩库西（Alain Clément Nkusi，2022）提出了创业型学院的组织体系结构②，如表 5 - 4 所示，包括组织体系与架构、系统、领导（组织、治理结构）、策略、文化等。

---

① Mason C. , Brown R. Entrepreneurial Ecosystems and Growth Oriented Entrepreneurship［R］. The OECD LEED Programme and the Dutch Ministry of Economic Affairs, The Hague, Netherlands, 2014.

② Alain Clément Nkusi. The Role of Entrepreneurial Universities within Post - conflict Countries：Case Studies of Rwanda and Northern Ireland［D］. Newcastle：Northumbria University, 2022：73 - 74.

表 5-4　　　　　　　　　　创业型学院的组织体系和治理结构

体系结构	描述	条件因素
组织体系与架构	教职员工和学生通过创业体系结构与大学外的参与者互动（反之亦然），也是知识交流的渠道。组织体系包括技术转让办公室（TTO）、企业孵化器、加速器、技术园区、工业联络办公室等	物质资源——旨在满足社会和经济需求（TTO、工业联络处、孵化器、研究实验室等）
系统	沟通网络、互动规范、结构和部门之间的联系配置、管理等，以及这些结构在多大程度上融入了大学更广泛的使命	联盟和网络——用于与多所高校、政府机构及行业合作并建立网络的跨学科和异质结构
领导（组织、治理结构）	关键参与者推动大学第三种使命（将研究成果商业化）的能力——关键参与者能够在多大程度上塑造组织演变的复杂结构、过程和战略愿景	组织结构（层级或扁平）治理结构（政策和实践）人力资源（技能和经验）财务资源（财务自主权）奖励制度（对学术企业家的货币和非货币奖励）
策略	规划组织目标，包括内部确定的正式激励结构，支持和实现研究成果商业化目标的途径，并提供发展轨迹概述	组织目标以及如何实现这些目标——研究资金的数量、性质和如何分配
文化	个人对创新和创业的态度——创业导向程度	学术界对创业的态度、榜样的存在、地位和声望

　　组织所处的环境既包括技术环境又包括制度环境。前者多指组织外部的资源和市场，以及与组织内部投入产出相关的人力资本和技术系统；后者指组织所处的法律制度、文化诉求、社会共识和观念规范等社会事实，强调制度的合法性①。德鲁克曾指出，一个组织要想在充满挑战的时期取得创新和成功，就必须通过实施政策和实践，将创业管理融入其系统，从而产生创业和创新行为。创业型学院中观组织生态是有效建设创新创业生态系统的关键推手，哪些硬件设施需要建设，组织如何架构，其章程、议事规则、管理规范如何制定，以及管理模式、治理方法、资源配置和奖励制度等的实施都需要深入思考。如何创设良好的双创文化，树立榜样人物、提升学院地位和声誉也是中观创新创业生态系统创设的重要一环。

---

　　① 姜大源.“教育＋”格局构建刍议——从德国“职业教育＋”看新制度主义同形理论的映射［J］.中国高教研究，2022（1）：96－101.

（三）创业型学院创新创业教育的价值主张和应然使命

创业型学院创新创业教育生态系统的构建是为了追求资金收益？选择参与创新创业活动的教师和学生的价值追求仅是为了创业或就业？创业项目的选择是否能为学生带来真正的价值？要了解学院和内部教师和学生的真正需求，需要多维度思考。首先，营造创业文化和氛围对创业型学院极其重要。马丁内斯·洛佩兹（Martinez Lopez，2009）指出，要在高等教育机构中创建创新创业文化，这些机构必须通过其使命和愿景来传达创业精神，以便将其作为其文化的一部分。马丁内斯·洛佩兹确定的组织文化的7个特征如下：创新和冒险——管理层在多大程度上鼓励教职员工创新和承担风险；对细节的关注——教职员工为实现组织目标而进行的分析和关注的程度；结果导向——管理层如何关注结果，而不是实现组织目标的技术；以人为本——管理层如何分析决策对人的影响；团队导向——管理层如何在团队中组织活动，而不是通过个人责任；进取心——管理组织的人员的竞争力水平；稳定性——如何维持现状，而不是个人的成长[1]。创业型学院在多重困境中始终坚持组织创业文化的培育，为师生带来了一个宽松竞争、创新的环境，利于组织和个人的多元发展。其次是实践中体现的创业主义，培养师生的创新精神。伯兹（Birds，2013）提出了高等教育中培养企业家和管理者的具体技能、行为和经历：能够战略性地思考问题，并看到全局；有效地营销战略，获得支持并组织资源，组建并激励团队，能够承担风险，有激情、自信，以行动为导向，有良好的业绩和长期的网络工作经验[2]。由此，创业型学院对学生实施创新创业教育和培训，关注创业知识的默会和习得，通过创新创业竞赛、俱乐部和社团活动、创业园实践、师生共创等方式帮助学生积累实战经验，塑造创新品质，培养创业精神。最后，创业型学院的教师和学生共同投身于学术创业和技术创业，发扬冒险敢拼、不断挑战的创新精神，运用领先技术或创新商业模式，实

---

① Martinez – Lopez, C. Creating an Entrepreneurial Culture at Two – Year Colleges：A Conceptual Paper [J]. Review of Business Research, 2009, 9（2）：76 – 84.

② Birds, R. Entrepreneur – managers in Higher Education：How do They Exist [J]. Journal of Higher Education Policy and Management, 2013, 36（1）：62 – 73.

现市场开拓、传递价值和创造价值。

二、启　示

应用型高校创新创业教育生态系统的构建需全社会共同参与、共同努力、协调发展。通过思考宏观政策、组织体系、文化营造和教育项目实施等各个层面，结合以色列布劳德理工学院和美国 NIACC 学院的案例研究，给予我们一定启示和借鉴。

（一）构建完善的创新创业教育体制机制，实施资金筹措的多元化

无论是达沃斯峰会中"大众创业，万众创新"的提出，还是党的二十大进一步强调创新型国家建设，应用型高校创新创业教育生态系统构建从立足本身来看，需要创设良好的生态环境，体制机制建设尤为关键。以色列在建立国家创新体系过程中，经济产业部及其下属的创新局、科技部、教育部、国防部等部门形成了国家科技体系，负责创新型高校建设工程的宏观协调工作，推动高校周围的科技园或产业园建设，促进高校与企业合作完成技术创新和转化。制定了《以色列高等教育法》《产权法》《专利法》等一系列法律法规，推出一系列有助于研发、学术知识转移、创业并壮大企业的项目，以及针对企业不同发展阶段的孵化器和加速器项目，营造了良好的制度环境和孵化环境。由此，政策保障机制方面，制定有利于创新创业的相关法律法规和激励政策，如支持产学研合作、高技术成果转化的法规、鼓励创意和创业的孵化器项目、启动支持高科技产业发展的风险投资项目，鼓励高校从事相关教育和活动的政策、对创新创业有效监管的机构设置和程序制定是基础。

由 NIACC 的从联邦政府、州政府的资助项目到学校创业中心的资金筹措项目，体现了对多元化受众群体各创业阶段资金的帮助。资金保障是应用型高校创新创业教育实施的生命环，一般高校的创新创业教育经费来源之一为企业捐赠，由学校基金会负责接洽，用于针对性的科研活动和创新技术与区域产业对接，研究成果可以反哺企业，用于创新创业项目的持续开展甚至落地研发或成立公司；另一途径是校友捐赠，更多用于学校创新

创业教育微观生态系统的构建；政府则是高校创新创业教育经费的主要来源，故需在拨款支持科研投入的同时，出台一系列激励政策，尤其是从中央到省级再到区域等不同层级的符合地方特色和需求的创新创业支持政策体系。应用型高校则需思考外部捐助和内部创收并举，通过吸引民间资本，创办全资子公司、专利转让、成果拍卖、参与社会投资等方式实现内部增收。

（二）搭建创新创业教育实践网络，培育高校创业文化

构建创新创业教育生态系统的过程中，应用型高校从人力资源的提供者演变成经济活动的发起者和参与者，应主动全方位融入地方经济社会发展的理念路径，深化校地、校企合作内涵，将学术创业活动或技术创业活动积极对接外部资源，搭建创新创业教育实践网络。推进产、学、研、用合作，进一步加强与地方人力资源和社会保障局等政府部门与有关企业的联系，努力合作建设学校创新创业实验室、众创空间、学生企业孵化器、加速器、大学生创业园等创新创业实践育人平台，积极创设具有区域重要影响力的双创教育培训基地、双创示范基地等，打造一系列的创业就业项目，不断优化和提升创新、孵化、创业的三级育人平台建设层次。应用型高校需体现自身的"应用"特性，打通学术界与产业界之间转换的渠道，鼓励建立教师兼职和技术转化机制，教师进入产业界、企业岗位实践或成为企业家、创业合伙人，或成为企业的研究团队顾问、技术顾问等。同时，对全身心投入高校教学研究本职工作没有兼职的教师给予一定的补助，以有效防止教师角色异化所致的各种问题。借鉴国外高校成立技术转移办公室，处理师生研究成果的转化，使学术与产业精准对接，凸显应用的实效性。

文化是创造高校内部良好生态环境的关键组成部分，该环境支持机构内的创业精神，从而鼓励整个组织的开放性、信息和思想共享。创业文化受到政治环境、社会双创活动、学校创新创业竞赛和社团活动、创业师资力量、创业课程体系设置等诸多方面的影响，又能有效推动创新创业教育理论与实践的发展，高度重视创新和创造力的组织文化，积极培育结合高校自身特色的创新创业文化，有助于支持学校及其师生创新创业精神的塑造。

（三）产教深度融合，推进双创教育的基本规范和创新举措

应用型高校创新创业教育的深入开展，关键要素之一是校企深度合作，以合同培训、小企业援助、资源提供、技术转移等形式帮助学院学术市场化，分三个阶段：一是合作形成阶段，利益相关者应明确建立合作伙伴关系的战略需要，整合产业界、学校、各类先进技术项目资源，建立合作伙伴网络或创新创业生态系统，广泛联系政府、行业协会解决设备、资金、实验室等问题，协调项目事宜，与产业界共享师资、关系网络、行业标准、实习平台、专业发展和课程建设等，建立信任机制，规范产教融合规则。二是合作实施阶段，基于协同合作网络，从招生、教学、就业各个层面建立互动交流机制，包括开发课程资料、共享实验室、设备和资源、开发教学评价标准、进行企业员工培训、举办学术会议、项目研讨会或教学工作坊等，推动创新创业型人才培养模式的转型，实施创客教育模式，构建跨学科课程，体现常规课程与创客教育的整合，关注创客教师的专业发展。三是合作成果产出阶段，多方获得可持续发展。学生增长了创新创业知识，提升了商业技能，获得了毕业证书和就业机会，创业型学院开发了严格的课程体系、多样化的教学资源、新的评价制度，提升了教学质量和教学效果；产业界和企业则获得了高素质技术技能型人才，并能获得技术迭代更新的帮助。由此，促进多层次、多元化、规范化的校企合作，采取正式或非正式的合作形式，合作各方以目标引领，明确角色任务、权利边界，制定战略合作协议或资源交换协议，明晰合作内容，厘清权责关系，保障产教融合。

（四）推进多元化的创新创业教育路径，凸显社会服务功能

以色列创新创业中心建立了融入工程教育的系统创新创业课程体系，涵盖创业入门内容、创新性创造性思维、精益创业方法、原型开发、初创企业商业计划、创业管理、市场营销和知识产权等工程类创新创业所需的各个层面的内容。还设置了可以进行学分转换的创新创业型项目，支持开展实践教学和活动，配备专业的学术导师和行业导师，后者是非常有经验的工程师，鼓励市场实践和产品转化。教学模式方面，颠覆了传统教学范

式，尝试先进设备与设施应用于课堂教学中，并运用混合学习模式、基于问题的学习模式、项目化教学模式、游戏化教学模式、多学科交叉学习模式等方法强化学生的双创知识和技能。

从"关于创业"的教学递进至"为了创业"的教学，再到"通过创业"的教学，应用型高校创新创业人才培养始终坚持实践导向。正如国务院办公厅提出的"面向全体、分类实施、结合专业、强化实践"指导方针，避免创新创业课程体系中重理论传授轻实践探索的"瓶颈"。推进多元化创新创业教育路径，打造双师型创新创业师资队伍，秉持"做中学"的根本准则，引导学生在实践中迸发创意，结合工程教育的发展及论证的需要，双创课程体系中可增加创新创造类课程，注重原型开发、精益创业和知识产权相关知识；教学模式方面注重跨学科、项目式、混合式、游戏化等模式，基于问题本位、体验实战，鼓励学生参与创新创业活动、研发项目等，提升综合能力和素养；创新创业教育项目开发方面，学分式和非学分式项目结合，面向社会提供教育和培训服务，尤其是针对缺乏相关知识和经验的初创企业者和有创意想法的青年，与其他高校合作开发线上线下课程包，设置"青年创业学院""创新工作区"等项目，满足有意成为或已成为初创者的区域学生和社会民众提供课程服务、技术指导和发展咨询等需求，凸显高校的第三大功能。

第六章

应用型高校创新创业教育生态系统的建设路径研究

创新创业教育生态系统的建设路径探索有助于指导应用型高校双创实践、优化资源配置、提升教育质量、推动产学研用深度融合、促进创新创业生态系统发展，以及推广经验与分享成果。这不仅对于应用型高校内部的发展具有重要影响，也对整个社会创新创业生态系统的繁荣与可持续发展具有重要意义。

第一节 以区域政府、高校、行业企业互动合作为中心的宏观生态系统建设路径研究

宏观生态系统建设的路径需要各方共同努力和紧密合作。政府应扮演引导者的角色，制定政策和提供资金支持，搭建沟通和协调的平台，为创新创业生态系统的形成和发展提供保障。高校作为知识和人才的培养机构，应加强创新创业教育，为创业者提供必要的支持和培训，同时积极参与产学研合作和创新创业项目的推进。产业/行业作为创新创业的主体和实践者，应积极参与宏观生态系统建设，共享资源、分享经验，推动创新和创业的发展。

一、政、产、学、研构建发展共同体常态化合作机制

政府提出加快国家双创示范基地建设，建设一批科技孵化器、众创空间、创新技术联盟及产业创新服务综合体，制定双创平台扶持管理政策，引导众创空间和孵化器向专业化、国际化发展，加快构建全链条科技服务体系，打造区域科技大孵化器，梯次布局"重大平台＋特色小镇＋孵化器＋众创空间"金字塔平台矩阵。支持校企合作、市校合作、区校合作，发展与创新生态、产业生态交互的创业新场景。发展共同体是指高校、科研机构、行业企业和地方政府之间建立紧密合作、互利共赢的关系，共同推动地方经济发展和社会进步。

（一）应用型高校发展共同体建设案例

1. 地方本科院校构建校、政、企协同生态圈，打造双创示范新引擎——A 院校

（1）推动校、地协同共建。人才是地方经济社会可持续发展的"金钥匙"，地方政府与高校合作建立人才输送机制，使高校培养的人才更加顺畅、便利地输送。通过校地协同，地方可以集聚大量人才，减少人才引进的中间环节，节省人才引进成本。A 院校依托区域研究院与市县地方政府等战略合作，充分利用在各省、市、县（市、区）共建的政、产、学、研合作平台，通过校、地协同推进创新创业实践基地建设，在服务地方经济社会发展中有效提升学生创新创业能力。

（2）推进校、产协同共建。A 院校文化产业特色明显，学校主要学科契合万亿级文化产业发展需求，是区域文化建设的重要支撑力量。学校与广电集团共建"区域广播电视研究院""广播电视技术研究所"，与 985 高校合作共建"中国古代书画研究分中心""长三角智能传播研究院"等科研与创作机构（平台）。学校建有高水平创新团队"传播与文化产业创新团队"、省重点科技创新团队"网络媒体技术科技创新团队"和省高校高水平创新团队"文化浙江建设创新团队"等 3 个省部级创新团队。围绕文化产业、影视行业、新数字经济发展需求，以实践为依托，优化创新创业

人才培养。

（3）推进校企协同共建。校企合作是理论与实践的最佳结合，通过把以课堂传授知识为主的学校教育与直接获取生产实践知识、应用能力为主的生产、科研实践有机结合的教育模式，利用学校和企业两种截然不同的教育环境和教育资源来培养适合不同行业需要的创新创业人才。学校与广电单位建立紧密合作，与字节跳动、爱奇艺、苏宁体育等大型集团公司就人才培育进行紧密合作，与 360 余家企业建立了校企合作大学生实践基地，有效推动了学生创新创业实践活动。在双创示范基地建设期间，聚焦文化产业、智能制造（新工科）领域，新建大型企业人才培育、产学研等战略合作基地 50 家以上。

（4）打造校、政、企合作工程，建设文创产业高地。深化校地、校产、校企合作，建立适应创新创业教育改革需要的协同育人新机制。主动集成社会资源，特别是大中型企业，投入创新创业人才培养，共同制定培养目标、设计课程体系、开发优质教材、组织教学团队、共建实践平台。支持探索跨院系、跨学科、跨专业交叉培养创新创业人才的新机制，促进人才培养由学科专业单一型向多学科融合型转变，成为省双创示范基地。学校深化与地方政府的合作，共建文化产业研究院。聚焦数字经济发展，与阿里巴巴集团等共建新数字经济网络人才培训基地，培育数字经济网络人才；与字节跳动集团合作成立短视频学院，打造短视频基地；与广电集团就综艺节目培育合作开展综艺制片人双创特色班。汇聚社会经济发展新领域、新方向，培育行业特色双创人才，打造文创产业高地。

2. 点线面结合，构建双创生态系统资源要素的集聚阵地——B 院校

（1）点线面结合建设思路。一是通过政策落实与探索并举，全面将国家、省市已出台的政策进一步具体化和可操作化，在双创人才培养和流动机制、科技成果转化、大学生创业支持体系、双创支撑服务体系等方面，重点突破制约大学生与科研人员投身双创的政策障碍与制度"瓶颈"，为双创主体"建跑道"，构建双创优良环境，为示范基地建设提供单点问题的解决经验，形成单点示范；二是通过"双创服务能力提升""双创体制机制全面深化""科技研发与成果转化能力提升"三大工作主线协同推进，将示范基地建设力求在政策体系、培育体系、实训体系、支撑体系、服务体系等整体布局，通过供需对接和政策引导，纵向打通从源头创新成果有效供给到实现新型转化孵化的路径，横向实现校校、校企、校地、校政的协同互动，在培育链、创新链、政策链、资金链、产业链等多链衔接方面形成特色；三是作为应用型人才培养的主战场，紧密契合区域经济结构和产业特色，深化内涵建设，增强"双创型"应用型人才的有效供给，助推区域经济社会发展。坚持走"产学研创"共同发展的道路，促进科技成果转化，与企业合作成立应用型人才培养联盟，为企业生产技术升级提供支持和服务。全面推动基地的建设、运行、创新与实践，以可推广为导向，总结典型经验、凝练特色做法、形成双创模式，建设具有地方性特色的高校双创示范基地。

（2）通过产教融合平台和双创支撑服务平台建设，构建双创生态系统资源要素的集聚阵地。紧扣地方经济社会发展，探索建立科研资源合作共享的有效机制，争取各类科研平台向学校集聚。在建设已有协同创新研究中心基础上，根据区域科技创新服务行动计划要求，明确学校具体实施方案，联合大院名校，积极筹建省级"材料化学与技术协同创新中心"及省级"空气动力装备技术重点实验室"等产教融合平台。建设科技成果转化和项目孵化平台，构建"四位一体"（物理空间、管理服务、投融资服务、商业转化服务）的全方位创新创业孵化支持体系，为科创团队和企业提供链条式、全方位的孵化服务。建设公共创业服务平台、校企合作型科技成果转化服务中心、国家级众创空间、校创新创业理论研究平台等。开展应用型本科院校双创工作的探索、研究与实践工作，从不同学科、不同视角研究创新创业教育的模式和方法，探索创新创业活动的本质特点及规律；建立适合校情的双创工作理念和工作模式。

建立校外创业资源联动平台。一是通过整合学校内部知识创新和技术创新资源，主动对接区域国家级双创示范基地、科技园、创业园和科技大市场等校外机构，拓展学校与地方政府、行业企业、社会组织、公益团体等合作渠道，加大人力、物力、财力等资源的投入与整合，完善校地、校企、校际的协同育人、协同创新机制，丰富创新创业工作的资源体系与构架，健全双创支持服务链条；二是围绕推进教育资源数字化、教育手段信息化、管理服务智能化，运用现代教育技术，建立线下线上创新创业教育

实践平台，提升数字教育资源共享服务功能，延伸创新创业教育时间和
空间。

（二）应用型高校发展共同体建设实施策略

1. 构建多方共赢的利益驱动机制

应用型高校创新创业教育生态系统的利益驱动机制是指通过激励各个
相关利益方参与、支持和推动创新创业教育，从而形成一个良性循环、互
惠互利的体系。这样的机制可以促进学校、教师、企业、政府等多方面的
合作，推动创新创业教育的质量和效果的提升。高校、科研机构和地方政
府应该共同明确创新创业教育生态系统的发展愿景与长期目标。这将有助
于建立合作的共识，并确保各方行动朝着相同的方向前进。设立由高校、
科研机构和地方政府代表组成的联席会议或委员会，定期召开会议，讨论
和协调各方的合作事宜。该机构可以负责制订合作计划、资源分配和解决
合作中的问题。在地方政府的支持下，共同建设产学研合作基地，为高
校、科研机构和企业提供交流合作的平台，成为学术成果转化和技术创新
的重要载体。鼓励高校和科研机构的优秀人才在地方企业或创业园区工
作，推动人才的流动和交叉合作，促进产学研融合。联合举办创新创业竞
赛、论坛、培训等活动，吸引更多的创新创业人才参与，并为他们提供更
好的成长环境和机会。

企业获得了应用型人才并有一定的人力储备，得到了技术支持和援
助，赢得了社会声誉。高校实现了人才培养模式的转变，校企深度合作使
学生具有更强的实践能力，也便于师生将学术成果进行转化，增强社会服
务功能，向产、学、研高层次迈进。另外，实践平台的获得、创业项目资
金的筹集、创业课程的参与、雇员的资格认证和培训等都能从与企业的合
作中获益。学生创业者方面，政府为他们营造了良好的创业环境，制定了
利于创业的政策；学校为他们创设了良好的创业氛围和平台，传授创业知
识和技能，帮助他们通过参加各类创业活动获得资助；企业的创业导师为
他们提供全真模拟，并为新创立的企业提供技术指导。这些都是在互惠互
利的利益驱动机制下形成的。基于创业通识教育或创业学院开设的集中式
精英教育，建立学生企业孵化器，鼓励学生借助项目孵化基地将科技创新

项目孵化，成熟后移植社会，创办实体企业，这一进程也依赖政府和产业界的合作与支持。

政府可以出台相关政策，鼓励和支持应用型高校的创新创业教育。这些政策可以包括税收优惠、创新创业项目评审认定、创新创业导师津贴等，从而形成一个良好的创新创业氛围。学校可以聘请成功创业者或专业导师，为学生提供指导和帮助。导师可以分享自己的经验和资源，学生也可以得到实际指导和支持，形成双向互惠的关系。学校可以建立科技成果转化机制，将学生和教师的科研成果、创业项目转化为实际产业项目，促进科技成果的转化和商业化，增加学校的经济收益。政府可以促进高校与国外大学、创新中心和企业进行合作，开展联合研究项目和创新创业交流活动。这有助于吸引国际化创新创业资源和经验，推动创新创业的国际化发展。

2. 健全校、企、政资源共享机制

学校、企业和政府之间建立合作关系，共享各自的资源，共同推动创新创业教育的发展。这种机制有助于实现资源互补，促进校企合作、产学研结合，提高教育教学质量和科技成果转化效率。

一是知识资源共享。学校拥有丰富的学科专业知识和教学资源，可以将这些资源分享给企业和政府，帮助解决实际问题。在设施资源方面应为学生创业者提供多方面的帮助，如临时的办公场所、会议室、举行视频会议的场所、企业所需的生产车间等。同时，企业的行业经验和技术进展也可以反哺学校的教学和科研，使教育内容更贴近市场需求。二是创新创业项目合作。学校与企业合作开展创新创业项目，共同研发新技术、新产品或解决行业难题。学生参与其中，获得实践锻炼，企业则得到新思路和创新动力。企业、行业协会、研究机构等组成产业联盟，旨在促进知识共享、技术转移和合作创新。三是资金支持共建。政府可以提供创新创业教育相关的资金支持，支持学校和企业共同建设实验室、孵化器等平台，也可以为企业和行业组织提供支持与奖励，鼓励他们参与产业联盟活动。四是创业导师和顾问支持。企业可以派遣优秀的创业导师和顾问去学校，为学生提供指导和支持，提高创新创业项目的成功率。五是区域资源支持方面，地区应为创业者争取本地区多样化的资源，包括教育、金融、法律、商业援助等；提供有助于创业的各类辅导资源和大量有价值的网络资源。高校可结合自身实际，建立各种网络平台，如创业校友展示平台、创业教育服务平台（如创业教育资源、创业课程教学、创业项目对接和服务）、创业实训平台（提供网上虚拟创业实践）、信息发布平台、技术转移和专利创新平台等。

3. 基于社会网络完善双创教育生态系统运行机制

基于社会网络，完善应用型高校创新创业教育生态系统的运行机制，可以有效地促进学校、学生、企业和政府之间的互动与合作，激发创新创业活力，提高教育质量和产业转化效率。为了更好地开展创业教育，基于互动合作模式的组织机构必不可少，创业中心、创业学院或创业培训服务中心等机构应运而生，负责创业项目和活动的组织开展、各部门间的协调沟通，以及为区域民众提供就业、创业服务。同时，要借鉴创业型大学或创业型社区学院的组织架构，建立强有力的领导核心，可以设立咨询委员会、教育事务委员会。学校部门层级设置和分工要明晰，保证各机构间工作连接通畅，不断健全管理制度。学院可以成立创新创业教育研究中心，重点关注创业基础理论研究、创业实践层面研究、校园创业文化建设研究等。创业知识教学、创业活动、学生社团（创业俱乐部）、学生企业孵化器等应相辅相成，尤其要体现创业实践应有的体验式、互动式特点，搭建学校和职场之间的"桥梁"。

多方筹集资金，建立最广泛的创业者联盟，将有创业意向的学生、正在创业的学生和创业较为成功的毕业生、校友组成联盟，借助社会网络，邀请在职或退休企业管理人员、风险投资机构和基金会人员，以及政府经济管理部门、区域借贷机构、科技园或创业园、工商税务部门人员的广泛参与和加盟，建立创业经验交流、创业资金筹措、创业资源共享、创业政策宣传的平台，惠及区域城市和农村地区民众，尤其是学生创业者，可以提供行业洞察和资源，帮助学生更好地规划创业路径，降低他们的创业风险，提高他们创办的企业的存活率。

建立创新创业社群，聚集有创业兴趣和创新能力的学生与教师。社群可以通过线上社交平台、线下活动等形式展开交流，分享资源和经验，形成良性互动和共同成长。建立创新创业项目对接平台，将学生的创新创业项目与企业和投资者进行连接。通过社会网络拓展合作伙伴，促进项目资源整合和技术转移。利用社会网络，学校可以与其他高校、创业孵化器等建立合作关系，共享创业资源和优势。这样可以形成资源整合效应，提高创新创业教育的影响力和竞争力。社会网络可以帮助学校将科技成果与企业进行对接，推动科研成果转化为实际产品和服务。这样可以增加学校的科研产值，同时为企业带来创新动力。

如图 6-1 所示，在资源配置理论的指导下，高校迫切需要建立与外部机构的伙伴合作关系，搭建生态共同体。知识流动机制方面，将高校创业园与区域科技产业园高度耦合，通过众创空间、孵化器、加速器平台，引入外部资源，带动高校研发应用型产品，开发学生应用型创业能力，挖掘机会型创业，增强学生创新意识、创业知识和能力。

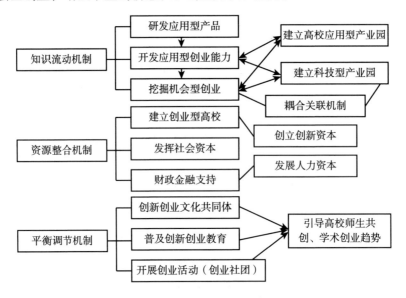

图 6-1　创新创业教育生态系统运行机制

资源整合机制方面，建立创业型高校，发挥社会资本的优势，包括企业的技术支持、参与创业项目、负责创业实习、资助创业活动、技术成果转化等；与校友联系，募集学院扩大创业教育规模所需的经费，与其他高教机构合作，交流创业项目的开设、创业课程的开发，合作组织创业活动，尤其是参与挑战杯创业计划大赛、创意大赛、"互联网＋创新创业"大赛等，发挥社会资本的作用，如与企业合作建立青年创业基金、学生创业实践基金等，资助有价值的各类外延拓展活动；广泛联系银行等信贷机构、风险投资公司，为学生企业的发展提供合理性的评价和资金支持，发展人力资本，创立创新资本。

平衡调节机制方面，较多高校受评价标准影响存在重创业项目和创业竞赛、轻创业教学和研究的现象。高校顶层设计应秉持提高人才培养质量为核心，推进素质教育主题，普及创新创业教育，建立创新创业文化共同体，通过在大学建立创业教育教授席位制度，进一步保障创业教育的理论和实践研究以及普适化教学的质量；改进并完善学生创业指导服务机构，强化创新创业实践，开展创新创业活动，帮助学生参与多类型创业竞赛的前提下，能更好地促使项目落地孵化发展，引导高校师生共创、学术创业和技术创业。

4. 构建双创支撑服务体系，厚植创新创业文化

将学校各级科技创新平台、创新创业教育基地（平台）与双创示范基地等建设紧密衔接，构建新型孵化模式，落实自主创业各项优惠政策。加快科技成果转移转化队伍、平台和制度建设，引导和推动创业投资、创业孵化与学校科技成果转移相结合，完善知识产权运营、技术交流、通用技术合作研发等平台，探索高校科技体制机制改革，促进科技成果转化，形成以研究或应用出成果，以成果转化合理取酬的良好氛围。充分发挥创新创业教育基金功能，深化创新创业工作评先评优和师生创新创业资助奖励的内涵，在科技型企业中普遍开展股权激励和分红激励。多渠道推广大数据、云计算、"互联网＋"和文化创意等新理念，举办创业论坛、创新创业成果展、创业沙龙等活动，支持师生成立创新创业团队，营造浓厚的"创新成才、创业报国"环境氛围，厚植应用型高校的创新创业文化，形成良好的双创教育氛围。

二、政、校、企深度合作构建产研共同体

据统计，2012～2022年，我国全社会研发投入总量居世界第2位；研发投入强度从1.91%提升至2.54%，浙江超过3%，上海达到4.44%，投入持续增长。全社会基础研究总量从499亿元增长到2023亿元，占全社会

研发投入比重从 4.8% 提升至 6.57%，基础研究支持力度不断加大。2022年，全国研发人员总量超过 600 万人，发明专利有效量突破 400 万件，居世界首位，科技创新能力持续增强。据世界知识产权组织报告，2012 ~ 2022 年，我国全球创新指数排名从第 34 位升至第 11 位，连续 10 年稳步上升。2012 ~ 2022 年，我国高新技术企业从 4.9 万家增长至 40 万家；企业研发投入占全社会研发投入比重达到 77.6%，全国技术合同成交额从 0.64 万亿元增加到 4.8 万亿元，企业科技创新主体地位不断提升。时代呼唤高校建立产研共同体，高校与企业之间建立密切的合作关系，通过校企深度合作、创新创业大赛、创新创业合作基金和互相购买服务等方式，实现产、学、研三方的紧密融合和互相支持。

（一）基于区域产业发展，创建特色鲜明的科研创新载体

"全校服务全域"模式已深入人心，这是一种充分发挥高校学科专业优势、服务乡村振兴和共同富裕，整合全校科技、人才优势，服务县（市、区）全域的模式。充分发挥专业领域相关科技优势和社会服务能力，如地区农业类高校围绕生物育种、生物质资源化利用、智慧农林业、农林碳汇与生态环境修复、风景园林等十大重点领域，优先发展信息技术、高端装备、生物医药、新材料、节能环保、创意农业、大健康等新兴产业的支撑技术，打造省部级及以上科研创新平台，汇聚政府、企业、高校资源，共建高能级双创平台。围绕"碳达峰、碳中和"主题，聚焦"生产降碳、生态固碳、生活低碳"三大领域，构建全链条、全覆盖的产业体系，助力区域建设。

（二）全力打造孵化器和众创空间实体建设，助力科技创新

孵化器是发展高新技术产业的载体和培育企业的"摇篮"，其主要任务是在提供完善基础服务的前提下，推动高等学校产学研结合、技术转移和科技成果转化、高新技术企业孵化、战略性新兴产业培育、创新创业人才培养、服务区域经济提供支撑平台和服务的机构。高校建立的孵化器是以培育和引导科技型企业为宗旨，为科技成果转化、创新创业提供服务和支持，是培养创新人才及领军人物的一个集管理、咨询、政策支持、资源

共享于一体的创新创业基地。

应用型高校应充分利用地缘优势的开发区、科技园区和其他创新创业孵化器的有利条件，协同行业领域领军企业、创投机构以及社会组织等有生力量，进一步提升学校创业园、科技园以及相关学院、科研所的整体创新创业的能力和孵化水平，构建一批开放多元、便捷完善、新颖风尚的众创空间，总结和推广各类创客空间、创新工场、工作室和创吧等新的孵化模式，集政策信息咨询、职业规划、创客发展、资源共享、项目孵化、导师服务、资本对接等功能，努力打造成该行业全要素、开放式的新型创业服务平台。打造线上和线下、孵化和投资、创新与创业相结合的且"创文化"浓厚的一系列创新创业空间，充分保障创客空间的网络、社交、资源和运行的需要，建立创新创业信息共享，人才、技术、资本等创新要素聚集的良好的创新创业生态链条。

（三）打造教师科创成果转化工程，促进科、创、产融合

以科创体制机制改革为契机，按照"理顺关系，融合发展，权责一致，强化考核"的深化改革要求，推进科创机构与学科融合发展。按照学科归属将科创机构划归相应二级学院，明确研究方向，整合研创团队，实现平台建设团队化，促进学院、学科、科创机构的"三位一体"式的融合发展；以省级协同创新中心和地方研究院为载体，加大力度建设学校产业园，助力产教融合，推进学科专业建设。大力推进师生联合创业、毕业生联合创业等形式，积极发挥各类云平台功能，促进教学、科研、创新、创造、创业的有机融合。

（四）丰富和完善各层次双创平台

高校开展深度合作，统筹协调，多渠道、多形式地构建功能集约、资源优化、开放充分、内外融通、运行高效的校内外创新创业实践平台。加强学校与政府合作，充分利用政府的优惠政策促进创业教育和孵化。积极争取政府的创业园区建设补贴、创业孵化指导资助、创业项目扶持资金等；积极立项或投标政府的创新创业服务项目；充分利用地区共享的创业导师资源库、大学生创业联盟等资源。加强与行业企业的对接，为创业项

目提供个性化的孵化支持。大力拓宽创业融资渠道，搭建融资平台，吸引风险投资、公益性投资等各类资金，为优秀创业项目提供创业项目风险评估和资金支持。依托创新创业训练平台，提倡导师科研项目引领、学生自主参与的模式，建立和完善了师生创新创业激励机制。

（五）校企多渠道、多路径合作，实现互利共赢

高校和企业可以互相购买对方的服务，实现资源共享与优势互补。高校可以向企业提供科研、技术咨询和人才培训等服务，而企业则可以向高校购买科研成果、技术转移和人才输送等服务。通过互相购买服务，双方能够共同提升自身的创新能力和市场竞争力。高校、企业和政府等共同出资设立创新创业合作基金，帮助校企合作项目的开展。资金可以用于研发、孵化、市场推广等方面，从而提高项目的成功率和商业化转化的机会。高校与企业可以共同举办创新创业大赛，提供创意培训、项目指导和资金支持等，促进学生的创新能力和创业意识的培养，同时为企业发现优秀的创新创业项目提供机会。

综上所述，校企深度合作、创新创业大赛、创新创业合作基金和互相购买服务等方式是构建产研共同体的重要手段，同时，政府的支持和政策引导也是产研共同体构建的重要保障。

第二节　以高校组织建设和内部运行为中心的中观生态系统建设路径研究

应用型高校创新创业教育生态系统的中观结构是以学校为核心构成的内部治理结构，主要包括创新创业人才培养体系设计、平台建设、资源配置、制度和组织保障等各个方面的因子，通过因子间的相互作用，形成高校创新创业人才培养整合机制。

一、创建高校扁平化网络化组织的管理机制

建设高校的创业教育组织管理机制，实现组织平台的扁平化和网络化，

需要综合考虑多个方面，包括组织结构、沟通协作、资源整合和激励机制等。

（一）扁平化组织架构的重要性

科层制结构下，创新创业教育的管理者与实践者之间容易形成"对立＝顺应"的二元张力。扁平化减少行政管理层次，裁减冗余人员，尽可能去中间层，纵向管控权限分工上减少汇报和审批节点，各基层组织间相对独立。基于现代信息技术的发展，扁平化组织形式能快速适应市场变化需要。柔性化强调组织资源的充分利用，以创新能力为宗旨，在横向专业能力方面分工合作，共担风险，突破沟通与协作障碍，把组织意志转变为个人自觉行动①。传统型的组织结构往往是以知识分类为基础的学术单位和以服务教师、学生为主的行政后勤部门构成，而创业型学院随着创新创业活动的不断增加以及商业化运营的渗透，新的组织平台或单元开始出现，有致力于劳动力发展、企业培训的机构，有承担学校内部和区域创新创业教育的机构，也有推动小企业发展的机构。核心竞争力在于弥补原有传统组织机构无法承担的项目，整合内外部资源、营利和非营利组织，以战略联盟的方式开展职业教育、创新创业教育和学历提升教育，拓展资金来源渠道，促进学院有序扩张和发展。

"扁平化"的组织平台对创新创业教育理念进行重塑，克服了制度的控制，"去中心化"现象显现，对外界环境的反馈更加及时，组织与个人的关系不是集合式、直线式，而是平台式、激励式，以组织愿景引领具有创造性和创新性的个体，自我决策、自我推动、自我负责，成为真正的主体。平台组织既是扁平化的也是网状的，各利益相关者互动合作更加频繁，高度自治，并且愿意投入区域经济社会发展，密切联系行业、企业、市场，构建创新创业生态系统，具有开放型的治理、动态化的系统、激励型的机制、柔性化的管理等特点，共同推动双创教育发展。

（二）创建创新创业教育组织管理机制——C高校案例

1. 建立双创教育领导小组和工作小组

一是优化顶层设计，不断强化创新创业教育整体规划。成立由校长担

---

① 王志强．从"科层结构"走向"平台组织"：高校创新创业教育的组织变革［J］．中国高教研究，2022（4）：44－50．

任组长，分管校领导担任副组长，有关部门负责人为成员的创新创业教育工作领导小组。把创新创业教育纳入学校改革发展重要议事日程，定期研究部署创新创业教育工作，审定工作制度，统筹教育资源，决定重大事项。二是健全体制机制，不断完善组织领导和部门联动机制。建立由校党委、行政统筹全局，创业学院牵头负责，教务、学工、人事、科研、团委等相关职能部门及各二级学院齐抓共管，全体师生广泛参与的创新创业教育工作机制。明确创业学院的工作职责和工作边界以及各教学及相关职能部门的工作要求，将创新创业教育工作纳入相关教学单位的年度综合考核中。通过聘请学校理事会、校外专业负责人、校外创业导师，建立战略合作关系等机制吸引政府部门、行业企业参与学校创新创业工作。

2. 建设创业学院，开展创新创业改革试点

（1）成立创新创业学院。创新创业学院设立理事会，由学校领导、相关部门负责人、合作企业、风投机构和创业教育专家等组成。依托校内二级学院、就业创业指导中心及校外地方科技园、大学生创业园、众创空间等建设创业学院。

（2）制订创业学院人才培养培训方案。开展创新创业教育改革试点，对有条件的专业和对有创业意愿的学生在完成 2 年学习后，转入创业学院集中学习培养。创新创业实践和创新创业项目可替换毕业实习和毕业设计（论文）等。

（3）探索建立跨二级学院、跨专业交叉培养创新创业人才的新机制，鼓励开设创新创业类特色班，促进人才培养由学科专业单一型向多学科融合型转变。

创业学院的职责是统筹学校现有创新创业工作资源，开展大学生创新创业教育、大学生科技创新活动、大学生创新创业实践基地及创业孵化园等建设，推进创新创业项目培育推广等工作，培养具有良好的职业道德、敬业精神，实践能力和创新创业能力强的应用型人才。

3. 完善制度，建立创新创业教育激励机制

（1）制定学生创新创业学籍管理制度。学生开展创新实验、发表论文、参加学科技能竞赛获奖、获得专利和自主创业等情况经认定，可转换为创新创业课程学分、素质拓展学分或专业选修课、任选课学分。

（2）完善教师参与创新创业教育工作的激励机制。鼓励教师指导学生开展创新创业实践，继续实行学生导师制。开设创新创业类特色班，经学校认定，另行计入教学工作量。

（3）完善创新创业奖励制度。将创新创业教育绩效纳入部门工作目标考核，并加强对创新创业教育效果的评估。每年对在创新创业教育中表现突出的优秀指导教师予以奖励。

（4）推进教学开放。与政府有关部门及有关行业协会开展密切合作，准确把握创新创业教育的政策导向，形成学校与地方互动的开放性创新创业人才培养体系。

4. 设立基金，建立创新创业教育经费保障机制

（1）加大对创新创业教育的投入，将创新创业教育所需经费纳入学校年度预算，为创新创业教育稳步、持续开展提供保障。

（2）通过学校投入、校友捐赠、社会捐助等渠道，建立大学生创新创业教育基金，用于支持学生创新创业实践、扶持重点项目等。同时，总结交流创新创业教育经验，推广创新创业教育优秀成果。

二、构建学校富有行业特色的创新创业教育平台

创新创业教育的本质内涵决定了创新创业教育的实现必须有平台支撑，而创新创业教育的平台设计单独依靠高校无法完成，还需要借助政府和行业产业资源。通过平台支撑既能串联政府、学校、行业、产业的关系，又能"真枪实弹"锻炼、培养高校学生的企业家精神。

（一）搭建知识空间平台

知识空间平台的建设任务是将与创新创业教育活动有关的知识传播、知识发展与知识创造融为一体，将创新创业教育置于学生创新创业能力提升与产业发展相融合的大环境中，一方面提高学校内外部协同育人效率，另一方面为学校专业对应的行业企业孵化和培育提供资源。目前许多产业迎来了以互联网为核心，媒介融合发展的新时代，对创新创业教育的组织形式提出了更高的要求。一方面，学校自身开展创新创业活动需要鲜活的

素材和教学资源，切实增强吸引力和针对性；另一方面，需要将创新创业教育活动拓展到行业产业发展中，为产业发展提供源泉活力和不竭动力。这就需要搭建一个学术研究、人才培养与产业联系的平台，该平台应该包括创新创业教育机构、知识产权管理、创意和科技成果转化机构、引导产业界和校内学科共同研发的管理机构、依托学校设立的产业园和孵化器等，以此将校园创新创业教育与校外产业发展广泛联系起来。在 20 世纪30 年代，斯坦福大学致力于在科学和工程院系之间建立紧密联系，学院各系和当地科技型公司密切合作，在学院周围营造产业氛围；60 年代之后，由于半导体技术、电子、通信、计算机科学与技术等高新技术的革命性兴起，斯坦福培育了大量技术衍生型公司，在文理、工程、医学三个方面迅速崛起，一跃成为世界名校，学校师生也创办了享誉全球的惠普、谷歌、雅虎等著名企业。

（二）打造创客空间平台

应用型高校的学生并非都是创客，但其中确有一些学生试图把自己的创意转换为现实生产力。为鼓励这些行为，地方政府出资设立了大量的创客空间，许多应用型高校也响应号召成立了自己的众创空间和创客空间。如何开展有组织、有效率的创客活动，充分发挥这些场所的作用成为难点，只有物理空间难以吸引学生前来，各种主体在这些空间内组织的训练营或俱乐部活动更为重要，包括学校或学生（校友）自行组织、政府组织和行业企业组织三类活动，从数量和规模上看，往往依次递减。学校或学生（校友）自行组织的热情高，但资金少；各地政府期望大，但往往缺乏持续性资金投入；而行业企业目前还普遍缺乏组织和投入此类活动的积极性。政府打造创客空间的最大意义主要体现在对于理念和行动的引导，学校自身定位应从被动转向主动，通过打造对学生、相关产业富有吸引力的创客空间，来发挥对经济社会发展的引领作用。在途径方法上，可建立创客大街或创业大街，以虚拟或现实创客工作室开展创新创业实践，为师生搭建讨论设计、转让技术、作品展销、互动交流的平台。师生创客与相关产业需求在创客空间的涌动，必定使之成为创意的聚集区。

（三）打造孵化空间平台

应用型高校可与地区共建相关专业对应产业园，成为大学生创业基地孵化中心、科技企业孵化器、产业示范基地拓展区。此外，师生工作室、专业实验室等都可以承担孵化器任务；在校外，通过在企业建立实习基地的方式，来嫁接建设孵化器。仅仅拥有场地是远远不够的，孵化器发挥作用还涉及很多要素，需要建设相应的配套体系。一是建立"导师 +"体系。采取校内导师和校外企业家相结合的创业导师模式，为创业项目提供指导。二是设立创新创业基金。通过争取政府资金、社会资金和学校自筹等方式，为潜力项目提供"种子"资金，推动创业产品加快转化为商品。同时，也要考虑扩大融资渠道，吸引风投资金进入孵化器。三是健全商务服务体系。为孵化项目提供空间和管理、咨询、知识产权、项目评价、宣传等服务，推动学校与政府、产业建立多渠道的联系。四是建立市场化运行机制。引入竞争机制，实行优胜劣汰，提高孵化空间使用效益和自我发展能力。

（四）打造活动空间平台

双创活动主要指以学生为主导的活动和学校发布的科研项目。一是倡导以学生为主导的社团活动。学生社团是由兴趣相投的学生自愿组织的活动团体，它具有开放性、自主性、多样性的特点，同时社团跨越了班级、专业甚至学院的限制，各具知识背景的大学生在社团交往与活动中感受不同的思维方式和工作方法。在较为自由宽容的氛围中培养创新精神，学生在开展社团活动过程中，迈出校门接触社会，不断进行创新实践，提升创新创业能力。二是建立学生科研项目激励机制。学生科研活动有学科竞赛、专业大赛、国家级大学生创新创业训练计划项目、新苗人才计划项目和各类创新（创业）基金项目等，通过科研活动，强化了同学们的创新创业能力训练，增强大学生的创新创业能力。但与较受欢迎的以学生为主导的活动相比，学生科研项目受众面相对较小，应建立有效制度激发指导教师和学生的积极性。例如，建立学生学科竞赛和专业大赛"竞赛导师制"实施办法，激发教师的积极性，肯定和保障教师的指导工作；建立学生创新创业激励办法，使学生的参赛热情得到激发，让优秀项目脱颖而出，有潜力的项目得到涵养，让科研项目成为学生创新创业能力提升的实践载体。

三、更新大学生创新创业能力全程化培养体系

（一）革新双创人才培养体系，加强师资队伍建设

结合学校办学定位、服务面向和人才培养目标要求，完善人才培养质量标准和专业教学质量标准，建立创业就业为导向的人才培养类型结构调整新机制，以社会需求为导向、以创业就业为导向设置专业、制订培养方案、确定人才培养目标，完善"专业教育＋创新创业教育"人才培养模式，全面推行教学方法和考核方式改革。

1. 改革双创人才培养体系

许多应用型高校起初在人才培养方案中设置第二课堂创新创业模块，出台一系列创新创业教育实施方案；第二阶段强调在人才培养方案中构建"理论教学、实践教学和创新创业教育"共融共生的教育教学体系，制订了将双创教育理念、内容、方法融入人才培养全过程的实施方案，在"普通全日制本（专）科学生学籍管理办法"中对创业学生学分认定、转专业、弹性学制、休学创业等提供政策支持。近几年，众多应用型高校出台《"大学生创业行动计划"实施方案》《创业实践报告管理办法》等创新创业教育和管理类文件，将双创教育纳入人才培养方案，设置10余个专项学分，落实创业计划书充抵毕业设计、论文等认定机制，建立健全创业成果和学分转化教学管理制度。在人才培养方案中明确专创融合的内容和课程属性，要求每个专业都要开设专创融合课程。制定了创新创业课程群建设相关文件，明确双创教学目标与培养方向，进一步完善双创人才培养体系。

2. 建立和完善一支强大的创新创业教师队伍

队伍既包括师资专家队伍也包括管理保障队伍。创新创业教育师资团队涵盖创业课程教师、创业导师、创业教育咨询专家、企业家及行业精英。一方面，学校应大力培养和挖掘校内创新创业师资，鼓励专职教师特别是新进博士到企业挂职锻炼，支持教师开展创新创业活动和实践，提升

创业教师的教学能力,特别应注重"双师型"教师的培养和引进;另一方面,不断吸纳和引进企业优秀经营管理人才、企业家成为校外师资,指导学生开展创业实践,支持创业项目孵化,培养学生创业实务能力,逐步形成结构合理、专业均衡、实务导向的创业导师队伍,以期开展"一对一"或精准式师生互动培养,建立学校的各类专利、技术的转让和入股机制,鼓励教师持专利入股支持学生创业。

3. 规范人才队伍建设管理

为促进教师了解行业最新动态,在实践中应提升教育教学能力和专业实力,提倡教职工赴行业一线进行专业实践;改革教师教学工作业绩考核管理办法等系列教师创新创业激励政策,涵盖社会服务项目评审、教师分类管理、绩效工资激励、短期脱产与培养、成果考核奖励和教师创新创业等六个方面,将教师指导学生创新创业实践纳入到专业技术评聘和教学绩效考核中,有效激发专业教师参与双创教育的热情;聘任知名企业家为校外创业导师,聘任不同学科背景的教师为校内创业导师,配备热衷于创新创业指导的教师担任大学生创新导师。制定相关管理办法,规范创新创业导师的聘任、考核、管理制度,完善导师对大学生创业的指导体系。

4. 创新创业教育的师资保障体系

师资队伍是创新创业教育的重要基础和保障。首先,要提高全体教师对创新创业教育的认知,增强全体教师创新创业素养与教育理念。将创新创业理念和知识逐步渗透到学校所有课程之中,充实和完善教师创新创业教育的知识结构,并将其纳入到高校师资队伍建设整体规划中。其次,大力加强培训全体教师的进程,提高创新创业教育整体水平。有计划地组织教师们定期参加国际、国内专题学术研讨会并进行师资培训班学习,在此基础上建立创新创业知识体系与专业课程交叉的教师队伍。再次,建立创新创业的实践教师队伍,聘请成功创业者担任导师,以导师们在业内取得的成果和经历来充实教师们的特色教学内容。积极组建创新创业教育校友导师团,优化师资队伍结构,授课能取得较好的效果,为同学们提供了宝贵的业内资源。最后,建立创新创业课程的专职教师队伍,依托高校现有的创办专业,培养专业化的教师,主要从事创新创业通识课教育,并开展相关科学研究工作。

（二）建设运行管理机制和双创服务体系等保障机制

1. 建立健全双创服务体系

成立"创业基金"并制定管理办法，鼓励和支持大学生进行创业活动；设立"大学生创新基金"并制定管理暂行办法，资助国家级创新创业训练计划项目、校创项目等；引入校友发起成立的创投基金、公司捐赠的创业基金与区域共建产业园、孵化中心，并围绕众创空间的投入使用，健全学校服务学生创新创业的机制，制定产业园和创客空间管理办法、大学生创业注册管理办法等，使师生清晰注册流程和注意事项，助力他们创新创业。

2. 建设科创成果转化机制

积极构建高效的"放管服"一体化的科创管理机制，推动科创体制机制改革，完善科创项目及成果申报组织化运行模式，加强科创成果服务引导和转化平台搭建，出台科研人员离岗创业创新、科研平台管理、纵向和横向科研项目经费管理和科研成果奖励、横向科研项目管理、科研项目经费配套与激励、科技成果转化等管理办法，完善科创项目支持政策，推动科研双创项目转化落地。

3. 多层次、多角度改革评价激励机制

对应用型高校创新创业教育的评价应多层次、多角度开展。在重点关注经济效益的同时，还要关注高校与企业、行业、非营利机构、政府机构的合作质量。新创企业数量、专利数量等都能直接体现创业教育开展的效果。创业项目和课程的参与率也应成为重要的评价因素，包括参与的学生人数及其增长率；学生毕业后的就业质量和水平等都能显现创业教育开展的深度与广度。此外，也不应忽视在学生个人创业意识层面的评价。无论是政府还是院校都要健全评价激励机制，尤其是关注生态系统理念下合作伙伴关系的建立，将其作为评价指标，使高校明晰自身面临的困境和存在的不足。

4. 基于产业协同实施创新创业人才培养保障机制

应用型高校创新创业生态系统建立在社会创业大环境的基础上，故秉承社会创业教育的理念，追求经济效益和社会价值，营造良好的社会创业

氛围，缓解社会就业难问题，推动区域经济的发展，这是高校建立广泛合作机制的终极目标。倡导政府建立创新政策体系，在引领双创教育和激励学生创业方面不断更新策略，推出大规模、有组织的创业项目和活动，培养学生的创业技能。建立创业教育的行政扶持机制，通过出台相应的政策，培育和扶持创业型企业，促其成长。提倡吸收民间机构成为学校的合作伙伴，基金会、商会等将成为可能的资金和市场来源。建立相应的中介机构，提供主要的市场信息，以及公司注册、市场推广等服务，保障学生创建的企业能早日步入正轨，使创业教育卓有成效。如图 6 - 2 所示，需构建校政、校企稳定合作框架体系，健全大学生创新创业能力评价机制和构建基于技术的创新创业团队。构建基于产教融合协同机制，建设一系列服务平台，如产学合作工程技术创新创业平台、科技创新创业活动平台等，促进产业协同培养创新人才。

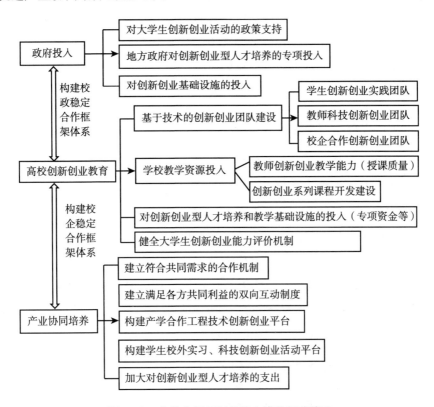

图 6 - 2　大学生创新创业能力培养保障策略

四、打造支持学生创新创业的良好校园生态环境

应用型高校相对于综合性院校而言，学科相对集中，专业氛围更加浓厚，因此，在创新创业教育生态系统的发展过程中，更需要重点聚焦，建设"双创浸润"校园文化，促进生态系统更加有效、更快发展。

（一）着重培养创新创业意识

创新创业教育是针对全体学生的教育，而不是针对少数有创业意向的同学。高校开展创新创业教育的主要目标有两点：一是培养学生的科学素养、创业精神和创新素质，二是针对有创业意向的同学培养其创办企业的能力，所以要强化创新创业教育课程内容改革，除了创业基础课程外，应当更多设置创新教育课程，将创新教育与学科专业教育相结合，锻炼学生的创新创业能力。对行业特色高校来说，需要结合行业人才需求，进行供给侧人才培养改革，不仅培养行业创业者，更多的是培养"岗位创业者"，即在就业工作岗位上进行创新创造的人才。

（二）推进系统要素强化融合

生态链的高效成功运转必须依靠高校、政府、企业、社会等多种因素齐心协力，共同推进。在高校创新创业教育工作中，首先需要学校创业学院等特定部门负责统筹实施，其他部门给予配合，在内部培育系统之外，需要国家政策、经费等保障实施，同行业机构和企业保持密切联系，以调整和完善人才培养方向，紧跟时代需求。在行业高校，其人才培养与科技水平、产业发展密切相关，更需要构建校地协作、校企合作的融合联动机制，促进高校与地方区域发展协动，使创新创业教育更契合地区产业发展需要，共同调动和激活创新资源和创新要素，有效提升创新创业教育质量。

（三）建设"双创浸润"校园文化

运用多种信息化手段，通过学校官网、微信微博、校园广播、寝室宣传栏等各种媒体途径，宣传创新创业精神，宣传创新创业新政策、新举

措、新成效，在校园内营造浓厚的"双创"文化氛围；通过各类创业事迹报告会、创业人物评选、创客论坛、创业沙龙等创业精品活动，积极引导学生树立正确的创业观、就业观、成才观；宣传成功案例，树立"双创"典型，鼓励支持科技创新和发明，营造科技文化氛围；打造"与企业家面对面"活动，让创业学生与成功企业家交流创业心得，开展失败教育，努力培育"鼓励创新、勇于创业、褒奖成功、宽容失败"的校园创新创业文化。坚持校企深度合作，协同育人，引入优秀企业文化，营造服务育人文化氛围。长期举办创业沙龙、大学生科技节、校友讲座、校园之星评比等活动，分享创新创业成功经历，树立大学生成功创新创业典型，营造浓厚的创新创业文化氛围。成立大学生创业联盟由校级学生组织负责全校性的校园文化活动的组织与开展。建设校级、院级各类创新创业俱乐部、创新工作室和专业社团，承办或参与校内外各类创新创业活动来展示学校创新创业教育成果，提高知名度和影响力。通过学校官网、创业学院官网和大学生创业联盟微信公众号发布校内外创新创业教育信息，打造区域性有影响力和知名度的宣传平台。

我国高校应根据国情、校情，构建各有特色的社会创业教育体系。社会创业教育体系应包含三个层面：一是以组织模式、课程建设与师资力量为载体，构建"全面覆盖、学科交融、实践导向"的高校社会创业教育内部体系；二是提供稳定的政策保障、多元的基金支持、鼓励创业的文化氛围，为社会创业教育提供强有力的社会支撑；三是形成高校、政府、社会组织等多方协同机制。通过内部运转体系与外部支撑体系紧密合作，促进高校社会创业教育发展①。

第三节 以课堂教学和实践活动为中心的微观生态系统建设路径研究

应用型高校创新创业教育生态系统的微观结构是指在创新创业人才培

---

① 徐小洲，倪好．社会创业教育：哈佛大学的经验与启示［J］．教育研究，2016（1）：143－149．

养体系下的教学理念、课程设置、教学方法、师资队伍等构成的，通过互动发展进行作用的生态模式。高校创新创业教育的微观结构主要是围绕教学而开展，从教育理念来说，创新创业教育的本质是素质教育，目的是促进大学生的创新意识、创新能力和创业实践，核心在于激发学习者的主体创造性[①]。因此，在微观结构中，创新创业教育的核心是进行课堂教学方式变革，改革传统的教学形式，通过创新创业的特点建构新的课程模式，强化实践属性与学生主体意识。

一、深度推进创新创业型人才培养模式改革

（一）加强大学生创新创业知识和能力的系统化培养

大学生创业成功的必备条件就是要有良好的创业能力和专业素养。据统计，我国大学生创业成立的公司 5 年内存活的只有不到 30%，其中能够实现盈利的不到 17%。究其原因，市场同行竞争、创业环境、前期承担融资能力不足等都会影响创业的成功与否。教育评估院的大数据显示，创业的主要风险因素为缺乏企业管理经验（27%），其后是缺少资金（25%）、市场推广困难（25%）。众多大学生空有创业激情，缺乏必要的创业知识能力和创业素养也是不争的事实。许多高校单独开设或在专业教学中融入了一些大学生创新创业课程内容，然而开设的效果和专创融合的力度有待提升，创新创业课程对学生自主创业的促进作用并不显著，加强创新创业的系统化教育刻不容缓。高校的广谱式创新创业教育开展以创业理论课程体系为主，一些研究表明，创新创业实践和活动对大学生创新创业能力的培养影响效应显著高于创新创业课程及相关支持，所以在资源配置、合理规划、系统培育方面要有的放矢。

（二）改革人才培养模式，推动专创融合

表 6-1 展现了同为双创示范基地的应用型本科院校与高职院校在人才

---

①　田贤鹏. 教育生态理论视域下创新创业教育共同体构建［J］. 教育发展研究，2016（7）：66-72.

培养体系方面的差异，基于访谈从培养目标，基础、提升和精英三阶段人才培养工程等方面阐述异同之处，体现各自特色与做法。

表 6 - 1　　　　　双创示范基地与高校人才培养体系比较分析

题项	应用型本科院校（B 院校）	高职院校（D 院校）
培养目标	培养"双创型"应用型人才（高端技术技能人才）	培养"双创型"高素质技术技能人才
实施"双创型"人才培养基础工程	（1）修订人才培养方案，构建本科专业人才培养路线图，切实将创新精神、创业意识和创新创业能力作为评价人才培养质量的重要指标，全方位贯穿、深层次融入人才培养全过程，提升人才培养和经济社会发展的吻合度和支撑度。 （2）基础教育层是在全员普及《大学生创新创业基础》《工程训练》《职业生涯规划》等公共基础课的基础上，加大创新创业基础课程群建设，开发采用校本级教材的《设计思维》《创新方法论》《商业模式设计》等公共选修课程，推进每个专业开设一门与创新创业深度融合的专业课程	（1）全面提升学生创新创业素质。围绕创新创业精神、意识、知识、能力、品质 5 个核心要素，大力推进人才培养方案改革；建设大学生素质拓展基地，开设素质拓展创新课程，加强团队建设、执行力、团队沟通、创新思维等素质的培养，增强创新能力。 （2）构建双创结构化课程体系。面向全校一年级新生，开设 3 门必修"创新创业"类课程，同时开设 4 门双创选修课程，培养学生的创新创业基本知识、技能和素养。 （3）全面深化"探究式—小班化"教学改革。实施"学业（课程）考核全程化、评价标准多元化、考核方式多样化、考核结果动态化"的"四位一体"学生学业评价体系，倡导"非标准答案"考试改革，鼓励使用等级制成绩评定
实施"双创型"人才培养能力提升工程	（1）能力教育层以形成创业学院、学工和教务协同开展的工作机制为主线，进一步优化现有的校内融合、校企融合和校地融合的二、三课堂实践教学内容，为兴趣学生提供跨专业、综合性的学习载体。 （2）将创新创业教育融入专业教育、实践教育、生涯教育，打造由"专业认知与专业基础实训、专业技能与创新思维训练、专业综合与创新创业实践"构成，教育、训练、实践相互融通的三层次双创教学体系和实践体系。 （3）支持教师开展与专业课程相适宜的基于问题、项目、案例的教学方法和考核方式的探索与实践，注重教学实习、毕业实习、毕业论文（设计）的双创导向，培养与行业发展需求接轨直通的双创人才	（1）按照学生创新创业素养水平层次，构建"双创基础教育—专创融合、能力提升—精英培养"三阶螺旋上升和逐层递进的结构化课程体系。"专创融合、能力提升"课程面向具有一定双创基础的高年级学生，各个专业根据专业特点，开设专创融合课程，促进专业知识与创新创业知识的融合，让有志于创新创业的学生得到更深度的学习与锻炼。 （2）全面开展学生创新创业素质评价。构建学生创新创业素质评价指标体系，学生创新素质作为评奖评优的重要参考项目。 （3）依托大学生科技创新协会等创新创业类社团、创新创业赛事和专业技能竞赛，将创新创业赛事参与情况纳入素质教育实践计划，纳入"第二课堂成绩单"

题项	应用型本科院校（B院校）	高职院校（D院校）
实施"双创型"人才培养精英工程	（1）继续深化实施卓越人才培养计划，推进工程教育认证工作。学校明确新专业设置标准及条件要求，并及时调整现有学科专业设置，修改或完善人才培养方向、目标。基于OBE教育理念，工科专业全面修订卓越人才培养方案，并借鉴"新工科"和"工程教育专业认证"要求修订教学大纲。实施"双专业负责人""双导师"制，推进学分制收费管理，制定专业辅修制度，开展校内跨学科专业合作教育探索，开设辅修专业，丰富"卓越计划"内涵。 （2）鼓励支持大学生参与创新创业活动，进一步完善从创业园区、导师、资金等多方面的双创政策支持体系，进一步放宽弹性学制年限，允许学生保留学籍休学创业。在创业训练营、创业园项目孵化和师生共创等项目的基础上开设"3+1"创业精英班，面向有创业能力和需求的学生开展创业精英教育	（1）选拔有潜质、有特色的优秀学生实施个性化培养，开办"精英人才学校"，促进他们的个性发展。 （2）"精英培养"面向创业的学生，拓展双创学习的维度和广度，通过不同类型、不同专业、不同项目的交叉学习，提升双创综合素养。 （3）搭建嵌入双创文化的学习交流空间，利用学校"双创"基地，吸引校内有意愿独立开展创新创业的团队和引进校外意向合作团队建立"双创示范园"，指导教师和学生共同进驻，采用公司化经营管理模式，以真实项目为载体，以项目绩效为考核目标，让学生获得高质量的学习体验，积极开展互动交流和双创主题系列活动，拓宽创新创业学生视野。 （4）组织学生进行双创项目课题研究、鼓励师生参加国内外双创大赛、学术会议和交流活动，组织学员前往国际顶级创业企业、高校创业空间、创投机构或孵化器进行见习或实践锻炼

由上可知，改革人才培养模式，推动双创与专业教育深度融合是培养创新创业人才的关键。一要修订人才培养方案，构建本科专业人才培养路线图，切实将创新精神、创业意识和创新创业能力作为评价人才培养质量的重要指标，全方位贯穿、深层次融入人才培养全过程，提升人才培养和经济社会发展的吻合度和支撑度。二要将创新创业教育融入专业教育、实践教育、生涯教育，打造由"专业认知与专业基础实训、专业技能与创新思维训练、专业综合与创新创业实践"构成，教育、训练、实践相互融通的三层次双创教学体系和实践体系。三要支持教师开展与专业课程相适宜的基于问题、基于项目、基于案例的教学方法和考核方式的探索与实践，注重运用探究式、启发式、讨论式、混合式等多元化的教学方式，培养学生的开拓创新意识以及发现、分析、解决复杂问题的综合能力和高级思

维。注重教学实习、毕业实习、毕业论文（设计）的双创导向，培养与行业发展需求接轨直通的双创人才。四要对创新创业训练、"互联网＋"竞赛、创业项目孵化进行统筹谋划和一体化设计，将学术创新、成果转化和创业孵化无缝连接，面向企业和学校征集项目，全校选拔项目负责人和创业团队，组织项目团队双选会，配备项目导师，对创业团队实施带项目培养、模块化教学、团队式实训，通过"互联网＋"等创新创业竞赛对项目进行打磨和优化，对成熟创业项目，导入资源促进项目孵化落地，形成"课训赛孵"层层递进、四阶联动项目制教育模式。

二、构建学校内部创业教育、创业活动和学生社团三螺旋互动模式

学校创业活动（内部活动和外延拓展项目）、学生社团（创业协会、俱乐部等）成为创业教育的有益补充。通过选修课形式、成功人士讲座、研讨会等将创业课程大面积铺开还不能满足全校学生需求，较系统的创业课程模块或证书项目将是发展趋势。另外，创业考察、创业实习、创业夏令营等活动增加了学生的直观体验机会，能与企业零距离接触，与创业者或企业家有面对面交谈的机会。学生社团组织激发了众多学子的创业热情，提供了一定形式的创业体验机会，促进了学生间的交流与团队合作，将企业家精神在整个学校中弘扬。

（一）建立全方位创新创业实践教学体系

根据学生特点和进阶式创新创业实践体系建设思路，应用型学校可构建基础实训（包含创新创业俱乐部活动、工程训练、创客基础训练等）、专项实训（包含创业训练营、学科竞赛、各类创业大赛以及各类大学生创新创业训练计划等）、综合实训（包括创业项目孵化、创业综合实训等）三位一体的创新创业实践教学体系，满足不同学生各阶段的实践需求，其实践教学体系如表6-2所示。

表6－2　　　省双创示范基地（不同类型高校）创新创业实践教育案例比较

	应用型本科院校（A院校）	高职院校（D院校）
顶层设计	阶梯环流的实践教育体系（涵盖团学活动、学生科研竞赛和项目、工作室、内嵌创业、专业实践和创业孵化模式等）	"3＋4＋4"创新创业实践教育模式（搭建实训、科研、创新创业三大平台，融合双创与专业、双创与就业、双创与文化、双创与技能，实施国家、省、市、校四级大赛机制）
社团模式	创建特色的社团文化，打造属于自己的活动品牌；积极地迈出校门接触社会，公关外联，争取资源，寻求合作等。在活动中不断促进创新创业精神的培养、创新创业知识的积累和创新创业能力的提升	打造特色精品社团，加强对科技创新类社团、专业化社团的重点扶持，完善社团指导老师的评价和激励机制，积极引导参加省市各类科技创新竞赛，定期开展创新创业讲座、模拟竞赛、专业技能大赛等各类创新创业社团活动，加强社团的"项目化申报、专业化实践、制度化管理"机制
品牌实践项目	工作室依托专业教师或是专业能力强的学生，面向创新创业的实际需要，通过承接社会项目，是专业教育和创业教育相融合的基本组织。工作室在承接社会项目时，真题实做，实现产、学、研一体的师生合作教学体系，打破专业课程中学科专业知识的原有体系框架，通过以产品或策划方案为主线，实现跨学科与社会的知识重构	以科技文化节、社团文化节、商品展销会、智能科技展等校园品牌活动为载体，通过模拟经营、电商实训、科技展览等方式，每年在校内搭建学生模拟营销摊位不少于100个，学生参与率不低于学生人数的60％；与美的、海尔、西门子等著名品牌交流合作，提供在线促销、导购、咨询、推广等支持服务不少于1000人次，引导学生在实践中提升专业技能，丰富经营知识，培养创新创业理念
科研竞赛项目体系	一是积极搭建学生科研项目网络平台，给学生提供全方位的科研信息和资源，让他们能够便捷地获取所需资源；二要加强教师的指导，学生思维活跃、创意点子好，但其执行的过程需要教师的指导和鼓励，使可行的创意更顺利落地，使暂时项目还不成熟的学生能持之以恒；三要结合实际建立工作机制、教师的指导机制和学生奖励机制，同时建立满足学生需求的组织活动平台，发挥朋辈教育的效果；四是注重竞赛项目间的成果转化，如社会实践和科研项目研究的优秀成果可参加相关的学科竞赛	一是学校依托校内大学生创业园、二级学院创新工作室和校外创新创业实践基地，建设"政校协企"合作、不断提升规模和内涵，为师生创新创业活动提供优质的实践平台；二是遴选不同学科背景的专任教师做强创业教育教学团队，同时引进高知识群体充实师资队伍，进一步优化校内和校外两支创新创业导师库，通过激励和考核机制，动态调整成员名单，组织评审校级优秀创新创业导师活动，设立创新创业专项教改项目；三是面向全校学生开展创客教育、创新创业竞赛，提高学生的创新能力和创造力，同时，创业学院汇集有创新创业想法的师生，开展各类双创活动，如项目路演、创业沙龙、创业论坛、工作坊、训练营等

续表

	应用型本科院校（A 院校）	高职院校（D 院校）
双创实践平台	一是以本校学生需求开展创业活动的校园内嵌式创业平台，尝试的成本较低、操作简单，而且可以兼顾学习；二是产业园搭建了工商注册、政策申报、信息速递、代管代办、交流互动及对外窗口展示等多个创业服务体系，为学校创业者提供全方位一站式创业服务的专业平台；三是学校要通过对创业孵化过程、创业者能力特征、创业扶持要求和创业教育工作进行合理的分析与匹配，找到不同孵化阶段创业教育和扶持的主要任务与重点，进而有针对性地对学生展开相应的创业教育和帮扶工作	一是实施大学生科技创新计划，搭建好"三创"服务平台。从资金扶持、培训指导、氛围营造等方面多措并举，大力推进大学生"三创"项目的选拔、扶持、培育，积极发动建立健全学校创新创业"导师团""项目库"和"资源池"，分层分类开展创新创意培训，提升学生科技创新能力。二是依托校内协同中心、智能家电研发中心等科研机构，对教师带领学生取得的科研成果、学生自主研发的专利，进行认定和奖励，激发学生创新创业热情。三是与校外优质企业共建创新创业导师工作室、"互联网＋"的创新创业人才协同培养云平台、精准岗位能力培养的创新创业实操平台，扩建大学生创业孵化基地、双创实践基地。四是升级大学生"众创空间"，包括工作空间、网络空间、社交空间和资源共享空间
特色总结	一是打造立体式实践平台建设工程，满足孵化需求，构建校内外"立体化协同式"创新创业孵化平台，加强与校外创业教育实践基地合作，促进项目推优孵化；二是打造升级版的学院特色创客空间，持续为学生创业实践提供更加多元的空间选择，提升学生创业实践比例，校内实现二级众创空间全覆盖；三是打造教师科创成果转化工程，促进学院、学科、科创机构的"三位一体"式的融合发展	一是依托大学生科技创新协会等创新创业类社团，开展系列创新创业实践活动；二是依托"挑战杯""互联网＋""发明杯"等创新创业赛事和专业技能竞赛，强化学生创新创业能力；三是建立"国家级—省级—市级—校级"的四级创新创业竞赛实施体系，将创新创业赛事参与情况纳入素质教育实践计划，纳入"第二课堂成绩单"；四是通过各类实训平台进行模拟经营、电商实训、科技展览等，提升双创能力和技术技能

（二）建立创新创业活动体系

以创业学院为主体常年举办创新创业讲座、博士讲坛、创业沙龙、创业训练营、各类科技创新大赛和创业大赛、创意设计大赛、淘宝街、校内创业训练、创业游学、校外创业实践等活动，吸引广大在校生参与。构建"国省校院"四级大学生创新创业训练计划体系，组织立项校级大学生科技创新项目、省新苗人才计划项目、国家级大学生创新创业训练计划项目，有效提升大学生创新创业能力。

（三）优化"互联网+"等创新创业大赛项目的培育机制

结合项目制创新创业人才培养模式，实施"互联网+"竞赛重点项目培育计划，完善大赛项目库、导师库、人才库；重点培育项目入驻创业园，配备大赛责任导师，制订个性化培育方案，给予经费、政策支持；优化校赛组织工作，组建大赛组委会和二级学院竞赛联络员队伍，组织大赛训练营、提升营、冲刺营，不断打磨优化。

（四）加大宣传引导力度，降低大学生注册公司难度

在国家大力支持大学生创业的背景下，最终选择加入创业大潮的人数比例依旧非常低，且有回落趋势。创业是极具风险的就业方式，在当前社会舆论、家庭影响下，大学生潜移默化地在面临就业时倾向于国企、央企、事业单位、公务员、老师、医生等收入高、工作稳定的工作。政府部门需加强对大学生创新创业的宣传引导力度，在社会上形成鼓励支持创业的良好氛围。做好对创业者失败的制度保障，尝试适度放宽对大学生创业的要求，降低市场准入的成本以及难度，推广创业政策，为创业者提供力所能及的便利，保障大学生创业者的根本利益，将在最大限度上促进创新创业工作的开展，也能促使大学生在高校学习与社会实践中积累知识能力和人力资本，不断培养创新精神，强化创业意识。

三、优化多元化的创新创业课程新体系

完善课程体系，深化教学模式改革，实施双创教育"求同存异"推进策略，求双创教育和专业教育之同，存专业特点和学生个性之异。以培养高素质创新性应用型人才为目标，以能力导向教育和学生个性发展"选择性教育"为理念，构建"必修+选修""通识平台课+嵌入式专业课+行业精英课程"三层级、多向融合的创新创业教育课程体系，纳入人才培养方案，实行学分制管理，加大课程建设和教学模式改革，提升应用型人才培养质量。

（一）"通识型""融合型""专业型""职业型"培养内容

依据培养目标，紧贴产业对人才的需求，课程体系从"通识型""融合型""专业型""职业型"四个层面的体系架构，进行培养内容的设计。

1. "通识型"创新创业启蒙教育

"通识型"启蒙教育主要通过"课堂教学"和"参与体验"来实现。教学内容要突出强调创设高度贴近企业家真实世界的学习环境，高度关注行业发展实际，将解决实际问题作为教学的中心内容。许多应用型高校将创新创业教育列入通识选修课程系列，面向全校学生在大二第一学期开设"大学生创新创业基础"课程。在教学方法上，突出强调探究式、案例式教学方法。教学方法重点突出学生的主体地位，通过引导学生进行自觉性决策与创造性实验来激励和培养学生的创业行为。参与体验的方式有很多，对于在校大学生最热衷的丰富多彩的团学活动，还有各类学科竞赛、专业大赛和创新创业项目立项，如电子商务竞赛、"挑战杯"大学生创业计划竞赛、"互联网＋"大学生创新创业大赛和国家级大学生创新创业训练计划项目等各级创新创业项目，学校层面举办创业大赛和各类专业相关的策划设计类比赛，还有企业资助的各类创新创业基金项目，绝大部分大学生能直接或间接地参与创新创业体验。此外，可通过学校创新创业文化的营造，形成同学们感兴趣的创新创业活动。通过"创客记者会"等活动了解创业校友在校园里的自我完善和提升及踏入社会后的奋斗历程；通过"创业话题研讨"，就创业时机的选择、创业过程中的影响因素和创业项目的选择等问题进行解答；通过"书目分享"，介绍充实自我的书籍，为同学们打造一场关于"创业者"的博览会；科研创新班实现了学生科研项目的朋辈相传，激发学生的科研创新热情；系列创业讲堂分层次、分类别地进行行业创新创业者经验介绍，以朋辈互学方式激发学生的创新创业热情和对未来的规划。

2. 与专业相结合的"融合型"创新创业教育

全面建设"融合型"创新创业教育课程体系，通过将双创教育的理念和思想"融入"各学科专业，开发多样化的学科创新创业课程，从而实现创业教育与专业教育的有机融合，以此达到面向全体学生开展创业教育的

"全覆盖"和"个性化"目标。在论证创业教育与专业教育的关系时，很多学者提出"渗透式""融入式"的思路，将创业教育的内容全面"融入"专业教育，或者是在专业教育中"渗透"创业意识、创业精神。这两种做法颇具难度，因为学科专业的课程由不同学科的教师开设，已经形成了固定的课程范式，在原有框架的基础上融入和渗透创业教育的内容与精神，往往会体现为教学大纲中的指导思想，却不会在实际教学中付诸实施。着力打造包括专业课程、体验性专业课程和创业课程三类创新创业课程群，实现对本学科专业学生的个性化创业教育，如访谈学校文化产业双创班课程设置（见表6-3），结合了体验式教学和双创实战的要素。

表6-3　　　　　A院校管理学院文化产业双创班课程设置

模块	课程名称	课程目标	授课内容	授课导师
1	营销传播精要	帮助学生获得基本的营销理论和知识	《市场营销》中重要的理论和概念，如需求、市场、市场细分、4P、4C、4R等	专业老师
2	品牌策划与推广	帮助学生掌握基本的品牌和策划理论	品牌的内涵、策划的概念、策划的程序，品牌形象、品牌性格、品牌定位等	专业老师
3	观点与实践：电商品牌运营新动向	使学生了解电商平台是如何运作的	电商品牌业务运作的新变化：传统营销环境下、社交媒体环境下、新零售概念下电商平台的运营	创业导师
4	新营销生态下电商CRM实务	提高学生的沟通与管理技巧	如何利用网络开拓新的客户，如何对现有的客户进行管理，如何培养与客户建立长久的品牌关系	创业导师
5	内容营销：前沿、案例和方法	向学生讲授最新的内容营销观点	综艺节目、影视作品的IP电商、短视频营销等热点媒介现象、营销案例的分析、讨论和运作实务	创业导师
6	影视产品营销推广	增强学生对影视作品的推广能力	如何对影视作品进行设计、策划、包装、宣传、推广	创业导师
7	实战训练	培养学生的实践能力	入驻文化产业创客空间，或围绕所学模块内容参加创业导师所在企业实训	创业导师

续表

模块	课程名称	课程目标	授课内容	授课导师
8	创业从改变开始	引导学生改变现状	鼓励学生制订一个改变现状的计划，开始有意识地培养自己各方面的创业素养和技能	班主任
9	竞赛项目	双创综合能力提升	大学生创业大赛 大学生挑战杯创业大赛 大学生职业规划与创业大赛 大学生"互联网+创新创业"大赛 大学生电子商务大赛	竞赛指导教师

3. "专业型"创新创业教育

高校多采取开设"创业实验班"的方式来对有明确创业意向的学生开展有针对性的教育。例如，中央财经大学开办的"创业先锋班"已成为该校落实创业教育的主要载体，设置了创业实践和课程讲授相结合、围绕创办新企业或新事业的过程展开的课程体系；温州大学在全国首次开设了"3+1"创业精英班，全部学员都拥有自主创业项目，课程内容的设计满足自主创业需求，完全实现创业学分转换。应用型高校A学院2016年就开设"3+1"创新创业教育实验班，通过系统的创新创业教育和创业项目实践，培养高素质、强能力、善创新、能创业的应用型创业人才。课程内容采用模块化结构，主要由理论、实务和创业实践等模块组成，实行"小班教育+双导师制"，通过认知学习、案例研习、专题报告、情景模拟、实战演练等实践主导型教学方式，将理论知识颗粒化，能力课程专题化，课程体系任务化，注重线上与线下的结合与学习成果的孵化，切实提高学生的创业意识和创业能力[①]。应用型高校应争取学校各方力量协助，进行校园创业，使学生近距离接触创业；增加实践类学时，同时明确创新创业试点学院和新兴应用型专业设置一定学分的专业嵌入式"双创"课程。

4. "职业型"创新创业"继续教育"

上述三个层次的创新创业教育，都是针对在校大学生群体开展的。实

---

① 陈显婷. 创建创业学院，探索"3+1"创业人才培养模式[EB/OL]. (2016-10-09)[2023-12-10]. http://www.eol.cn/zhejiang/zhejiang_news/201610/t20161019_1459554.shtml.

际上，当前我国最为缺少的是针对另外一个群体的"继续教育与帮扶"，这个群体就是毕业时选择创业的群体。因此对毕业生的创新创业"继续教育"显得尤为重要。对创业初期的毕业生提供场地、教育、咨询和服务，将高校的创新创业教育领域和范围适当延展至社会。除学校外，还需政策体系、创新成果转化体系、社会服务体系的合力，才能为初创企业的大学生提供有效援助。当前，既需要依托科技园和孵化器促进大学生顺利创办创新型企业，也需要为大学生提供生活补贴和创业补助金，减轻生存压力，更需要高度重视毕业生创新创业教育，成立各级创业培训中心，免费为有意创业的毕业生提供实战性较强的培训。

（二）不断创新课程评价机制

基于区域产业特色及自身学科优势，整合、优化、重组、打造适合新农科、新工科、新文科的特色课程；根据人才差异化发展要求，鼓励学生在导师指导下自主规划学术道路，选择专业，组合课程，形成多学科交叉融合的专业课程体系；拓展线上、线下、线上线下混合等课程类型，丰富各类教学资源，满足新技术、新业态、新模式和新产业发展对教学的迫切需求。打破分数为主的评价方式，紧扣培养方案和人才培养目标，形成以学生学习成果为导向，评价指标明确、评价规则合理，形成性评价与终结性评价相结合，定性评价与定量评价相结合的课程评价机制，形成"培养目标—课程目标—教学设计—教学实施—教学评价—反馈设计—持续提升"的教学质量控制闭环。

四、实施教学方法的逻辑演进和创新机制

美国研究者对 270 所高校调查发现，创业课程中最常用的教学方法包括案例研究、制订商业计划、企业家/演讲嘉宾讲座、讨论法、计算机模拟、研究项目、可行性研究、实习、小企业实地考察和课堂练习等①。这

---

① Solomon G T. An Examination of Entrepreneurship Education in the United States [J]. Small Business and Enterprise Development, 2007, 14 (2): 168 – 182.

就是从"关于创业"的教学递进至"为了创业"的教学。前者遵循学术传统，强调对创业理论的教学和对知识的再现与记忆，讨论法、研讨会、讲习班、作业和论文撰写等是常用的形式；后者聚焦于创业能力，关注创业活动中基本知识的学习和技能的形成，如案例法、撰写创业计划书、商业路演等①。

大卫·库伯提出了体验式学习理论，认为学习应是由具体体验、反思观察、抽象概括与行动应用所组成的完整过程，这四个环节循环往复、螺旋上升，由此学习是一个持续的过程，是知识和经验不断重新建构的持续过程②。库伯认为，学习的关键在于处理好具体与抽象、反思和应用之间的对立统一关系，体现其与传统学习方式不同的特点即情境性、反思性和行动性，在教学目标指引下，融入真实或模拟的情境，通过观察、探究、实践与反思、抽象与概括等环节获得学习体验，掌握知识技能，实现在体验中行动，在行动中体验。

"通过创业"的教学由此兴起，强调学生认知层面的发展，让学生通过真实创业实践对他们的行为展开反思，从而逐步学习如何将想法发展为具体的价值创造，进而提高创业行动力。目前很多应用型高校提供的是非营利性的孵化场，成本低、孵化期长、结构松散，提供基础设施和咨询；营利性的孵化器则成本适中，孵化期长，有一定组织结构提供基础设施、咨询和指导、网络服务等资源；而加速器成本高，孵化期短，结构性强，提供基础设施、咨询和指导、网络资金资源、参与公司管理。孵化器教学模式即通过"创业"的教学范式，强调与真实世界的结合，其教学是包含有具体经验的，具有反思性和试验性，适合有强烈创业需求和目标的受教育群体。但这种教学范式要求教育提供者有强大的资源整合能力，真实情境的创业实践需要专业知识、资本资源、社会网络和一定创业生态的支持，且学生创业失败率较高，创业的时间成本和机会成本较高。"通过创业"的教学范式强调创业教育是广谱式的、多学科的、面向创造力和过程

① 王旭燕，黄文婧，钟雨杏. 创业教育：教给谁？教什么？谁来教？怎么教？[J]. 现代教育论丛，2023（5）：78-87.
② 吴伶. 基于学习循环理论的高职混合式教学探析[J]. 教育与职业，2022（6）：100-103.

的方法，强调专业理论知识和岗位实践的结合，注重培养学生的创新精神、批判性思维、岗位创业精神和能力①，众多应用型高校正尝试将该教学模式进行推广。另外，设计思维（design thinking）教学、情景化教学等的涌现使"超越创业"的教学方法更得到重视，强调学生认知、情感、能力和职业的发展，通过创业的方法实施教学，促进个人的全面发展。

① 王旭燕，黄文婧，钟雨杏．创业教育：教给谁？教什么？谁来教？怎么教？［J］．现代教育论丛，2023（5）：78 – 87.

结　语

　　创业成功率，大学生要低于社会创业人士。哈佛商学院研究表明，美国初次创业者成功创业率高达 23%，4% 的创业者有 10 年及以上生存期。度过 3 年生存期的大学生创业者，全世界的成功率为 4%，中国为 1%。根据全球创业观察 2021/2022 全球报告，创业者自我效能感正在下降。中国 18~34 岁成年人创业自信心低于 10%，35~64 岁成年人创业自信心低于 5%。参加"互联网+"大赛的获国家金奖和银奖的项目落地率低，统计可得低于 30%。在创业成功率低迷、创业自我效能感不足的前提下，如何进行双创教育，提升学生的就业创业竞争力，在章节策略中已有所展现。

　　应用型高校各大学科包括工程、商业、自然科学、人文科学、农学、社会科学、健康科学、艺术、教育等构成教育平台，基于对学科基础知识的掌握以及学校科研团队平台的研究成果和技术支持，高校师生洞察创业机会，形成创业计划，计划也是对基础知识的深度学习并寻求问题的解决方案。基于对创业计划进行可行性分析并对创业团队进行评估来筛选出孵化项目，孵化项目的过程是整合创业资源，对创业计划的进一步改进。通过创业促进平台对项目进行孵化，需要对学生进行教育、培训，投入人力、资金和其他物质资源。若孵化成功则形成商业模式，开发商业产品；若孵化失败则根据市场需求调整产品特性或创业方案或项目退出市场。孵化成功的项目成立新创公司，获得股权收入和分红，新创企业不断成长，由此双创项目培育和孵化的演进逻辑形成，校园创业生态也初步构建完成。

　　应用型高校双创教育实施的核心策略是构建最大化输出创新创业人才的教育理想模式——以政府为主导、学校为主体、社会为平台、知识型创业为主要创业形态的创新创业教育生态系统雏形。在创新创业教育的研究中，问题与成因直接或间接更多地指向政府，各高校作为独立的个体，高校之间没有必然的联系，高校与社会之间的关系也是松散的，创新创业环境与资源的创设与利用、课程设置方向、学科设立、创新创业实践基地或园区等诸多方面，都需要政府发挥作用。高校作为实施主体，需明确整体目标并将其分解为具体可操作的阶段性目标，多方参与产学研合作、校企深度合作，基于产教融合建立长期稳固的合作关系，为学生提供个性化的指导和技术支持，关注学生成长，整合不同专业领域的知识和技能，联合产业界推动专创融合，通过人才培养和项目合作等方式与产业对接，增强学校和学生的竞争力。创新创业实践教育还需"学校—创业园—企业—政府"四方的组织保障，要有效地发挥四方各自在高校创新创业实践教育中的作用。四方有机组织保障对提升高校的创新创业教育水平，对促进产业的健康发展，具有不可替代的保障和促进作用。

天津海河教育园区13所院校成立教育园区大学生创新创业联盟委员会，整合园区教育、产业资源，打造完整的创新创业人才培养生态链，完善院校互动机制，实现创新创业资源在院校间的自由流转；促进校企横向交流，推动园区文化建设、产教融合发展。同时开展创新创业培训，结合大赛邀请国赛评委、行业专家、院校专家、大赛获奖选手分赛道解读要点，分享成功案例，从商业计划书撰写、PPT制作、路演及答辩技巧等角度，助力创新创业团队能力提升。举办线上公开课，聚焦前沿产业及行业发展趋势，播撒科技创业"种子"。举办创新创业课程师资培训，推动园区双创课程发展，提升双创教师水平。实施办大赛促合作，推动创业项目落地，天津海河教育园区的文创大赛吸引13个省市50余所高校报名，超600项大学生文创作品和项目参赛，大赛在开放赛道的基础上新增了命题赛道和视频赛道，希望发挥资源聚集效应和政府引导作用，为大学生创意创新创业团队搭建提供交流展示以及项目孵化的平台。将双创联盟办成双创教育共同体，进一步形成更广泛的双创教育生态系统，值得借鉴。

生态学视域下应用型高校创新创业教育路径研究的理论前提是多维的。一是本体立论，强调对系统本质、结构、关系和目标的认知。定义生态系统中的核心实体，明确这些实体的特征、角色和价值，描述不同实体间关系及对于知识传递、技能培养和创新创业能力发展的重要性，明确创新创业的根本目标，设计优化系统有助于实现目标。强调系统的灵活性和可塑性，是动态演化的实体，需要不断适应社会、经济和技术变化。二是方法立论，强调系统思维和整体规划，参与者共建和共创形成合作共赢局面，鼓励项目驱动的实践学习，跨学科和跨界合作，实施导师制度和学生个性化发展，建立有效的评估与反馈机制，系统持续迭代和更新适应不断变化的环境。三是价值立论，既体现在学校内部还涉及校外行业、企业及整个社会。通过政行企校紧密合作建立社会共同体，各方在系统中共同致力于创新和发展，提升学生的核心竞争力，产学研合作助推产业演变和升级，推动科技成果转化和应用，激发创新创业精神，形成鼓励创新的文化氛围。应用型高校创新创业教育应以提升学生对社会责任感为核心，以全面自由发展为价值导向，以创新能力（市场或商业创新、技术性创新）为技能基础，以合作、创新、敬业为精神基础，以系统全面的教育体系为手段，以向创业型大学（学院）转型为目标，以创新创业教育的制度为保障，主动服务于区域经济与社会的发展。

对高校创新创业教育生态系统构建的评价应多层次、多角度开展，这也是本研究今后继续深入的方向。在重点关注经济效益的同时，还要关注高校与企业、行业、非营利机构、政府机构的合作质量。新创企业数量、专利数量等都能直接体现创业教育开展的效果。创业项目和课程的参与率也应成为重要的评价因素，包括参与的学生人数及其增长率；学生毕业后的就业质量和水平等都能显现创业教育开展的深度与广度。此外，也不应忽视对学生个人创业意识层面的评价。无论是政府还是院校都要健全评价激励机制，尤其是关注生态系统理念下合作伙伴关系的建立，将其作为评价指标，使高校明晰自身面临的困境和存在的不足，激励他们进一步扩大创业教育的影响力，将专业教育和创业教育有机融合。

参 考 文 献

[1] [德] 赫尔曼·哈肯. 协同学——大自然构成的奥秘 [M]. 凌复华, 译. 上海: 上海译文出版社, 2013: 5-6.

[2] [美] 伯顿·克拉克. 建立创业型大学: 组织上转型的途径 [M]. 王承绪, 译. 北京: 人民教育出版社, 2003: 4-6.

[3] [美] 希拉·斯劳特, 拉里·莱斯利. 学术资本主义: 政治、政策和创业型大学 [M]. 梁骁, 黎丽, 译. 北京: 北京大学出版社, 2008: 8-9.

[4] [美] E. 拉兹洛. 用系统论的观点看世界——科学新发展的自然哲学 [M]. 闵家胤, 译. 北京: 中国社会科学出版社, 1985: 14.

[5] [美] 保罗·迪马吉奥, 沃尔特·鲍威尔. 组织分析的新制度主义 [M]. 上海: 上海人民出版社, 2008: 67-68.

[6] [美] 伯顿·克拉克. 建立创业型大学: 组织上转型的途径 [M]. 北京: 人民教育出版社, 2003: 167-175.

[7] [美] 杰弗里·蒂蒙斯, 小斯蒂芬·斯皮内利. 创业学 [M]. 周伟民, 译. 北京: 人民邮电出版社, 2009: 10.

[8] [美] 卡尔·施拉姆. 创业力——美国的经济奇迹如何改变世界, 改变你的生活 [M]. 王莉, 李英, 译. 上海交通大学出版社, 2007: 16.

[9] 阿利·马哈沙克, 金恩喜, 田小勇. "工业4.0" 浪潮下高等教育新场景、新要求与新合作——访以色列布劳德工程学院校长阿利·马哈沙克 [J]. 世界教育信息, 2023, 36 (5): 11-17.

[10] 白峰. 基于生命周期理论视角的创业生态系统研究 [J]. 现代管理科学, 2015 (12): 52-54.

[11] 白静. 新时代应用型高校创新创业教育刍议 [J]. 学校党建与思想教育, 2019 (22): 78-80.

［12］蔡莉，彭秀青，Satish Nambisan，等．创业生态系统研究回顾与展望［J］.吉林大学社会科学学报，2016，56（1）：5－16，187.

［13］曹明．应用型本科高校创新创业人才培养模式初探［J］.中国大学教学，2011，255（11）：35－36.

［14］曾五一，黄炳艺．调查问卷的可信度和有效度分析［J］.统计与信息论坛，2005（6）：13－17.

［15］陈静．高校主导型创业教育生态系统构建研究［D］.长春：东北师范大学，2017：21.

［16］陈静．构建高校创业教育生态系统的若干思考［J］.思想理论教育，2017（6）：87－93.

［17］陈林辉．新时代高校创新创业教育质量评价的优化路径［J］.学校党建与思想教育，2022（22）：75－77.

［18］陈少雄．大学创业教育生态系统培育策略研究［J］.教育发展研究，2014（11）：64－70.

［19］陈显婷．创建创业学院，探索"3＋1"创业人才培养模式［EB/OL］.（2016－10－09）［2023－12－10］. http：//www. eol. cn/zhejiang/zhejiang_news/201610/t20161019_1459554. shtml.

［20］陈悦，陈超美，胡志刚，等．引文空间分析原理与应用［M］.北京：科学出版社，2014：43，65.

［21］戴金辉，袁靖．单因素方差分析与多元线性回归分析检验方法的比较［J］.统计与决策，2016，453（9）：23－26.

［22］戴栗军，颜建勇，洪晓畅．知识生产视阈下高校专业教育与创业教育融合路径研究［J］.高等工程教育研究，2018（3）：147－152.

［23］杜函芮．高校创新创业教育生态系统构建［J］.教育学术月刊，2023（2）：43－52.

［24］段琪，麦晴峰，汪波，等．基于扎根理论的高校科技创业生态系统研究［J］.科学学与科学技术管理，2015，36（11）：159－168.

［25］范国睿．教育生态学［M］.北京：人民教育出版社，2000：30.

［26］冯霞．厘清对当前高校创业教育认识的三种误区［J］.思想理论教育，2016（8）：95－98.

[27] 傅蕾，蔡金芳．开放大学办学系统发展策略再思考——基于价值共创理论视角 [J]．职业技术教育，2018 (16)：47 – 52.

[28] 龚震伟．应用型本科应重视创造性的培养 [J]．江南论坛，1998 (3)：41.

[29] 郭萍．三因素方差分析的原理及应用 [J]．沈阳大学学报 (自然科学版)，2015，27 (1)：40 – 43.

[30] 郭涛．应用型本科高校创新创业教育模式的探索 [J]．学校党建与思想教育，2017 (11)：78 – 80.

[31] 国务院关于大力推进大众创业万众创新若干政策措施的意见 [EB/OL]．(2015 – 06 – 16) [2023 – 04 – 20]．http：//www. gov. cn/zhengce/content/2015 – 06/16/content_9855. html.

[32] 韩笑，胡奕璇，王超．面向人工智能的高校创新创业教育生态系统建设研究 [J]．高等工程教育研究，2023 (3)：161 – 167.

[33] 何霖俐．以色列理工学院创新创业教育实施路径及启示研究 [J]．西南科技大学学报，2023 (4)：97 – 104.

[34] 胡超．高校创业教育组织新模式的构建设想 [J]．高校教育管理，2016 (1)：80 – 85.

[35] 胡天佑，李晓．应用型本科高校"专创融合"的价值导向、阻滞因素及推进策略 [J]．黑龙江高教研究，2022，40 (12)：127 – 131.

[36] 黄兆信，王志强．论高校创业教育与专业教育的融合 [J]．教育研究，2013，34 (12)：59 – 67.

[37] 黄兆信．师生共创：教师认知差异与行动取向的实证研究 [J]．南京师大学报 (社会科学版)，2022 (3)：27 – 38.

[38] 黄兆信．高校创业教育生态系统构建路径研究 [J]．教育研究，2017 (4)：37 – 43.

[39] 贾建锋，赵若男，朱珠．高校创新创业教育生态系统的构建——基于美国、英国、日本高校的多案例研究 [J]．管理案例研究与评论，2021 (6)：309 – 324.

[40] 简兆权，令狐克睿，李雷．价值共创研究的演进与展望——从"顾客体验"到"服务生态系统"视角 [J]．外国经济与管理，2016

（9）：3 - 20.

[41] 姜大源．"教育＋"格局构建刍议——从德国"职业教育＋"看新制度主义同形理论的映射 [J]．中国高教研究，2022（1）：96 - 101.

[42] 荆鹏飞，何丽娜，宋瑞波，等．地方应用型本科高校专业课程与创新创业教育融合探索 [J]．中国高等教育，2021，682（24）：47 - 49.

[43] 李厚锐，于晓宇．创新创业教育生态系统协同发展策略研究：组织变革的视角 [J]．教育发展研究，2023（7）：78 - 84.

[44] 李娟生，李江红，刘小宁，等．Kendall's W 分析方法在医学数据处理中的应用及在 SPSS 中的实现方法 [J]．现代预防医学，2008（1）：33，42.

[45] 李琳璐．斯坦福大学的创新创业教育：系统审视与经验启示 [J]．高教探索，2020（3）：56 - 65.

[46] 李亚员，李畅，牛亚飞．高校创新创业教育生态系统建设的中国特色探析 [J]．思想教育研究，2021（4）：129 - 134.

[47] 李亚员，王瑞雪，李娜．创新人才研究：三十多年学术史的梳理与前瞻 [J]．高校教育管理，2018，12（3）：116 - 124.

[48] 林嵩．创业生态系统：概念发展与运行机制 [J]．中央财经大学学报，2011（4）：58 - 62.

[49] 林文伟．大学创业教育价值研究 [D]．上海：华东师范大学，2011：8.

[50] 刘华，张颖露．价值共创视角下中国动漫产业政策优化研究组织 [J]．北京社会科学，2015（3）：82 - 88.

[51] 刘亮军．新工科：地方本科院校人才培养的新路径 [J]．黑龙江高教研究，2018（9）：32 - 35.

[52] 刘林青，夏清华，周潞．创业型大学的创业生态系统初探——以麻省理工学院为例 [J]．高等教育研究，2009（3）：19 - 26.

[53] 刘逶迤，鞠伟，樊宇宁．基于文献计量分析的国外学术创业研究评析 [J]．江苏高教，2022（11）：47 - 53.

[54] 刘旭．价值是主客体关系与主体间关系的总和——基于马克思主义价值哲学视野中的劳动二重性 [J]．湖北社会科学，2017（5）：17 - 23.

[55] 柳长安, 白逸仙, 杨凯. 构建"需求导向、校企合作"行业特色型大学人才培养模式 [J]. 中国大学教学, 2016 (1): 36 – 41.

[56] 罗志敏. 高校创业教育的本质与逻辑 [J]. 教育发展研究, 2011 (1): 29 – 33.

[57] 马克思恩格斯选集: 第 3 卷 [M]. 北京: 人民出版社, 1995: 231.

[58] 马永斌, 柏喆. 创新创业教育课程生态系统的构建途径——基于清华大学创业教育的案例分析 [J]. 高等工程教育研究, 2016 (5): 137 – 140.

[59] 马永霞, 孟尚尚. 高质量发展背景下创新创业教育质量提升路径研究——基于 50 所高校的模糊集定性比较分析 [J]. 高教探索, 2022 (2): 13 – 21.

[60] 麦可思研究院. 2022 年中国本科生就业报告 [M]. 北京: 社会科学文献出版社, 2022: 14.

[61] 麦可思研究院. 2022 年中国高职生就业报告 [M]. 北京: 社会科学文献出版社, 2022: 10 – 11.

[62] 梅伟惠. 我国高校创业教育组织模式: 趋同成因与现实消解 [J]. 教育发展研究, 2016 (13 – 14): 29 – 34.

[63] 梅伟惠. 中国高校创业教育的发展难题与策略 [J]. 教育研究, 2009 (4): 67 – 72.

[64] 苗青. 剑桥大学创新创业教育对我国的启发 [J]. 河北师范大学学报 (教育科学版), 2018 (2): 48 – 52.

[65] 潘剑英. 科技园区创业生态系统特征与企业行动调节机制研究 [D]. 杭州: 浙江大学, 2014.

[66] 庞静静. 创业生态系统研究进展与展望 [J]. 四川理工学院学报 (社会科学版), 2016, 31 (2): 53 – 64.

[67] 郄海霞, 赵蓓. 以色列特拉维夫大学 创新创业教育生态系统的构成及运行 [J]. 现代教育管理, 2022 (3): 30 – 39.

[68] 秦一鸣. 我国应用型高校课程建设研究——教育改进学的视角 [D]. 上海: 华东师范大学, 2021: 51.

［69］沈陆娟，徐榕霞. 职业本科教育的探索和革新——美国社区学院学士学位项目运动［J］. 职业技术教育，2023，44（25）：72－79.

［70］沈陆娟. 创业型学院创新创业生态系统促进乡村振兴路径研究——以美国 NIACC 乡村社区学院为例［J］. 中国职业技术教育，2020（4）：61－70.

［71］沈陆娟. 美国创业型社区学院创业生态系统探析——以马萨诸塞州斯普林菲尔德技术社区学院为例［J］. 高等工程教育研究，2013（3）：120－126.

［72］宋之帅，王章豹. 我国创新创业教育生态系统演进历程与发展趋势［J］. 中国高教研究，2020（2）：38－39，54.

［73］苏克治，宋丹，赵哲. 大学创新创业教育的逻辑构成、现实困阻与长效机制［J］. 现代教育管理，2022（3）：40－47.

［74］唐晓玲，王正青. 学术资本主义的兴起及其对大学科研的影响［J］. 高教探索，2009（6）：49.

［75］田贤鹏. 教育生态理论视域下创新创业教育共同体构建［J］. 教育发展研究，2016（7）：66－72.

［76］田玉鹏. 基于行业特色高校应用型人才双创能力培养体系研究［J］. 科学管理研究，2021，39（3）：138－142.

［77］王红霞，徐兴林，汤冬冬. OBE 理念视角下民办应用型高校创新创业教育探索［J］. 教育与职业，2021（4）：69－73.

［78］王洪才，郑雅倩. 大学生创新创业能力测量及发展特征研究［J］. 华中师范大学学报（人文社会科学版），2022（3）：155－165.

［79］王洪才. 创新创业能力的科学内涵及其意义［J］. 教育发展研究，2022（1）：53－59.

［80］王洪才. 论创新创业人才的人格特质、核心素质与关键能力［J］. 江苏高教，2020（12）：44－51.

［81］王秀芝，刘志强，吴祝武. 创新创业与专业教育融合的国内外研究进展［J］. 中国高校科技，2019（4）：92－96.

［82］王旭燕，黄文婧，钟雨杏. 创业教育：教给谁？教什么？谁来教？怎么教？［J］. 现代教育论丛，2023（5）：78－87.

［83］王焰新．高校创新创业教育的反思与模式构建［J］．中国大学教学，2015（4）：6-9，26．

［84］王志强．从"科层结构"走向"平台组织"：高校创新创业教育的组织变革［J］．中国高教研究，2022（4）：44-50．

［85］温正胞．大学创业与创业型大学的兴起［M］．杭州：浙江大学出版社，2011：12-17．

［86］吴伶．基于学习循环理论的高职混合式教学探析［J］．教育与职业，2022（6）：100-103．

［87］吴晓波．以"基于创新的创业"为核心理念的创新创业教育模式探索［J］．中国大学教学，2022（12）：10-14．

［88］武文珍，陈启杰．价值共创理论形成路径探析与未来研究展望［J］．外国经济与管理，2012（6）：66-73．

［89］谢为群，皇甫洋，等．价值共创视角下的高校协同创新绩效影响因素［J］．中国高校科技，2020（4）：22-26．

［90］新华社．李克强出席全国大众创业万众创新活动周启动仪式［EB/OL］．（2022-09-15）［2023-04-06］．http：//www.gov.cn/premier/2022-09/15/content_5710124.htm．

［91］徐小洲，倪好．社会创业教育：哈佛大学的经验与启示［J］．教育研究，2016（1）：143-149．

［92］徐小洲．GALCHS视野下的创业教育生态发展观［J］．华东师范大学学报（教育科学版），2016（2）：16-23．

［93］徐小洲．创新创业教育评价的VPR结构模型［J］．教育研究，2019（7）：83-90．

［94］徐小洲．转型升级期高校创新创业教育生态系统建构策略［J］．教育发展研究，2019（13-14）：102-108．

［95］徐志怀．高校构建大学生创新创业教育生态模式的机理及运行方式［J］．教育评论，2016（6）：83-87．

［96］徐志强．高校创业型人才培养的双螺旋模式［J］．教育发展研究，2015（5）：30-34．

［97］许进．高校创业教育模式：基于案例的研究［J］．教育研究，

2008（4）：99－102.

[98] 宣晓，段文奇．供给侧改革背景下应用型高校创新创业教育人才生态化培养模式 [J]．教育与职业，2019（15）：84－90.

[99] 严毛新．创业教育研究的"他国话语"倾向偏失及匡正——基于近十年国内研究文献的计量分析 [J]．教育发展研究，2017（11）：69－77.

[100] 严毛新．从社会创业生态系统角度看高校创业教育的发展 [J]．教育研究，2015（5）：48－55.

[101] 姚小玲，张雅婷．美国斯坦福大学创新创业教育生态系统探究 [J]．山西大学学报（哲学社会科学版），2018（9）：122－127.

[102] 叶正飞．基于产教融合的地方高校创新创业教育共同体构建研究 [J]．高等工程教育研究，2019，176（3）：150－155.

[103] 殷朝晖，龚娅玲．美国加州大学洛杉矶分校构建创业生态系统的探索 [J]．高教探索，2012（5）：67－70，112.

[104] 尹国俊，都红雯，朱玉红．基于师生共创的创新创业教育双螺旋模式构建——以浙江大学为例 [J]．高等教育研究，2019（8）：77－87.

[105] 袁旦．地方高校创业型创新人才培养研究 [J]．中国高等教育，2019（11）：39－41.

[106] 张冰，白华．高校创新创业教育之辩 [J]．高教探索，2014（3）：48－52.

[107] 张德江．对创业教育的认识与实践 [J]．中国高教研究，2006（5）：10－14.

[108] 张秀娥，祁伟宏，方卓．美国硅谷创业生态系统环境研究 [J]．科技进步与对策，2016，33（18）：59－64.

[109] 赵国靖，龙泽海，黄兆信．专创融合对高校创新创业教育绩效的影响研究——基于12596份教师样本的实证分析 [J]．浙江社会科学，2022（7）：142－151.

[110] 赵丽．社会统计中多选排序题的统计处理方法探讨 [J]．统计与决策，2021（21）：71－73.

[111] 赵荣生．基于价值共创视角的高校双创教育生态系统优化研究

［J］. 学校党建与思想教育，2020（12）：61 - 63.

［112］赵志军. 关于推进创业教育的若干思考［J］. 教育研究，2006（4）：71 - 75.

［113］郑刚，梅景瑶，何晓斌. 创业教育对大学生创业实践究竟有多大影响——基于浙江大学国家大学科技园创业企业的实证调查［J］. 中国高教研究，2017（10）：72 - 77.

［114］郑娟，孔钢城. 利益相关者视角下的 MIT 创业生态系统研究［J］. 高等工程教育研究，2017（5）：163 - 168.

［115］中华人民共和国教育部. 教育部关于大力推进高等学校创新创业教育和大学生自主创业工作的意见［DB/OL］.（2010 - 05 - 13）［2023 - 06 - 02］. http：//www. moe. edu. cn/publicfilesA.

［116］中华人民共和国教育部. 面向21世纪教育振兴行动计划［DB/OL］.（1999 - 01 - 13）［2023 - 05 - 30］. http：//www. moe. gov. cn/was5/web/search. searchword.

［117］中华人民共和国中央人民政府. 国务院办公厅关于进一步支持大学生创新创业的指导意见［EB/OL］.（2021 - 10 - 12）［2023 - 06 - 01］. http：//www. moe. gov. cn.

［118］周倩. 应用型高校开展创客教育的价值、问题与对策［J］. 教育与职业，2021，996（20）：72 - 77.

［119］周勇. 基于创新文化的高校创业教育生态系统建构［J］. 高校教育管理，2013（3）：119 - 125.

［120］朱昌平，谢秀坤，赵超慧，等. 团队模式下大学生创业能力培养的探索［J］. 高等工程教育研究，2015（3）：33 - 37.

［121］朱飞. 协同学视阈下的高校多元协同创业教育研究［J］. 高等工程教育研究，2016（5）：39 - 43.

［122］朱剑. 西方大学内部治理模式的嬗变：从学院式走向创业型［J］. 华东师范大学学报（教育科学版），2020（1）：85 - 96.

［123］朱晓琳. 以色列职业教育发展特点与挑战［J］. 职业技术教育，2020，41（9）：76 - 79.

［124］卓泽林，赵中建. 高水平大学创新创业教育生态系统建设及启

示 ［J］. 教育发展研究, 2016 (3)：64 – 71.

［125］邹良影, 曲小远, 邵敏, 等. 技术创业：高职院校转型发展新突破 ［J］. 教育发展研究, 2021 (5)：61 – 68.

［126］Abreu M., Demirel P., Grinevich V., Karataş – Özkan M. Entrepreneurial Practices in Research – intensive and Teaching – led Universities ［J］. Small Business Economics, 2016, 47 (3)：695 – 717.

［127］Afolabi A. The Effect of Entrepreneurship on Economic Growth and Development in Nigeria ［J］. International Journal of Development and Economic Sustainability, 2015, 3 (2)：49 – 65.

［128］Akaka M A, Vargo S L. Extending the Context of Service：From Encounters to Ecosystems ［J］. Services Marketing, 2015, 29 (6)：453 – 462.

［129］Alain Clément Nkusi. The Role of Entrepreneurial Universities Within Post – conflict Countries：Case Studies of Rwanda and Northern Ireland ［D］. Newcastle：Northumbria University, 2022：73 – 74.

［130］Ács Z. J., Autio E., Szerb L. National Systems of Entrepreneurship：Measurement Issues and Policy Implications ［J］. Research Policy, 2014, 43 (3)：476 – 494.

［131］Alvedalen J., Boschma R. A Critical Review of Entrepreneurial Ecosystems Research：Towards a Future Research Agenda ［J］. European Planning Studies, 2017, 25 (6)：887 – 903.

［132］Andersson M., Noseleit F. Start – ups and Employment Dynamics Within and Across Sectors ［J］. Small Business Economics, 2011, 36 (4)：461 – 483.

［133］Antonizzi J., Smuts H. The Characteristics of Digital Entrepreneurship and Digital Transformation：A Systematic Literature Review ［R］. Paper Presented at the Conference on e – Business, e – Services and e – Society, 2020：4.

［134］Audretsch D. B., Keilbach M. C., Lehman E. E. Entrepreneurship and Economic Growth ［M］. Oxford：Oxford University Press, 2006.

［135］Audretsch D. B., Belitski M. Entrepreneurial Ecosystems in

Cities: Establishing the Framework Conditions [J]. Technology Transfer, 2017, 42 (5): 1030 – 1051.

[136] Auerswald P. E. "Enabling Entrepreneurial Ecosystems", in Audretsch D. , Link A. , Walshok, M. (eds) The Oxford Handbook of Local Competitiveness [M]. Oxford: Oxford University Press, 2015.

[137] Autio E. Entrepreneurial Innovation: The Importance of Context' [J]. Research Policy, 2014, 43 (7): 1097 – 1108.

[138] Azimi M A, Kirby D A. Social Entrepreneurship Education in Higher Education: Insights from a Developing Country [J]. Social Science Electronic Publishing, 2017, 20 (1): 17 – 34.

[139] Baba G. K. The Challenges of Entrepreneurship Development in Nigeria and Way Forward [J]. Business and Organizational Development, 2013, 5 (1): 54 – 64.

[140] Balan P. , Metcalfe M. Identifying Teaching Methods that Engage Entrepreneurship Students [J]. Education + Training, 2012, 54 (5): 368 – 384.

[141] Baregheh A. , Rowley J. , Sambrook S. Towards a Multidisciplinary Definition of Innovation [J]. Management Decisions, 2009, 47 (8): 1323 – 1339.

[142] Béchard J. P. , Grégoire D. Entrepreneurship Education Research Revisited: The Case of Higher Education [J]. Academy of Management Learning & Education, 2005, 4 (1): 22 – 43.

[143] Bechard J. P. , Toulouse J. M. Validation of a Didactic Model for the Analysis of Training Objectives Enentrepreneurship [J]. Business Venturing, 1998, 13 (4): 317 – 332.

[144] Birds R. Entrepreneur – managers in Higher Education: How do They Exist [J]. Higher Education Policy and Management, 2013, 36 (1): 62 – 73.

[145] Bizri R. , Hammoud J. , Stouhi M. , Hammoud M. The Entrepreneurial University: A Proposed Model for Developing Nations [J]. Management

Development, 2019, 38 (5): 383 – 404.

[146] Blenker P., Korsgaard S., Neergaard H., Thrane C. The Questions We Care About: Paradigms and Progression in Entrepreneurship Education [J]. Industry and Higher Education, 2011, 25 (6): 417 – 427.

[147] Bosman N., Harding R. Global Entrepreneurship Monitor: GEM 2006 Results M. A [R]. USA: Babson College and UK: London Business School, 2007.

[148] Braude. Center for Engineering Education and Entrepreneurship. [EB/OL]. [2023 – 12 – 21]. https: //w3. braude. ac. il/e3/.

[149] Brück T., Naudé W., Verwimp P. Small Business, Entrepreneurship and Violent Conflict in Developing Countries [J]. Small Business & Entrepreneurship, 2011, 24 (2): 161 – 178.

[150] Brush C G. Exploring the Concept of An Entrepreneurship Education Ecosystem [M]. Bingley, UK: Emerald Group Publishing Limited, 2014: 25 – 39.

[151] Busenitz L. W., West III G. P., Shepherd D., Nelson T., Chandler G. N., Zacharakis A. Entrepreneurship Research in Emergence: Past Trends and Future Directions [J]. Management, 2003, 29 (3): 285 – 308.

[152] Caiazza R, Volpe T. Innovation and its Diffusion: Process, Actors and Actions [J]. Technology Analysis & Strategic Management, 2016, 29 (2): 181 – 189.

[153] Cantner U., Cunningham J. A., Lehmann E. E., Menter M. Entrepreneurial Ecosystems: A Dynamic Lifecycle Model [J]. Small Business Economics, 2020: 9.

[154] Carvalho L, Costa T, Dominguinhos P. Creating An Entrepreneurship Ecosystem in Higher Education [M]. New York: In Tech, 2010: 2 – 19.

[155] Ceptureanu E. G. How to Enhance Entrepreneurship in Universities: Bucharest University of Economic Studies Case Study [M]. The Annals of the University of Ordea, 2016: 881 – 887.

[156] Chrisman J. J., Hynes T., Fraser S. Faculty Entrepreneurship

and Economic Development: The Case of the University of Calgary [J]. Business Venturing, 1995, 10 (4): 267 – 281.

[157] Clark B. R. Creating Entrepreneurial Universities: Organizational Pathways of Transformation (1st ed.) [M]. International Association of Universities and Elsevier, 1998: 6.

[158] Cohen B. Sustainable Valley Entrepreneurial Ecosystems [J]. Business Strategy and the Environment, 2006, 15 (1): 1 – 14.

[159] Colin J, Jack E. A. Contemporary Approach Toentrepreneurship Education [J]. Education & Training, 2004, 46 (8): 416.

[160] Cremin L A. Public Education [M]. New York: Basic Books Inc Publishers, 1976: 24.

[161] Cunningham J. A., Lehmann E. E., Menter M. The Organizational Architecture of Entrepreneurial Universities Across the Stages of Entrepreneurship: A Conceptual Framework [J]. Small Business Economics, 2021: 1 – 17.

[162] Dhliwayo S. Experiential Learning in Entrepreneurship Education: A Prospective Model for South African Tertiary Institutions [J]. Education + Training, 2008, 50 (4): 329 – 340.

[163] Dodd S D, Hynes B C. The Impact of Regional Entrepreneurial Contexts Upon Enterprise Education [J]. Entrepreneurship & Regional Development, 2012, 24 (9): 741 – 766.

[164] Draycott M., Rae D. Enterprise Education in Schools and the Role of Competency Frameworks [J]. International Journal of Entrepreneurial Behaviorand Research, 2011, 17 (2): 127 – 145.

[165] Dunn K. The Entrepreneurship Ecosystem [J]. Technology Review, 2005: 9.

[166] Earmarked Funding Will Boost Community College Projects [J]. Community College Journal. April/may, 2022 Vol. 92/issue 5.

[167] Engle R., Dimitriadi N., Garidia J., Schlaegel C., Delanoe S., Alvarado I., He X., Baume S., Wolff B. Entrepreneurial Intent: A

12 – Country Evaluation of Alzens Model of Planned Behavior [J]. International Journal of Entrepreneurial Behavior and Research. 2010, 16 (1): 35 – 57.

[168] Etzkowitz H. Anatomy of the Entrepreneurial University [J]. Social Science Information Sur Les Sciences Sociales, 2013, 52 (3): 486 – 511.

[169] Etzkowitz H. Research Groups As "Quasi – firms": the Invention of the Entrepreneurial University [J]. Research Policy, 2003, 32 (1): 109 – 121.

[170] Etzkowitz H., Leydesdorff L. The Dynamics of Innovation: from National Systems and "Mode 2" to a Triple Helix of University – industry – government Relations [J]. Research Policy, 2000, 29 (2): 109 – 123.

[171] Fayolle A, Gailly B, Lassas – Clerc N. Assessing the Impact of Entrepreneurship Education Programmes: A New Methodology [J]. European Industrial Training, 2006, 30 (9): 701 – 720.

[172] Fayolle A. Gailly B. C. The Impact of Entrepreneurship Education on Entrepreneurial Attitudes and Intentions: Hysteries and Persistence [J]. Small Business Management, 2015, 53 (1): 75 – 93.

[173] Fayolle A. Personal Views on the Future of Entrepreneurship [J]. Entrepreneurship Regional Development, 2013, 25 (7): 692 – 701.

[174] Galil Accelerator. About us [EB/OL]. [2023 – 12 – 21]. https: // galil – accelerator. org. il/.

[175] GEM. Global Report Fifteen Years of Assessing Entrepreneurship Across the Globe [R]. Global Entrepreneurship Monitor, 2013.

[176] Gibb A., Haskins G., Hannon P., Robertson I. Leading the Entrepreneurial University: Meeting the Entrepreneurial Development Needs of Higher Education (2009, updated 2012). In Universities in Change [M]. New York: Springer Publications, 2012: 9 – 45.

[177] Gnyawali D. R., Fogel D. S. Environments for Entrepreneurship Development: Key Dimensions and Research Implications [J]. Entrepreneurship Theory and Practice, 1994, 18 (4): 4362.

[178] Goodlad J. I. (ed.). The Ecology of School Renewal [M].

Eighty – sixth Yearbook of the National Society for the Study of Education, Part I, 1987.

［179］ Hair J. F. , Black W. C. , Babin B. J. , Anderson R. E. , Tatham R. L. Humans: Critique and Reformulation ［J］. Journal of Abnormal Psychology, 2006, 38 (7): 49 – 74.

［180］ Halász G. Measuring Innovation in Education: The outcomes of a National Education Sector Innovation Survey ［J］. European Journal of Education, 2018, 53 (4): 557 – 573.

［181］ Handel Fraser. Education Entrepreneurship: How Do Leaders in Two Community Colleges Foster and Support Innovation & Entrepreneurship ［D］. Boston, Massachusetts: Northeastern University, 2019 (3): 62 – 64.

［182］ Handscombe R. D. , Rodriquez – Falcon E. , Patterson E. A. Embedding Enterprise in Science and Engineering Departments ［J］. Education and Training. 2008, 50 (7): 615 – 625.

［183］ Heather Van S. The Value of Entrepreneurship Education at Community Colleges ［R］. National Association for Community College Entrepreneurship, 2008: 17.

［184］ Hechavarría D. M. , Ingram A. E. Entrepreneurial Ecosystem Conditions and Gendered National – Level Entrepreneurial Activity: A 14 – Year Panel Study of GEM ［J］. Small Business Economics, 2019, 53 (2): 431 – 458.

［185］ Hull C. E. , Caisy Hung Y. T. , Hair N. , Perotti V. , DeMartino R. Taking Advantage of Digital Opportunities: A Typology of Digital Entrepreneurship ［J］. International Journal of Networking and Virtual Organisations, 2007, 4 (3): 290 – 303.

［186］ Ikebuaku K. , Dinbabo M. Beyond Entrepreneurship Education: Business Incubation and Entrepreneurial Capabilities ［J］. Entrepreneurship in Emerging Economies, 2018, 10 (1): 154 – 174.

［187］ Innovation & Acceleration. Business Plan – NIACC Pappajohn Entrepreneurial Center ［EB/OL］. ［2023 – 11 – 12］. https: //www. pappajohncenter. com/entrepreneurs/.

[188] Isenberg D. J. Applying the Ecosystem Metaphor to Entrepreneurship [J]. The Antitrust Bulletin, 2016, 61 (4): 564 – 573.

[189] Isenberg D. J. How to Start An Entrepreneurial Revolution [J]. Harvard Business Review, 2010, 88 (6): 40 – 50.

[190] Isenberg D. What An Entrepreneurship Ecosystem Actually Is? [J]. Harvard Business Review, 2014 (5): 1 – 7.

[191] Israel Innovation Authority. Annual Innovation Report State of High – tech 2022 [R]. [2023 – 12 – 20]. http: //www. matimop. org. il/tnufa. html.

[192] Jacob M. , Lundqvist M. , Hellsmark H. Entrepreneurial Transformations in the Swedish University System: The Case of Chalmers University of Technology [J]. Research Policy, 2003, 32 (9): 1555 – 1568.

[193] Joe Biden's Official Campaign. The Biden Plan For Education Beyond High School [EB/OL]. (2022 – 06 – 10) [2023 – 07 – 12]. https: // joebiden. com/beyondhs/2022 – 06 – 10.

[194] Jones C. , English J. A Contemporary Approach to Entrepreneurship Education [J]. Education + Training, 2004 (46): 416 – 423.

[195] Kirby D. A. Creating Entrepreneurial Universities in the UK: Applying Entrepreneurship Theory to Practice [J]. Technology Transfer, 2006, 31 (5): 599 – 603.

[196] Kirby D. A. , Guerrero M. , Urbano D. Making Universities More Entrepreneurial: Development of a Model [J]. Canadian Journal of Administrative Sciences, 2011, 28 (3): 302 – 316.

[197] Kleinman I. L. Academic Capitalism and the Community College [D]. Tuscaloosa: University of Alabama, 2010: 2, 65.

[198] Kline C. et al. A Spatial Analysis of Tourism, Entrepreneurship and the Entrepreneurial Ecosystem in North Carolina, USA [J]. Tourism Planning and Development, 2014, 11 (3): 305 – 316.

[199] Koltai R. Ghana Entrepreneurial Ecosystem Analysis [R]. Lon-

don: Prepared for the United Kingdom's Department for International Development, 2013.

［200］Kraus S. , Palmer C. , Kailer N. , Kallinger F. L. , Spitzer J. Digital Entrepreneurship ［J］. International Journal of Entrepreneurial Behavior & Research, 2019: 5.

［201］Kreuzer A. et al. Guide for Mapping the Entrepreneurial Ecosystem ［M］. GIZ: Bonn and Eschborn, 2018: 8.

［202］Kuratko D. , Hodgetts R. Entrepreneurship: Theory, process, practice ［M］. Mason, OH: South – Western, 2004.

［203］Kwick M. Academic Entrepreneurialism and Changing Governance in Universities Evidence From Empirical Studies ［M］. In J. Frost et al. (Eds.), Multi – level Governance in Universities: Higher Education Dynamics, 2016: 49 – 74.

［204］Larsen P. , Lewis A. How Award – Winning SMEs' Manage the Barriers to Innovation ［J］. Creativity and Innovation Management, 2007, 16 (2): 142 – 151.

［205］Larsen, I. B. Fostering an Entrepreneurial Mindset: A Typology for Aligning Instructional Strategies with Three Dominant Entrepreneurial Mindset Conceptualizations ［J］. Industry and Higher Education, 2022, 36 (3): 236 – 251.

［206］Laurenco F, Taylor A, Taylor, D. Integrating Education for Entrepreneurship Multiple Faculties in "Half the Time" to Enhance Graduate Entrepreneurship ［J］. Small Business and Enterprise Development, 2013, 20 (3): 24.

［207］Lautenschlager A. , Haase H. The Teachability Dilemma of Entrepreneurship ［J］. International Entrepreneurship and Management Journal, 2011, 7 (2): 145 – 162.

［208］Levie J. Entrepreneurship Education in Higher Education in England: A Survey ［M］. London: London Business School Publications, 1999.

［209］Mack E. , Mayer H. The Evolutionary Dynamics of Entrepreneurial Ecosystems ［J］. Urban Studies, 2016, 53 (10): 2118 – 2133.

[210] María José B. , Ana G. O. , Jessica P. C. , Arantza A. Developing the Entrepreneurial University: Factors of Influence [J]. Sustainability (Basel, Switzerland), 2020, 12 (3): 842.

[211] Martinez – Lopez C. Creating an Entrepreneurial Culture at Two – year Colleges: A Conceptual Paper [J]. Review of Business Research, 2009, 9 (2): 76 – 84.

[212] Mascarenhas C. , Marques C. S. , Galvão A. R. , Santos G. Entrepreneurial University: Towards a Better Understanding of Past Trends and Future Directions [J]. Enterprising Communities: People and Places in the Global Economy, 2017, 11 (3): 316 – 338.

[213] Mason C. Brown R. Entrepreneurial Ecosystems and Growth Oriented Entrepreneurship [J]. Hague: OECD. 2014. Available at: https://www.oecd. org/cfe/leed/Entrepreneurial – ecosystems. pdf.

[214] Mason C. , Brown R. Entrepreneurial Ecosystems and Growth Oriented Entrepreneurship [R]. The OECD LEED Programme and the Dutch Ministry of Economic Affairs, The Hague, Netherlands, 2014.

[215] McKeon T K. A College's Role in Developing and Supporting an Entrepreneurship Ecosystem [J]. Higher Education Outreach and Engagement, 2013, 17 (3): 85 – 90.

[216] Meyers A. D. , Sarika P. Academic Entrepreneurship, Entrepreneurial Universities and Biotechnology [J]. Commercial Biotechnology, 2011, 17 (4): 349 – 357.

[217] Mokaya S. O. , Namusonge M. , Sikalieh D. The Concept of Entrepreneurship: In Pursuit of a Universally Acceptable Definition [J]. International Journal of Arts and Commerce, 2012, 18 (6): 128 – 135.

[218] Moore J. F. Predators and Prey: A New Ecology of Competition [J]. Harvard Business Review, 1993, 71 (3): 75 – 86.

[219] Mopelola Omotayo Ayo – sobowale. Effect of Entrepreneurship Education on Entrepreneurial Intentions of Undergraduate Students in Selected Universities in South – west of Nigeria [D]. Nigeria: Kwara State University, 2021

(11): 35.

[220] Morris M. , Schindehutte M. Entrepreneurial Values and Ethnic Enterprise: An Examination of Six Subcultures [J]. Small Business Management, 2005, 43 (4): 453 – 479.

[221] Myran G. The New Community College Business and Finance Model [J]. New Directions for Community Colleges, 2013 (162): 93 – 104.

[222] Nambisan S. Digital Entrepreneurship: Toward A Digital Technology Perspective of Entrepreneurship [J]. Entrepreneurship Theory and Practice, 2017, 41 (6): 1029 – 1055.

[223] NanoLoan – NIACC Pappajohn Entrepreneurial Center [EB/OL]. [2023 – 11 – 12]. https://www. pappajohncenter. com/entrepreneurs/financing – your – business/nanoloannewsletter/.

[224] Nkusi A. C. , Cunningham J. A. , Nyuur R. , Pattinson S. The Role of the Entrepreneurial University in Building An Entrepreneurial Ecosystem in A Post Conflict Economy: An Exploratory Study of Rwanda [J]. Thunderbird International Business Review, 2020, 62 (5): 549 – 563.

[225] Novelli M. , Cardozo M. L. , Smith A. The "4 Rs" as a tool for Critical Policy Analysis of the Education Sector in Conflict Affected States [J]. Education and Conflict Review. 2019. https://discovery. ucl. ac. uk/id/eprint/ 10081589/1/Novelli_Article_12_Novelli. pdf.

[226] Nyman G. University – business – government Collaboration: From Institutes to Platforms and Ecosystems [J]. Triple Helix, 2015, 2 (1): 1 – 20.

[227] OECD. A Guiding Framework for Entrepreneurial Universities. T. O. f. E. C. – o. a. Development [R]. https://www. oecd. org/site/ cfecpr/EC – OECD% 20Entrepreneurial% 20Universities% 20Framework. pdf. 2012: 1 – 17.

[228] Pardo C. A. Is Business Creation the Mean or the end of Entrepreneurship Education?: A Multiple Case Study Exploring Teaching Goals in Entrepreneurship Education [J]. Technology Management and Innovation, 2013, 8 (1): 1 – 10.

［229］Petrović D. Makroekonomski Ambijent U Funkciji Podsticanja Inovacija I PreduzetniŠtva – Primer DrŽave Izrael ［J］. Megatrend Review, 2016, 13（1）：1 – 34.

［230］Qian H. , Acs Z. J. , Stough R. R. Regional Systems of Entrepreneurship: The Nexus of Human Capital, Knowledge and New Firm Formation ［J］. Economic Geography, 2013, 13（4）：559 – 587.

［231］Raposo M. , do Paco A. Entrepreneurship Education Relationship Between Education and Entrepreneurial Activities ［J］. Psicothama, 2011, 23（3）：453 – 457.

［232］Rena F. Subotink. Longgitudinal Studies: Answering Our Most Important Questions of Prediction and Effectiveness ［J］. The Education of The Gifted, 2006（29）：379 – 383.

［233］Rhoades G. Capitalism Academic Style and Shared Governance ［J］. Academe, 2005, 91（3）：38 – 42.

［234］Richard Lambert. The Lambert Review of Business University collaboration ［EB/OL］. （2003 – 12 – 04）［2023 – 05 – 03］. http：//www. hm – treasury. gov. uk/d/lambert_review_final_450. pdf.

［235］Risser Barbara. Faculty Governance at the Entrepreneurial Community College ［D］. University of Pennsylvania, 2007：170 – 176.

［236］Roueche J. E. , Jones B. R. Profits in A Non – profit World: Celebrating Entrepreneurship in The Community College ［J］. Community College Journal, 2005, 75（6）：23 – 30.

［237］Roundy P. T. , Bradshaw M. , Brockman B. K. The Emergence of Entrepreneurial Ecosystems: A Complex Adaptive Systems Approach ［J］. Business Research, 2018（86）：1 – 10.

［238］Saeed S. , Yousafzani S. Y. , Yani – De – Soriano M. , Muffatto M. The Role of Perceived University Support in The Formation of Student's Entrepreneurial Intention ［J］. Small Business Management, 2013：1 – 27.

［239］Sahut J. M. , Iandoli L. , Teulon F. The Age of Digital Entrepreneurship ［J］. Small Business Economics, 2019（1）：1 – 11.

[240] Sarpong D. , Abdrazak A. , Alexander E. , Meissner D. Organizing Practices of University, Industry and Government that Facilitate (or Impede) the Transition to A Hybrid Triple Helix Model of Innovation [J]. Technological Forecasting & Social Change, 2017, 123 (C): 142 –152.

[241] Schaper M, Volery T. Entrepreneurship and Small Business: A Pacific Rim Perspective [M]. John Wiley and Sons Australia Ltd, Milton, Queesland, 2004.

[242] Selvarajah C. , Keat O. Y. , Meyer D. Inclination Towards Entrepreneurship Among University Students [J]. International Journal of Business and Social Sciences, 2011, 2 (4): 206 –220.

[243] Shams S. M. R. , Kaufmann H. R. Entrepreneurial Co – creation: A Research Vision to be Materialized [J]. Management Decision, 2016, 54 (6): 1250 –1268.

[244] Slaughter S. , Rhoades G. Academic Capitalism and the new Economy: Markets, State, and Higher Education [M]. John Hopkins University Press, 2004: 12.

[245] Small Business Center. Classes/Certificate (Non – credit) [EB/OL]. (2020 – 06 – 14) [2023 – 07 – 20]. http: //www. wctc. edu/business_resources/small_business_center/noncred. php.

[246] Solomon G T. An Examination of Entrepreneurship Education in the United States [J]. Small Business and Enterprise Development, 2007, 14 (2): 168 –182.

[247] Spigel B. The Relational Organization of Entrepreneurial Ecosystems [J]. Entrepreneurship Theory and Practice, 2017, 41 (1): 49 –72.

[248] Spilling O. R. Entrepreneurship in A Cultural Perspective [J]. Entrepreneurship and Regional Development, 1991, 3 (1): 33 –48.

[249] Spilling R. The Entrepreneurial System: On Entrepreneurship in the Context of A Mega – event [J]. Business Research, 1996, 36 (1): 91 –103.

[250] Stam E. Entrepreneurial Ecosystems and Regional Policy: A Sympathetic Critique [J]. European Planning Studies, 2015, 23 (9): 1759 –1769.

[251] Stam E. , Spigel B. Entrepreneurial Ecosystem, in Blackburn R. , De Clercq D. , Heinonen J. (eds), The SAGE Handbook of Small Business and Entrepreneurship [M]. London: SAGE Publications, 2017: 407 -422.

[252] Subotzky G. Alternatives to the Entrepreneurial University: New Modes of Knowledge Production in Community Service Programs [J]. Higher Education, 1999, 38 (4): 401 -440.

[253] Sussan F. , Acs Z. J. The Digital Entrepreneurial Ecosystem [J]. Small Business Economics, 2017, 49 (1): 55 -73.

[254] The Council for Higher Education in Israel. Institutions [EB/OL]. [2023 -12 -13]. https: //che. org. il/institutions/.

[255] Tim Putnam. Entrepreneurial Center as Financiers [J]. Community College Entrepreneurship, fall/winter, 2007: 20.

[256] Ulijn J. , Brown T. Innovation, Entrepreneurship and Culture, A Matter of Interaction Between Technology & Progress and Economic Growth? An Introduction [M]. Cheltenham Edward Elgar Publishing Limited, 2014.

[257] Van de Zande, T. J. M. Fostering Entrepreneurship at Universities: Lessons from MIT, IIIT, and Utrecht University [M]. Utrecht, the Netherlands: Utrecht University, 2012.

[258] Van den Hoonaard, W. C. Walking the Tightrope: Ethical Issues for Qualitative Researchers [M]. Canada: University of Toronto Press Publications, 2002: 12.

[258] Viniar, Barbara, Stettinius, Martha. Proceedings from the Conference "The entrepreneurial president" [R]. New York: Institute for Community College Development, 2006: 8.

[260] Vogel P. The Employment Outlook for Youth: Building Entrepreneurship Ecosystems as A Way Forward [R]. St. Etersburg Conference Paper for the G20 Youth Forum, 2013.

[261] Volery Thierry, Mazzarol Tim. The Evolution of the Small Business and Entrepreneurship Field: A Bibliometric Investigation of Articles [J]. International Small Business Journal, 2015, 33 (4): 374 -396.

［262］Von Briel F. , Davidsson P. , Recker J. Digital Technologies as External Enablers of New Venture Creation in the IT Hardware Sector ［J］. Entrepreneurship Theory and Practice, 2018, 42 (1): 47 –69.

［263］Wadee A. A. , Padayachee A. Higher Education: Catalysts for the Development of An Entrepreneurial Ecosystem, or Are We the Weakest Link? ［J］. Science, Technology and Society, 2017, 22 (2): 284 –309.

［264］Zhou J. , Hoever I. J. Research on Workplace Creativity: A Review and Redirection ［J］. Annu. Rev. Organ. Psychol. Organ. Behav. , 2014, 1 (1): 333 –359.